现代化新征程丛书

隆国强　总主编

NEW FINANCE

THE PRACTICE AND

EXPLORATION BY A LARGE STATE-OWNED BANK

新金融

国有大型银行新金融实践与探索

国研智库新金融课题组　著

中国发展出版社

CHINA DEVELOPMENT PRESS

图书在版编目（CIP）数据

新金融：国有大型银行新金融实践与探索 / 国研智库新金融课题组著. — 北京：中国发展出版社，2023.2（2023.7重印）

ISBN 978-7-5177-1360-9

Ⅰ.①新… Ⅱ.①国… Ⅲ.①金融—研究—中国

Ⅳ.①F832

中国国家版本馆CIP数据核字（2023）第027869号

书　　　名：新金融：国有大型银行新金融实践与探索
著作责任者：国研智库新金融课题组
责 任 编 辑：雒仁生　郭心蕊　王　沛　贾雅楠
出 版 发 行：中国发展出版社
联 系 地 址：北京经济技术开发区荣华中路22号亦城财富中心1号楼8层（100176）
标 准 书 号：ISBN 978-7-5177-1360-9
经 销 者：各地新华书店
印 刷 者：北京博海升彩色印刷有限公司
开　　　本：710mm×1000mm　1/16
印　　　张：27
字　　　数：396千字
版　　　次：2023年2月第1版
印　　　次：2023年7月第4次印刷
定　　　价：138.00元

联 系 电 话：（010）68360970　67892670
购 书 热 线：（010）68990682　68990686
网 络 订 购：http://zgfzcbs.tmall.com
网 购 电 话：（010）88333349　68990639
本 社 网 址：http://www.develpress.com
电 子 邮 件：370118561@qq.com

"现代化新征程丛书"
编委会

总主编

隆国强

副总主编

张　辉　薛　澜　袁东明　李晓华　匡佩远　刘尚文

执行主编

王忠宏　梁仰椿

编委（按姓氏笔画为序）

马　骏　马　源　车海刚　汤　滔　张诗雨　岳宗伟

庞清辉　於　亮　赵旭峰　郝建彬　夏杰长　徐东华

高红冰　陶海青　程惠芳

丛书联合编制单位

国务院发展研究中心企业研究所

国研智库

中国国际工程咨询有限公司

工业和信息化部电子第五研究所（服务型制造研究院）

中国社会科学院工业经济研究所

机械工业经济管理研究院

航天云网科技发展有限责任公司

苏州大学北京研究院

浙江工业大学

阿里研究院

之江智慧场景研究中心

总　序

党的二十大报告提出："从现在起，中国共产党的中心任务就是团结带领全国各族人民全面建成社会主义现代化强国、实现第二个百年奋斗目标，以中国式现代化全面推进中华民族伟大复兴。"当前，世界之变、时代之变、历史之变正以前所未有的方式展开，充满新的历史机遇和挑战，全球发展的不确定性不稳定性更加突出，全方位的国际竞争更加激烈。面对百年未有之大变局，我们坚持把发展作为党执政兴国的第一要务，把高质量发展作为全面建设社会主义现代化国家的首要任务，完整、准确、全面贯彻新发展理念，坚持社会主义市场经济改革方向，坚持高水平对外开放，加快构建以国内大循环为主体、国内国际双循环相互促进的新发展格局，不断以中国的新发展为世界提供新机遇。

习近平总书记指出，今天，我们比历史上任何时期都更接近、更有信心和能力实现中华民族伟大复兴的目标。中华民族已完成全面建成小康社会的千年夙愿，开创了中国式现代化新道路，为实现中华民族伟大复兴提供了坚实的物质基础。现代化新征程就是要实现国家富强、民族振兴、人民幸福的宏伟目标。在党的二十大号召下，全国人民坚定信心、同心同德、埋头苦干、奋勇前进，为全面建设社会主义现代化国家，实现第二个百年奋斗目标，全面推进中华民族伟大复兴而团结奋斗。

走好现代化新征程，是站在新的历史方位，推进实现中华民族伟大复兴。党的十八大以来，中国特色社会主义进入新时代，这是我国发展新的历史方位。从宏观层面来看，走好现代化新征程，需要站在新的历史方位，在客观认识、准确把握当前党和人民事业所处的发展阶段基础上，主动适应大国经济阶梯式递进、螺旋式上升和经济高质量发展要求，不断推动我国社会主义从初级阶段向更高阶段迈进。从中观层面来看，走好现代化新征程，需要站在新的历史方位，明晰我国参与国际竞合比较优势的变化，通过深化供给侧结构性改革，对内解决好发展不平衡不充分问题，对外化解外部环境新矛盾新挑战，形成对全球要素资源的强大吸引力、在激烈国际竞争中的强大竞争力、在全球资源配置中的强大推动力，在高水平自立自强基础上塑造参与国际竞合新优势的战略部署。从微观层面来看，走好现代化新征程，需要站在新的历史方位，坚持系统观念和辩证思维，坚持两点论和重点论相统一，以"把握主动权、下好先手棋"的思路，充分依托我国超大规模市场优势，培育和挖掘内需市场，推动产业结构优化和转型升级，提升产业链供应链韧性，增强国家的生存力、竞争力、发展力、持续力，确保中华民族伟大复兴进程不迟滞、不中断。

走好现代化新征程，要把各国现代化的共同特征和我国国情相结合。实现现代化是世界各国人民的共同追求。随着经济社会的发展，人们越来越清醒地认识到，现代化虽起源于西方，但各国的现代化道路不尽相同，世界上没有放之四海而皆准的现代化模式。因此，走好现代化新征程，要把各国现代化的共同特征和我国具体国情相结合。我们要坚持胸怀天下，拓展世界眼光，深刻洞察人类发展进步潮流，以海纳百川的宽阔胸襟借鉴吸收人类一切优秀文明成果。坚持从中国实际出发，不断推进和拓展中国式现代化。党的二十大报告系统阐述了中国式现代化的五大特征，即中国式现代化是人口规模巨大的现代化，是全体人民共同富裕的现代化，是物质文明和精神文明相协调的现代化，是人与自然和谐共生的现代化，是走和平发展道路的现代化。中国式现代化的五大特征，反映出我们的现代化新征程是基于大国经济，按照中国特色社会主义制度的本质要求，实现长期全面、绿色可持续、和平共赢的现代化。此外，党的二十大报告提出了中国式现代化的九方面本质要求，即坚持中国共产党领导，坚持中国特色社会主义，实现高质量发展，发展全过程人民民主，丰富人民精神世界，实现全体人民共同富裕，促进人与自然和谐共生，推动构建人类命运共同体，创造人类文明新形态。这既是我们走好现代化新征程的实践要求，也为我们指明了走好现代化新征程的领导力量、实践路径和目标责任，为我们准确把握中国式现代化核心要义，推动各方面工作向着复兴目标迈进提供了根本遵循。

走好现代化新征程，需要完整、准确、全面贯彻新发展理念，着力推动高质量发展，加快构建新发展格局。党的二十大报告提出，"我国发展进入战略机遇和风险挑战并存、不确定难预料因素增多的时期"。当前及今后一段时间，我国将面临"新的动荡变革"的国际大环境。新发展理念瞄准我国经济社会发展不同方面存在的突出矛盾，为筑牢经济社会发展根基提供了方向指引。要完整、准确、全面贯彻新发展理念，让创新成为第一动力、协调成为内生特点、绿色成为普遍形态、开放成为必由之路、共享成为根本目的，努力实现高质量发展。要统筹国际国内两个大局，统筹发展与安全两件大事，增强国内大循环内生动力和可靠性，提升国际循环质量和水平，增强国内国际两个市场两种资源联动效应，加快构建以国内大循环为主体、国内国际双循环相互促进的新发展格局。

走好现代化新征程，必须全面深化改革开放。改革开放为我国经济社会发展注入了强劲动力，是决定当代中国命运的关键一招。改革开放以来，我国经济社会发展水平不断提升，人民群众的生活质量不断改善，经济发展深度融入全球化体系，创造了举世瞩目的伟大成就。推进中国式现代化，必须坚持深化改革开放。党的二十大报告提出，要"深入推进改革创新"，"着力破解深层次体制机制障碍"，彰显了在现代化新征程上党和国家对全面深化改革的决心。党的十八大以来，我国进入全面深化改革阶段，改革征程上面临的多是难啃的硬骨头、棘手复杂的问题，在将经济社会发展推向新高度的同时，一系列新的时代命题应运而生。走好现代化新征程，需要全面深化改革，大力推进供给侧结构性改革，进一步优化我国经济结构，不断激发市场活力，提升经济发展的韧性、抵御外部风险的能力。对外开放是我国的基本国策，走好现代化新征程，要坚定不移扩大对外开放，提升贸易投资合作质量和水平，稳步扩大规则、规制、管理、标准等制度型开放，营造市场化、法治化、国际化一流营商环境，大力吸引全球资源要素，增强国内国际联动效应，加快构建新发展格局，以高水平开放促进高质量发展。

知之愈明，则行之愈笃。走在现代化新征程上，我们出版"现代化新征程丛书"，是为了让社会各界更好地把握当下发展机遇、面向未来，以奋斗姿态、实干业绩助力中国式现代化开创新篇章。具体来说，主要有三个方面的考虑。

一是学习贯彻落实好党的二十大精神，为推进中国式现代化凝聚共识。党的二十大报告阐述了开辟马克思主义中国化时代化新境界、中国式现代化的中国特色和本质要求等重大问题，擘画了全面建成社会主义现代化强国的宏伟蓝图和实践路径，就未来5年党和国家事业发展制定了大政方针、作出了全面部署，是中国共产党团结带领全国各族人民夺取新时代中国特色社会主义新胜利的政治宣言和行动纲领。此套丛书，以习近平新时代中国特色社会主义思想为指导，认真对照党的二十大报告，从报告原文中找指导、从会议精神中找动力，用行动践行学习宣传贯彻党的二十大精神。

二是交流高质量发展的成功实践，为推进中国式现代化汇聚众智。来自 12 家智库的专家参与本套丛书的编写。本套丛书立足中国式现代化的时代特征和发展要求，直面各个地区、各个部门面对的新情况、新问题，总结借鉴国际国内现代化建设的成功经验，系统地构建了前沿产业、商业环境、发展空间、基础设施"四位一体"的发展思路。丛书内容注重实用性、可操作性，努力打造成为地方政府和企业管理层看得懂、学得会、用得了的使用指南。

三是探索未来发展新领域新赛道，为推进中国式现代化注入新动能。面对百年未有之大变局，数字化转型与绿色化转型加速推进，为我国发展带来新的战略机遇。本套丛书面向未来，深入探索未来发展新领域新赛道，系统分析前沿产业发展的新潜力，为我国发展前沿产业提供新借鉴，为推进中国式现代化注入新动能。

"现代化新征程丛书"主要面向党员领导干部、企事业单位管理层和专业研究人员等读者群体，致力于丰富读者知识素养，拓宽其眼界格局，提升其执政能力、研究能力和实践能力。在丛书编制过程中，重点坚持以下三个原则：一是坚持政治性，把坚持正确的政治方向摆在首位，坚持以党的二十大精神为行动指南，确保相关政策文件、编选编排、相关概念的准确；二是坚持前沿性，丛书选题充分体现鲜明的时代特征，面向未来发展重点领域，内容充分展现现代化新征程的新机遇、新要求、新举措；三是坚持实用性，丛书编制注重理论与实践的结合，特别是用新的理论要求指导新的实践，内容突出针对性、示范性和可操作性。

"现代化新征程丛书"按照"四位一体"架构进行设计，第一期包含十余种图书，主要涵盖四个方面：前沿产业、商业环境、发展空间、基础设施。其中，"前沿产业"主题有"未来产业""新金融""服务型制造""氢能产业""元宇宙""扎根实体经济""制造新模式"；"商业环境"主题有"优化营商环境"；"发展空间"主题有"未来社区""新型工业化基地""先进制造业集群"；"基础设施"主题有"新基建"；此外，丛书编委会根据前期调研，撰写了"高质量发展典型案例"。

相知无远近，万里尚为邻。我们希望通过此套丛书，加强智库与智库、智库与传播之间协作，促进智库研究机构与智库传播机构的高水平联动，构建智库型出版产业体系和生态系统，实现"智库引领、出版引路、路径引导"，共同助力高质量发展，为全面建成社会主义现代化强国、实现第二个百年奋斗目标作出积极贡献！

隆国强

国务院发展研究中心副主任、党组成员

2023 年 1 月

推荐序一

一直以来，金融作为国民经济的命脉对我国经济社会的持续稳定健康发展起到了至关重要的作用。金融是国家重要的核心竞争力，金融安全是国家安全的重要组成部分，金融制度是经济社会发展中重要的基础性制度。

改革开放以来，我国金融业发展取得了历史性成就。特别是党的十八大以来，国家有序推进金融改革发展、治理金融风险，金融业保持快速发展，金融产品日益丰富，金融服务普惠性持续增强，金融监管稳健有效。但与此同时，我国金融业的市场结构、经营理念、创新能力、服务水平还不完全适应经济高质量发展的要求，诸多矛盾和问题仍然存在，我们需要进一步革新金融理念，完善金融服务，防范化解金融风险，推动金融业高质量发展。

新时代随着经济社会的不断发展，金融的逻辑发生变化，以人民为中心的发展思想为金融工作指明了发展方向，金融科技在全球的快速发展为金融创新提供了基础性支撑。传统金融逻辑的变化意味着发展理念的重塑、发展思路的转变和发展要求的更新，进一步深化坚持以人民为中心、坚持服务实体经济、坚持改革创新的理念、方法和行动，是新时代对金融机构高质量发展提出的更高要求。对于金融机构来说，贯彻落实新发展理念、立足适应新发展阶段、推动构建新发展格局，既是实现金融高质量发展的根本遵循，也是落实中央决策部署、顺应时代发展浪潮、融入国家发展大局、回应人民殷切期盼、履行服务社会责任的担当作为。站在新的历史起点上，金融机构需要锚定目标，破浪前行，以自身高质量发展实现与我国经济发展的"同频共振"。

金融不仅要为实体经济服务，更要满足经济社会发展和人民群众需要。习近平总书记强调，"金融活，经济活；金融稳，经济稳。经济兴，金融兴；经济强，金融强"[1]，"经济是肌体，金融是血脉，两者共生共荣"[2]。这就需要我们深化对金融本质和规律的认识，立足中国实际，坚定不移地走出中国特色金融发展之路。

中国投资有限责任公司原副总经理

中国人民银行研究局原局长

中国人民银行金融研究所原所长

---

[1][2] 《习近平：深化金融供给侧结构性改革 增强金融服务实体经济能力》，《人民日报》2019 年 2 月 24 日 第 1 版。

推荐序二

习近平总书记强调，"保持经济平稳健康发展，一定要把金融搞好"①，"金融要为实体经济服务，满足经济社会发展和人民群众需要"②。金融发展与经济社会发展之间有着非常密切的关系，经济社会发展是金融发展的前提和基础，金融发展又是推动经济社会发展的动力和手段。

中国特色社会主义进入了新时代，我国经济已由高速增长阶段转向高质量发展阶段。推动经济高质量发展，是遵循经济规律谋求发展的必然要求，是推动我国经济行稳致远的必然要求，是适应我国社会主要矛盾变化和全面建设社会主义现代化强国的必然要求。深入理解我国经济转向高质量发展阶段，对于深刻认识高质量发展、有力推动高质量发展具有重要意义。

党的十八大以来，金融业聚焦主责主业，开拓创新，锐意进取，服务实体经济、防控金融风险、深化金融改革能力和水平大幅提升，在支持国家经济建设、增进民生福祉、促进高质量发展方面作出了重要贡献。党的二十大报告明确提出，未来五年是全面建设社会主义现代化国家开局起步的关键时期，其中，经济高质量发展取得新突破是未来五年

---

① 《习近平：金融活经济活金融稳经济稳 做好金融工作维护金融安全》，《人民日报》2017年4月27日第1版。

② 《习近平：深化金融供给侧结构性改革 增强金融服务实体经济能力》，《人民日报》2019年2月24日第1版。

主要目标任务之一。从转向高质量发展阶段到真正实现高质量发展，是一个需要不懈努力的过程。在这个过程中，金融业要立足本职、守正创新，以习近平新时代中国特色社会主义思想为指导，遵循市场规律，发挥市场在资源配置中的决定性作用，更好发挥政府作用，推动我国经济在实现高质量发展上不断取得新进展。

经济是肌体，金融是血脉，金融业高质量发展是实现经济高质量发展的重要动力，也是我国迈向金融强国的必由之路。金融业要从优化金融市场结构、革新金融理念、加强金融创新和提升金融服务水平入手，以自身的高质量发展更好地适应和服务于实体经济高质量发展的要求。

如何更好地发挥金融作用推动经济高质量发展，是金融工作始终要不断探索与实践的重要课题。当前，我国金融业应乘时代之东风、抓政策之良机、把市场之方向，不断深化改革和扩大开放，使金融业高质量发展与以中国式现代化全面推进中华民族伟大复兴的中心任务相适应，为促进经济社会发展、解决社会难点痛点作出应有贡献。本书介绍了金融助力高质量发展的实践案例，并对新金融逻辑进行了系统的理论阐述，具有一定的理论创新价值，这些深入研究、积极探索和有益实践值得各级政府和金融机构了解、推广和应用。

中国银行保险监督管理委员会政策研究局

推荐序三

金融是现代经济的核心，也是推动经济发展的重要动力。新中国成立以来，在中国共产党的坚强领导下，金融业始终坚持全心全意为人民服务，投身于经济建设和社会发展大局，取得了具有中国特色的历史性成就。新时代我国经济社会发生的深刻变化对金融的发展创新提出了新的要求，各种科技手段的涌现也在不断推动金融变革。在此背景下，新金融应运而生。

本书以小窥大，以中国建设银行的实践探索为样本，深入诠释了新金融的内在逻辑，具有较高的时代价值与借鉴意义。聚焦我国金融领域的改革与发展，本书翔实、深入地阐述了时代变迁给传统金融带来的挑战、新金融与新时代的关系以及新金融的内涵，提出了新金融的变革方向是坚持金融工作的政治性、人民性、专业性，阐明了新金融具有普惠、科技、共享、绿色等属性。围绕新时代我国社会主要矛盾的发展变化，提出金融机构应立足服务人民对美好生活的向往、着眼社会痛点难点问题、思考运用金融手段提出解决方案，履行社会责任、开辟蓝海市场，从提升数字化能力、转变经营逻辑、再造业务流程、深化产品内涵等维度，提供契合现代经济体系需求的产品和服务，以真正满足经济、社会、民生的需求。结合建行推进新金融行动的实践，《新金融》一书展示了国有商业银行在压力和挑战面前主动担当作为、积极自我变革的有益尝试，以及服务国家战略、履行社会责任的大行情怀，也为其他金融机构的新金融实践探索提供了参考借鉴。

相信《新金融》一书一定会激发读者对金融发展的新思考、新认识，给大家带来新启迪。

国务院发展研究中心金融研究所原所长

三亚经济研究院院长

引　言

党的二十大报告提出"中国式现代化"的命题。诚然，在中国式现代化实现的过程中，金融的现代化是至关重要的一个课题。事实上，近年来"新金融"一词也不断被提起。到底什么是"新金融"？学术界和业界对此众说纷纭。作为"现代化新征程丛书"之一，本书以金融领域的具体实践为基础，揭开"新金融"神秘的面纱，为读者呈现"新金融"大方之一隅。

金融是一门应用学科，而新金融作为一个正在生长、发育的新兴事物，必然要经历长期的实践探索，与理论进行相互印证，并使理论得到丰富和完善。作为致力于服务国家战略和经济社会高质量发展的高端智库，我们在试图回答新金融之问的过程中，也必然从各家金融机构近几年的大胆尝试、踊跃创新中去梳理脉络和答案。其中，中国建设银行（以下简称"建行"）的实践案例在其探索新金融的高度、广度、深度、温度上，都令人耳目一新、印象深刻，也让"什么是新金融"的答案变得清晰起来。

本书分上下两篇，从建行的转型之路讲起。2021年，建行董事长田国立在一次公开交流中讲述他关于数字化转型思考的心路历程，提到十多年前读过的管理学名著《谁说大象不能跳舞》。诚然，着眼于建行这样有着近70年发展历史、超30万亿元资产、30多万名员工、1万多个机构的大型国有商业银行，本书不是在"解剖一只麻雀"，而是在"解码一头大象"。

让"大象"轻盈起舞，殊为不易。其转型中既有"老银行"、大银行的传统约束，也有新技术、新业态、新模式快速迭代的众多挑战。在本书中，我们并不于学术理论上深究，也暂时搁下银行传统业务不论，单从金融机构转型探索中的商业逻辑、模式创新、基层实践落笔，实景展现建行"新金融"的发展历程，为读者讲述一个"大象也能跳舞"的新故事，并窥探新时代大背景下，在全行业数字化大浪潮中，中国金融业矢志探索中国特色金融发展之路的历程、缘由和发展趋势。在尝试梳理"新金融"的内涵、逻辑和策略的同时，也试图探析有关新金融的几个重要话题。

——"新旧之问"：为什么会产生新金融？新金融与传统金融的关系是什么？

要论新金融的产生，就不得不回顾传统金融的发展与局限。西方为现代金融的发端，改革开放以来我们学习、借鉴西方金融以塑己身。2008 年全球金融危机爆发后，传统西方金融模式，即"华尔街模式"不断受到挑战。西方金融机构遵从"二八定律"，只服务金字塔头部 20% 的客户以牟取 80% 的收益，却长期忽视那些难以获得金融资源的大多数人。以托马斯·皮凯蒂（Thomas Piketty）为代表的经济学家揭示出贫富差距是资本主义制度的常态和固有现象，不加制约的资本主义必然导致财富不平等的加剧及随之而来的各种社会弊病。传统西方金融模式"痼疾"难愈，亟须理论与实践上的创新突破。

过去很长一段时间，国内金融业对"华尔街模式"是十分推崇的。现代商业银行体系得以建立，并在过去三十年中飞速发展，固然有其之功，但一味学习效仿西方金融模式，也不可避免地出现了一些问题，包括一段时期里金融发展脱实向虚、过于逐利、过度房地产化等，这些都给我们敲响了警钟。

党的十八大以来，习近平总书记提出以人民为中心的发展思想，党中央强调深刻把握金融工作规律，深化对金融工作政治性和人民性的认识，坚定不移走中国特色金融发展之路，为金融工作提供了根本遵循，锚定了发展方向。"金融应当服务绝大多数人而不仅仅是少数人"日益成为全行业的共识，这既蕴含着对"共同富裕"理想的追求，也是银行业在市场日趋饱和、"内卷"不断加剧背景下寻找新蓝海的理性选择。从过往国内外的经验教训看，金融是贫富差距扩大的关键推手，但正如习近平总书记指出的，"经济是肌体，金融是血脉，两者共生共荣"[1]，作为现代经济的核心，金融同样可以成为服务实体经济发展、助力人民美好生活的有力工具，关键在于如何运用这个工具。如同社会主义也可以发展市场经济一样，金融之"术"同样可以服务于中国特色社会主义，服务于中国式现代化之"道"，而且应当发挥更大的作用。这成为新金融产生的理论渊薮。可以说，新金融源于传统金融，而胜于传统金融。

—— **"金融与科技之辨"：新金融等于金融科技吗？金融与科技之间的关系是什么？**

金融的业务形态一直随着科技的发展逐步变化。以 ATM 为代表的电子系统延伸了物理网点的触角，互联网技术的发展促使网上银行创生进而极大地丰富了银行的服务手段和能力，数据库、通信网络、智能

---

[1] 《习近平：深化金融供给侧结构性改革 增强金融服务实体经济能力》，《人民日报》2019 年 2 月 24 日第 1 版。

手机……无数的科技推动金融业产品、服务方式、经营渠道等的发展变革。如今，金融与科技的融合程度日益加深，迈向了金融科技阶段。

若问金融之未来，也必求之于科技。科技是可以颠覆银行商业模式的力量，"金融科技"的"王者角逐"才算得上是一场真正意义上的"华山论剑"。有金融科技的加持，使得传统业务有了新打法，创新业务才能从"空中楼阁"走出来，落地生根，"奇正相生，如循环之无端"，金融再无定式，金融服务与产品终致不可胜穷也。

科技为金融的创新变革奠定了能力基础，但科技是一把双刃剑，既能促进社会公平，也能加深社会鸿沟。"金钱不能买什么"的"桑德尔之问"诘问内心，对于金融业，也当叩问"能力越大是否责任也越大"。

—— "当下与未来之思"：新金融具备哪些特点和属性？今后将如何发展？

痛则思变。展望新金融，似乎需要先剖析金融业的痛点，从中去寻找上述问题的答案。传统金融似乎有一种内里的窘迫，曾经高速增长的荣光仍在，但其热衷的政府、国企等领域竞争越发激烈，产品同质化导致的价格战越发白热化，"内卷"成为行业现状，对异军突起的金融技术公司挤压又表露出无奈。同时经营压力上升，为了抢存款、抢项目，员工只能把有限的精力更多地投入到大企业、大项目，疲于奔命也无暇顾及那些金融资源匮乏的群体，更无从考虑自身职业价值和尊严。

社会民众对金融也不尽满意，对其多有诟病。服务门槛高、存贷息差高等问题过去在一定程度上存在，"暴利""躺赢""吸血""雨天收伞"等说法甚嚣尘上，金融业公众形象屡屡失分。即便是新冠疫情暴发以来，各家银行贷款利率跌到了负债成本或银行理财收益率以下，仍然会面对"36家上市银行净利润超过全体3600多家上市公司总和的一半"的责问。

党和人民对金融业同样充满期待。习近平总书记指出，"我们要深化对金融本质和规律的认识，立足中国实际，走出中国特色金融发展之路"①。中国式现代化、中华民族伟大复兴、经济社会高质量发展、实现共同富裕、人的自由全面发展、人们对美好生活的向往……都少不了金融的助力。

正是基于以上痛点和期待，新金融在稳步发展中凸显人民至上的价值追求，展现出新理念、新要素、新范式、新生态、新体制五个特点，以及普惠、科技、共享、绿色四个属性，以初心向善、以科技向上，同国家、人民共赴美好。

"明者见于无形，智者虑于未萌"。面对如今的水与火，金融业剥去曾经成就上的光芒，也拨开曲折行进中的黯淡，问道于心、乘势而行，在"新"与"旧"的辩证中、在"金融"与"科技"的互动中、在"当下"与"未来"的联系中勇毅探寻前路。

---

① 《习近平：深化金融供给侧结构性改革 增强金融服务实体经济能力》，《人民日报》2019年2月24日第1版。

目 录

上 篇

数字时代的大象起舞

——一家大行的新金融实践

建行以"三大战略"重新定义金融的服务范围和能力边界，以"第二发展曲线"重新定义金融的业务模式和增长范式，以"开放共享共赢"对金融的社会责任和价值追求做出新的诠释。

　　建行这头"大象"的步履匆匆，为我们提供了一个观察未来银行形态的小小样本。

第一部分

"三大战略+"

2017—2018 年，建行相继推出了金融科技、住房租赁和普惠金融"三大战略"，从专注传统金融到拥抱前沿科技，从专业服务买房到助力租房安居，从聚焦服务"双大"①到致力服务"双小"②，从固守城市老阵地到开辟乡村新主场，从只看"资金流"到挖掘"技术流"，"三大战略"始于"以人民为中心"的初心，融入无处不在的生活。"一生二，二生三，三生万物"，新金融的画卷渐次铺展。

商业银行的转型从来都不是抽象的，而是具体的，是在新时代环境之中、在传统金融土壤之中萌发、破土并茁壮成长，实现由量变到质变的飞跃。

罗马不是一日建成的。建行转型的"新金融行动"最初发端于若干重要战略的确立和落地，渐次延伸到更多的领域，并由此发展成为一个开放生长的体系：

2017 年，建行人深切地感受到信息科技工作走到了一个关键节点。一方面，刚刚竣工的"新一代核心系统"建立起企业级架构、锤炼了科技人才队伍。另一方面，全行科技力量较为分散，总行、分行科技部门职能定位不够清晰，科技与业务的融合程度不高；同时，科技思维局限在"闭门造车"，缺乏开放共享的理念。正是在这样的情况下，建行做出了实施金融科技战略的重大决策，夯实数字化转型的基石和底座。同一年，着眼于解决百姓"安居之问"的住房租赁被确立为全行战略。

2018 年，建行召开普惠金融战略启动大会，提出以"双小"承接"双大"，致力于解决中小微企业"融资难、融资

---

① 指大行业、大企业。
② 指小行业、小企业。

贵"问题；布设49万个"裕农通"服务点，将基础金融服务送到乡间村口，新金融的服务边界持续延展。

2019年，李克强总理视察建行，充分肯定普惠金融的探索，给予"小企业、大事业、无止境"的高度评价；智慧政务首战告捷，与云南省人民政府合作开发的"一部手机办事通"上线运行；成立新金融产教融合联盟，聚合75家产学研机构，汇聚为创新创业的重要策源地。

2020年，国内首笔符合国际主流标准的不动产投资信托基金（REITs）项目[①]顺利完成交易，有效拓展了租赁住房的融资来源；普惠金融"五化三一"[②]模式为中国人民银行（以下简称"人民银行"）制定市场标准提供了基础蓝本；"惠懂你"App被中国银行保险监督管理委员会（以下简称"银保监会"）"带货出海"；创新"全球撮合家"平台，支持境内外防疫物资供需对接，金额近10亿元。

2021年，建行正式提出"服务大多数人而不是少数人"的新金融理念，强调"把握小经济中的大机会"；召开脱贫攻坚总结表彰大会暨乡村振兴工作会议，提出开辟乡村振兴这一新金融行动的新主场；建行承建的西南五省"跨省通办"智慧政务专区正式上线；夏季工作座谈会暨金融科技工作会议提出要努力打造"最懂金融的科技集团"。

2022年年初，建行普惠金融贷款余额率先突破2万亿元；提出金融资源的配置必须更加强调公平性和正义性，让广大人

---

① 无锡凤凰城项目。
② "五化"即批量化获客、精准化画像、自动化审批、智能化风控、综合化服务的经营模式；"三一"即一分钟融资、一站式服务、一价式收费的客户体验。

民群众更具获得感；同年 11 月，发起设立住房租赁基金，增加保障性租赁住房供给，打造化解房地产市场风险的"金融都江堰"。

"三大战略"是新金融的破题之作，但"三大战略"又不只单纯讲三件事——金融科技、住房租赁、普惠金融。如果只讲三件事，则不能称其为战略。战略是立足于企业的使命和愿景所形成的一种价值观。在这种价值观下，包括金融科技、住房租赁、普惠金融在内的一系列金融实践，共同构成了"新金融行动"。诸如乡村振兴、科创金融等，同样是新金融理念内在要义引领下的外在展现。这是以理念引领实践落地，再以实践升华理论内涵的知行合一的过程。作为开启新金融行动的"三支利箭"，金融科技、住房租赁、普惠金融"三大战略"其自身是如何从无到有、从小到大、从弱到强，形成完整的业务模式和战略协同，构建起新金融的三根战略砥柱的，这一过程本身就值得深入探讨，背后也有许多或精彩或温情的故事，我们将在此部分——"三大战略 +"一并与您分享。

第一章

金融科技：数字化转型的基石和原点

2022 年 3 月，中国银行业协会与普华永道连续第 13 年发布《中国银行家调查报告》。该报告显示，数字化转型成为银行业高质量发展的首要战略重点。金融科技推动数字化进程，科技引领和创新驱动为数字化建设提供发展动力。调查发现，超七成银行家所在银行近三年金融科技投入占营业收入比重超 2%，较 2020 年大幅上升。

建行是较早系统提出"金融科技"战略的银行之一。技术革新带来金融业的巨大变革，建行在业务电子化、渠道网络化的基础上，建设"新一代核心系统"，实施金融科技战略，以技术和数据为基础进行金融创新，将业务功能和数据以服务方式向社会开放，用金融科技力量支撑数字化转型发展。

本章以"新一代核心系统"建设为起点，介绍建行金融科技的发展历程和数字化转型的不懈探索。第一节主要介绍以新一代系统和金融科技战略为核心的数字化建设。第二节选取建行董事长田国立的《以数字技术重修金融的"水利工程"》一文，讲述建行数字化经营的实践，解读金融科技赋能业务发展背后的逻辑。第三节介绍建行金融科技如何在促进自身发展的同时，置身更大场景锤炼服务能力，通过科技输出打造行业共享生态。

第一节　善其事，利其器

每到银行"年报季"，科技投入、科技人员数量等指标就会成为投资者关注的重点，无论是国有大行，还是股份制银行、城商行和农商行，都对科技赋能金融着墨颇多，"金融科技"成为各上市银行的"年报标配"。

人工智能、大数据、区块链等技术不断成熟，颠覆和改变着银行商业模式的底层逻辑。在自身发展需求和互联网企业"夹击"之下，数字化转型已成为银行实现高质量发展的行业共识。所谓银行的数字化，指的是在互联网、智能化的背景趋势以及平台经济和生态模式的冲击下，通过金融科技赋能关键技术，推进银行业务数字化、基础设施智能化、金融平台开放化以及客户服务极致化的过程①。"打铁还需自身硬"，金融科技硬实力是数字化转型的基石和底座。

"新一代"系统打造建行数字化转型基座

中国银行业历经近40年的信息化发展，为当下数字化转型奠定了基础。在国内银行业IT架构建设的不同阶段，建行较早意识到信息系统基础工程在未来银行发展过程中的重要性，通过基础技术升级、业务流程重构等不断探索"转型"之路。

20世纪八九十年代，大型商业银行内部以地区为单位划分网络，

---

① 胡浩青：《金融科技赋能银行数字化转型》，载《银行家》2022年第9期。

部分一级分行配有大型机①。1984 年，建行湖北南漳县支行设立全行第一个会计电算化柜台，进行了以电子计算机代替手工完成会计柜台业务处理的尝试。1994 年，建行开始实施柜面业务电子化处理，着手进行全面金融信息化的起步和探索。在这一时期，建行计算机应用完成从单机到联网的飞跃，全面步入城市综合网络时代（如图 1-1、图 1-2 所示）。

图 1-1 1989 年，建行四川省德阳市分行储蓄所，面积 15 平方米、窗口 2 个、高 1.2 米的服务柜台，有 4 名人员用铁算盘手工记账，实行双人临柜（左图）。技术升级后的新网点设置了 4 个服务窗口，键盘替代了算盘，数字技术逐渐普及（右图）

图 1-2 1988 年，建行贵州省贵阳市南明支行会计柜台用算盘进行手工记账（左图），2009 年，建行贵州省贵阳市河滨支行的会计柜台展现了技术的升级换代（右图）

进入 21 世纪，银行开启了"竖井式"开发的大集中架构期，信息系统为专机专用，以部门需求为主导，对全行数据进行集中管理，通常

---

① 武晓蒙、彭骙骙、胡越，等：《银行数字化起跑》，载《财新周刊》2021 年第 10 期。

是大型机部署核心系统、x86 部署非核心应用 [①]。2002 年，建行实施数据集中工程项目，建立起全行统一核心业务数据集中处理应用系统。2005 年，建行启动应用项目群基础设施建设，建成各有技术专长和研发侧重的 7 个开发中心。

2010 年前后，中国经济进入换挡期，改革进一步深化，传统商业银行主动调整经营管理方式。银行打破"竖井式"开发壁垒，以企业级流程建模和数据建模方法对部门需求进行统筹，以标准化组件"搭积木式"拼装新产品，迅速上线推出，实现敏捷开发。建行适时提出了"综合性、多功能、集约化、创新型、智慧型"业务转型战略。在这一背景下，"新一代核心系统"建设工程正式启动，开始了企业级的业务流程再造。建行在"新一代核心系统"建设中先后投入 8000 余人，七年磨一剑，于 2017 年顺利上线，为数字化转型打造了坚实基座。2018 年，"新一代核心系统"建设工程获得"2017 年度银行科技发展奖"特等奖。通过实施"新一代核心系统"建设工程，建行实现了从"单个系统竖井式作坊开发"到"企业级系统工程工厂研发"的转变。

善建者，不破不立。"新一代核心系统"不是局限于原有系统的修修补补，而是站在企业级视角，推动业务与技术进行全面转型。在此之前，建行各业务部门总共有几十套系统在运转，流程漫长、数据孤立。转型后，建行打通了各系统、部门、分行的壁垒，这不是简单的加和，而是能力的整合衍生、企业级价值的最大化，体现出以客户为中心、以企业级架构为核心、以企业级业务模型为驱动的转型理念。

"以客户为中心"就是从客户维度全面了解、经营和维护客户。打通产品部门、客户部门、业务中台部门在客户层面的流程和数据断点，

[①] 武晓蒙、彭骎骎、胡越，等：《银行数字化起跑》，载《财新周刊》2021 年第 10 期。

构建完整的客户视图，提供统一、准确的客户识别方式，实现灵活的客户细分及专业化的营销。

"以企业级架构为核心"就是打破"部门级""分行级""系统级"等画地为牢的观念限制，从全行、全集团的角度统筹资源，组织布局，实现系统信息互通和数据标准统一。

"以企业级业务模型为驱动"就是从顶层设计入手，将战略能力需求和日常操作需求转换成以结构化、标准化方式描述，以银行价值链为主线的业务模型，并针对转型举措制定提升业务能力的解决方案。

金融科技"TOP+"构建基础能力

面对多样化的客户需求和愈加同质化的商业竞争，建行以"数字化"为总体方向，依托"新一代核心系统"打造的基础，于2018年正式提出金融科技"TOP+"战略，明确战略实施方向——建立技术与数据双轮驱动的金融科技基础能力，对内构建协同进化型智慧金融，对外拓展开放共享型智慧生态，努力打造具有"管理智能化、产品定制化、经营协同化、渠道无界化"特征的现代商业银行。

专栏1-1　建行金融科技战略

建行金融科技战略简称"TOP+"。

T（Technology）代表科技驱动，以技术与数据构成科技双要素，双轮驱动金融创新，形成向现代商业银行转型发展的原动力。

O（Open）代表能力开放，在符合监管要求前提下，将银行集团业务功能和数据以服务方式向社会开放，充分激发外部活力与创造力，打造建行应用商店（CCB Store），通过将金融服务嵌入具体生活场景，为客户提供无处不在的金融和非金融服务，实现无感无界的极致体验。

P（Platform）代表平台生态，构建自有平台，连接合作伙伴平台，站在平台连平台，共同构建用户生态。

"+"代表培育"鼓励创新、包容创新"的机制与企业文化，支持集团不断转型革新，实现面向未来的可持续发展。

金融科技战略的实施主要依托六个方面工作的推进。一是深化"新一代核心系统"推广应用，结合应用实施情况定期重检优化；二是夯实技术创新基础，持续提升金融科技支撑能力；三是完善数据服务体系，优化数据治理能力；四是推进智慧金融建设，不断深化九大业务能力；五是拓展智慧生态，通过构建平台、连接平台、站在平台连平台，共同构建用户生态；六是深化体制机制改革，完善科技创新孵化机制，不断强化总分一体化研发体系。

金融科技上升为全行战略后，建行逐步形成了体系化的企业级平台能力、基础设施能力、运维保障能力，并初步具备了技术自主可控能力，实现从科技支撑到科技驱动的转变。

在平台能力方面，建行聚焦 ABCDMIX（A 代表人工智能、B 代表区块链、C 代表云计算、D 代表大数据、M 代表移动互联、I 代表物联网、X 代表其他前沿技术），封装技术基础能力，实现技术的平台化、组件化和云服务化，降低技术应用门槛，赋能业务创新。人工智能平台在视觉、语音、自然语言处理、知识图谱、智能推荐与决策 5 个技术领域深耕研发，支撑业务场景 723 个。云计算平台支持智慧政务、住房公积金等政府平台的大数据服务，已通过国内首批同时也是金融行业首个"可信云—云原生技术能力成熟度"最高级别"先进级"认证。区块链服务平台应用于福费廷、国内信用证、再保理、房源信息发布、电子证照等 18 个业务领域 44 个业务场景。物联网服务平台初步构建了"云—边—管—端"的整体架构体系，接入 30 万个物联终端，实现终端的统一接入、统一管理、统一控制及数据共享，赋能智慧安防、智能金库、智能钞箱、建行"裕农通"等 44 个物联网应用。大数据平台运用实时数据处理能力，支撑 200 多个业务场景运作。此外，通过运用 5G、人工智能等前沿科技，建行建设了业内首家"5G+智能银行"；成立了业内首家专业量子实验室，自主研发后量子加密算法，探索建设金融领域 QaaS 量子服务平台。在公共服务能力建设上，建行通过部署即时通信、视频直播等公共功能组件，以及用户认证、密码服务、数据安全、基础设施安全、策略管理等安全功能组件，满足不同应用场景的需求。

专栏1-2　"5G+智能银行"

"5G+智能银行"是建行继 2013 年推出全国首家智慧银行后，打造的金融与社会服务新场所，首批 3 家"5G+智能银行"落户北京。建行基于自身的"新一代核心系统"和金融科技战略，依托金融云、5G、物联网、AI 等创新技术，加速传统的以交易结算为主的柜台式网点向以营销和服务为主的智慧网点的转型，打造出代表未来趋势的新概念"5G+智能银行"。

"5G+智能银行"引入了金融太空舱、智能柜员机、仿真机器人、家居银行、共享空间直播、客户成长互动等应用场景，提供了 327 个常见的快捷金融服务功能，以客户为中心重塑服务流程，实现了手机银行、微信银行与网点的线上线下融合。此外，还设计了多种互动游戏，让客户能够在银行网点愉快地"玩耍"，将网点变成了一个有趣、有料的客户营销服务前沿阵地。

在云基础设施方面，建行将应用平台和公共功能组件按照云服务产品的标准改进，建成具备云安全、云服务、云运维、云运营能力的多分区、多技术栈融合的"建行云"，已通过人民银行金融云备案的全部认证。"建行云"物理节点超过 4.7 万个，云化算力达到 90%，可提供端到端解决方案和金融级防护，接近一个中型云服务商的规模。云服务支持覆盖政务、社会民生、同业、住房、普惠金融等九大领域，已有1000 余个项目（系统）上云。

专栏1-3　"建行云"

"建行云"是支撑建行战略发展的基础技术平台，主要服务建行集团，同时面向外部客户提供金融科技产品和多元化生态服务，有效支撑分布式银行核心系统、"建行生活"、住房租赁、智慧政务等发展壮大，护航数字化经营，支撑数字力建设，保障集团一体化实施。

为满足不同监管标准和业务属性要求，"建行云"进行了多功能区划分，分为自用区、标准区、金融区、政务区和定制区，提供差异化服务。每个功能专区按照多地域、多可用区进行规划和建设，支持互联网技术栈、商用技术栈和国产化技术栈，通过云管理平台对多功能区、多地域、多可用区、多技术栈的资源进行统一管理和运营。"建行云"算力规模（含商用技术栈）接近一个中型云服务商。

在运维保障方面，建行基本建成智能运维体系。全面打通流程与工具，实现端到端的自动化。实现毫秒级采集、1秒级运算，让监控与预测更精准。规范 8 个领域 54 个应用架构数据，夯实了数字化基础。启动智能运维国家标准制定工作，尝试由标准跟随向标准引领跨越。

　　同时，建行从分布式架构转型和国产化替代两方面持续推进核心技术的自主可控建设。在数据大集中的背景下，银行业信息系统以集中式架构为主，导致关键业务系统尤其是核心业务系统长期存在"大型机、小型机依赖症"，具有极大的"卡脖子"风险（见表 1-1）。除大型机外，银行业基础设施已全面转型云计算，云平台承载了大量的关键应用和业务数据，目前主要都是基于国外技术体系构建，一旦出现"断供"等极端情况，必然引发系统性金融风险。然而，目前国内 IT 产业整体水平有限，尤其是在 CPU 芯片、数据库等关键核心技术上尚处于初级阶段，尚未形成完整产业链，还不具备完全自主可控的能力。因此，基础设施自主可控能力建设不是简单的软硬件替换，而是需要产学研用各方精诚合作，形成合力，通过架构转型、以应用促创新等方式进行长期的系统性推进。

表 1-1　　　　　　　　　集中式架构与分布式架构比较

比较元素	集中式架构	分布式架构
价格成本	硬件价格非常昂贵； 人员培养成本高； 持续IT投入大（需要不断扩容）	基于廉价PC，成本低廉； 软件开源，分摊研发投入； 随着应用规模扩大，边际成本更低
自主可控	国外技术垄断，技术体系封闭； 控制能力弱，易被某品牌绑定； 选择性小	国产技术，自主研发； 降低安全风险和成本； 易于监管
灵活兼容	不适用于非结构化大数据处理； 硬件平台兼容性差，易造成资源浪费	增加x86服务器快速实现； 简单、方便、快捷、高效
扩展伸缩	单台性能支撑有上限（数万笔/天）； 通过硬件垂直拓展提升性能不划算； 对技术和规划的要求较高； 可把精力投入到业务研发中	使用互联网业务突发增长； 灵活支撑高并发交易（数万笔/秒）； 金融级PaaS； 服务颗粒度适宜，可复用，可独立部署
可用性	一般； 一旦出现问题，系统将不能使用	高； 单点出现问题，不影响全局的使用
一致性 可靠性	高；计算、存储在一套硬件中； 目前尚无黑客可以对其进行攻击	弱性事务处理； 基于可靠消息保证最终一致性
维护性	简化集中管理； 维护时需要停机暂停业务	蓝绿发布、灰度引流； 自动化实现秒级业务监控

分布式架构转型是银行业摆脱对大型机、小型机、Oracle 数据库等国外产品依赖，实现自主可控的关键。2018 年，建行在大型商业银行中率先实现信用卡系统联机交易业务主机下移。2019 年，建行全面启动核心系统、信用卡系统批处理业务、客户信息和个贷等系统分布式架构转型以及主机下移工作。2020 年，建行在行业内率先完成全部主机类应用分布式架构转型。2021 年，建行完成全量对私、对公客户信息下移运行，初步解决核心系统 IBM 大型机"卡脖子"问题。

专栏1-4　建行分布式银行核心系统

分布式银行核心系统建设项目将建行的核心业务系统从主机平台下移到开放分布式平台，主要涉及核心业务应用系统改造、平台框架能力提升、国产化适配、测试验证、上线切换等工作，其业务涵盖对公、对私银行核心业务，支持本外币一体化、海内外一体化。

分布式银行核心系统建成投产后，在经济效益方面，可提升核心银行系统灵活性、扩展性，降低系统总拥有成本，按硬件资源的购置费用计算（不含灾备和测试环境），分布式开发成本是集中式主机成本的 1/12 至 1/10。在社会效益方面，可实现自主可控，降低对大型主机的依赖；化解风险，实现核心业务系统的平稳切换；通过实践证明分布式系统可行性，产生示范效应；开放共享，推动银行业自主可控能力提升；构建生态联盟，合作共赢。

建行在银行核心系统分布式建设、国产化迁移、国产分布式数据库金融应用等领域取得多项技术创新成果。累计申报专利 61 项；形成"分布式银行核心系统整体解决方案"等 10 多项行业解决方案。

针对基础设施层云计算平台芯片等核心技术受制于人的"卡脖子"问题，建行加快全栈国产化云计算平台（信创云）建设，初步构建了包含终端、应用软件、基础设施、安全等在内的信创生态。在关键业务场景国产化领域，建行完成"核高基"①重大科技专项课题和信用卡核心业务系统全功能模块适配改造，已通过生产环境并行验证，实现了大型商业银行关键业务场景国产化零的突破。

银行数字化不仅是技术的革新和系统的升级，而且是银行组织流程的再造，是银行的自我革新。数字化建设需要对数字技术不断探索、引进和吸收，需要对经营、分析和决策流程进行梳理、重构和迭代，需要对客户体验进行持续提升，更需要对数据资产进行精细管理。

如果说银行业竞争的上半场是"跑马圈地"，那么下半场更需要的是"精耕细作"。

2018 年以来，建行创新搭建了"一部、一中心、一公司"②的组织体系，形成了顶层设计、数据治理和市场化运营融合，总、分、子协同的金融科技组织架构，对内支持业务转型发展，对外助力社会治理，实现了从单一的自身业务保障向搭建平台、培育生态、赋能社会的新跨越。

2019 年，建行进一步开启了全面数字化经营探索，搭建了包括业务中台、数据中台和技术中台在内的"三大中台"体系，打造"数字化工厂"，深入推进"数字力工程"，探索建立数据资产管理体系，全面提升数据应用能力、场景运营能力和管理决策能力。业务中台按照"用户—客户"进阶经营和端到端运营要求，提炼账户、支付、营销等可共享复用的业务能力，形成可快捷调取的通用服务模块，赋能前端场景的高效拓展和产品的敏捷创新。数据中台构建数据智能中枢和全域数据供

---

① 即"核心电子器件、高端通用芯片及基础软件产品"。
② "一部"是指总行金融科技部，"一中心"是指运营数据中心，"一公司"是指金融科技公司。

应网，强化数据获取、集成整合、挖掘分析、即时赋能等核心功能。技术中台对应用研发、交付、运行所依赖的技术进行平台化、组件化设计，以云服务为主要交付方式，实现人工智能、云计算、区块链、物联网等技术基础能力的快速供给，敏捷赋能业务发展。

打造"全方位"业务支持能力

通过建设"新一代核心系统"和实施金融科技战略，建行重构了业务和 IT 架构，依托企业级、组件化、参数化所带来的整体优势，逐步形成了具有建行特色的九大业务能力。

一是以客户为中心的综合服务能力。建行整合全行客户信息，企业级用户经营中心累计接入 96 个场景平台，用户达 3.4 亿人，形成"统一客户视图"，实现"360 度客户画像"，按照客群特征制定多种营销策略和产品组合套餐，实现差异化定价、精准化营销和综合化服务。

二是灵活高效的产品创新能力。打造产品装配工厂，在企业级范围建立可复用的"积木块"，支持根据客户需求快速灵活组装产品，敏捷响应市场需求，超过 95% 的产品只需 1~2 天就能组装完成。

三是完整协同的智慧渠道转型能力。基于"移动优先"的原则，建行不断丰富渠道类型，电子渠道和智慧柜员机替代柜面业务量屡创新高，并延伸第三方客户渠道及"劳动者港湾"、智慧缴费等社会化服务渠道。渠道智能化方面，运用人工智能技术提高手机、自助设备的处理效率和准确度，提升客户满意度，开立 1.4 万个"线上网点"和 5 万个"客户经理云工作室"，11.2 万名员工线上服务客户超过 2000 万人。

四是集约化的业务运营能力。打造集约化运营平台，实施前后台业务分离。采用图像识别和自动验印等技术处理凭证，节约了大量工时，为网点转型创造了条件。采用物流行业的现代配送中心模型，实现金库的智能化管理。创新云生产模式，标准化工作众包，降低人力成本。RPA[①]平台累计运行 1200 余项应用，可节约工时近 2400 人 / 年。

五是全面的风险防控能力。利用大数据集市和人工智能算法构建风险模型，提升风险识别能力；把风险内控机制嵌入前、中、后台业务各个环节，及时进行风险监测、预警和处置，实现渠道、产品、客户多层次风险防控，打造全方位、智能化的风险联防联控能力。持续强化 3R[②]风险防控体系建设，建立实时反欺诈平台，实现 7 天 × 24 小时全渠道侦测拦截，持续优化反洗钱可疑交易监测模型，2022 年模型告警上报可疑交易报告比率较 2018 年提升 112%。

六是精细化的资源配置能力。搭建以"交易核算分离"为特征的会计核算体系，实现利率、汇率、费率等价格参数灵活配置，支持产品的组装生产和快速创新，提供客户维度的差异化定价和在线实时测算。

七是企业级的数据应用能力。打造企业级大数据云平台，实现 EB 级分布式海量云存储。建立数据湖，增强非结构化数据采集和处理能力，已接入 50 个组件的实时数据和 48 个渠道的行为数据，数据入湖已 100% 覆盖 ITM 数据交换接口，基本完成明细层粒度建模；利用分布式处理技术，提升海量数据计算能力；构建泛金融数据模型，整合外部数据形成多元数据体系；提供多种数据应用模式，支持用户自主用数。建行以企业级数据应用平台为抓手，2021 年实施完成 26 家境外机构 926 张报表需求，为境外机构业务管理与当地监管报送提供数据支持。

---

① RPA（Robotic Process Automation），即机器人流程自动化，也被称为"数字化员工"。RPA 能够根据相应规则执行各种重复性任务，替代或辅助人工操作，实现 7 天 ×24 小时全天候自动化运作，把人类从枯燥、烦琐的业务流程中解放出来，同时可以大幅度降低差错率和操作风险。商业银行有海量重复的数据处理业务，RPA 在处理高流量、高重复性、趋于风险和失误的流程中发挥了不可替代的作用。

② 3R 指：RAD，全面风险监控预警平台；RMD，风险决策支持系统；RSD，风险排查系统。

八是一体化的系统支撑能力。支持多语言、多法人、多时区金融服务，统一母子公司、境内外标准，实现境内外业务处理全流程一体化。"新一代核心系统"覆盖24个国家和地区，大幅降低了海外IT系统开发和运营成本。构建集团IT一体化架构体系，统一大数据、IT管理、非金融资产管理等关键技术平台，建设并表管理、资管统筹、对公协同营销等集团能力共享项目，为中德银行、建信养老金、建信租赁、建银咨询等子公司打造核心业务系统，促进集团价值最大化。

九是便捷高效的员工服务能力。整合办公、事务、学习、通信等多项功能，为员工提供一体化协作平台。为客户经理提供客户沟通、自我管理、工作成效等支持，提高营销质量和效率。打造"慧视"系列产品，为总行、分行、条线管理者提供个性化指标数据，赋能数字化经营。

以"建生态、搭场景、扩用户"为基本方法的数字化经营，打造了彼此相连、同步迭代、实时互动、共创共享的生态圈，跨界连接起多个客群、多类产业和多种生产要素，为生态圈内各方提供共同演进的机会和能力。

针对个人用户，围绕公共服务、公交出行、生活缴费、商户消费、社区居家等生态场景，全面洞察，精准画像，实现生态数字化连接、产品综合化交付、服务多渠道触达。

针对企业用户，搭建普惠信贷服务、智能撮合、供应链金融等平台，致力于打造企业全生命周期服务的开放共享生态。

针对政府用户，围绕"优政、兴企、惠民"目标，协助政府搭建"互联网＋政务服务"平台，在云南、山西、重庆、湖南等多省（市）上线，用金融和科技的力量助力政府治理体系和治理能力现代化。

金融科技为业务拓展提供了全景视图、充足的"弹药"和精准的"弹道"，推动金融服务的视野更加开阔、方式更加多元、能级逐步提升。

第二节　金融"水利工程"

　　数字化转型永远在路上，它不仅是技术革命，也是认知革命和经营模式的脱胎换骨。近年来，建行"跳出银行做银行"，开展了一系列金融创新。建行是怎样做的？为什么这样做？本节选取 2020 年建行董事长田国立的一篇内部讲话——《以数字技术重修金融的"水利工程"》，从中或许可对建行的数字化转型实践一探究竟。

　　数字化是现代经济社会的重大发展趋势。新冠疫情使我们对这个趋势认识得更加深刻。由于疫情进一步加速了数字经济的发展，对于一些行业来说，数字化从锦上添花的可选项变成了迫在眉睫的必选项，而对于一直走在数字化前列的金融业来说，疫情则是一场真实的压力测试，是数字金融的试金石，也是银行数字化转型的加速器。

　　我们理解，金融是"数字中国"建设的重要组成部分，是支持经济转型升级、助力国家治理能力提升、增进人民福祉的必然要求。数字金融不是简单地将传统金融业务从线下搬到线上。让数字技术构建起新金融的"水利工程"，让金融活水源源不断地流向实体经济最需要的地方，让金融资源配置公平和有效，才是我们的目标。

一、善治金融之水，灌溉实体经济的田间阡陌

　　善治国者，必先治水。兴修水利自古以来就是定邦安民的国之大事。金融就是滋养现代经济社会的活水，通过解决资金

在时间和空间上的错配问题，为实体经济提供充分的流动性，保持社会的活力。国家的货币政策、财政政策、产业政策等都需要通过"水利设施"进行传导。在长达30多年的投资拉动经济背景下，传统金融"水利设施"发挥了巨大的作用，为扩大生产规模、促进市场交易、实现经济增长提供了强有力的支持。然而，随着经济动能转换和结构调整，以规模增长为标志的经济发展模式正在向高质量发展模式转变，传统金融"水利设施"已经相对陈旧。金融"蓄水池"里的"水"很多，但实体经济的"田"却旱涝不均，想要"放水灌溉"，一不小心又会出现"大水漫灌"。如何善治金融之水，健全具有高度适应性、竞争力、普惠性的现代金融体系，更好地支持现代化经济体系建设，数字技术为我们提供了破题之法。

一系列重量级技术的聚合演进，使金融以数字化的方式重修"水利设施"。5G通信技术使金融机构与客户之间建立起更迅速、更直接的连接，相当于构筑了一张密密实实的水网；通过大数据技术，我们能够实时地掌握各个用水节点的真实需求和用水情况；借助云计算，水资源可以灵活地实现跨区域调用；人工智能提供自动判断和智能调节的供水能力；区块链则通过对水网的分布式改造，保证供水链条上每一个节点和终端的信息一致性。通过数字技术，金融活水能够按照社会需求，以健康的方式流入实体经济的田间阡陌。

二、修渠引水，用数字化方式下沉金融重心

长期以来，银行尤其是大银行普遍把精力放在"三大一高"上，即大行业、大系统、大城市和高端客户，对于小微企业、乡村农户等长尾客户的服务明显不足。究其原因，首先是

我们缺乏触达这些客户的渠道。没有水渠，又如何引水呢？

传统金融触达客户的主要渠道，一是网点，二是客户经理。而长尾客户海量、分散、需求各异，如果仅靠增设网点和增加人员，不仅服务成本无法负荷，服务的质量和效率也会大打折扣。数字技术帮助我们以全新的方式修筑了四通八达的水渠，这些水渠通向小微企业和田间地头，将金融活水引流至真正需要的人身边。

从前金融的主流思想是"二八定律"，即通过 20% 的头部客户，基本可取得 80% 的收益，而这样的"华尔街模式"太过于精明了，况且现在即便是华尔街按照这个模式也走不下去了。金融不应只追逐金字塔尖上的荣耀，更要润泽金字塔基座。这也就是刚才谈到的金融逻辑亟须重构，而恰恰是金融科技赋予了我们重构金融逻辑和转变服务方式、服务流程的能力。

建行在 2018 年将普惠金融确立为全行发展战略。通过组合工商、税务、电力等多维度信息交叉验证，对小微企业进行立体式全息画像，同时利用大数据分析和机器学习等技术，建立主动授信模型。我们的画像和授信，不仅仅针对建行已有客户，而是面向数据所触达的全量客户，这就使众多没有抵押物、缺少银行信贷记录的人群获得了信贷机会。2018 年 7 月，建行推出了"惠懂你"普惠金融服务 App，服务对象覆盖了小微、"双创"、涉农、扶贫等群体，可以提供 7 天 ×24 小时的全流程在线信贷服务，做到"一分钟"融资、"一站式"服务和"一价式"收费。截至 2022 年 6 月，"惠懂你"已累计接入了 77 类普惠金融场景，个人注册用户超过 1100 万户，认证企业超过 360 万户，授信金额超过 2500 亿元。

农村金融同样也需要直达田间地头的引水渠道。为了打通农村金融服务的"最后一公里"，建行搭建了"裕农通"综合金融服务平台，推动数字化金融产品和服务"下乡"。在未设立网点的县域乡村，只要是有合法营业执照及固定营业场所、拥有一部智能手机、现金流充足且信誉良好的商户，都可以申请成为"裕农通"服务点。这其中便蕴含着新金融的共享理念和未来银行的新模式，也将对既有的金融理念、服务方式、服务流程、合规概念等带来新的冲击。以共享为核心支撑，通过现代科技手段能够触达的小卖部、超市、医务室、供销社等场所都可作为农村金融的触点，不仅将存、贷、汇等基础金融服务送到了田间地头，未来也会将理财、保险、贵金属等现代金融服务延伸到县域和乡村的千家万户。

发展农村金融是帮助农民脱贫致富、实现乡村振兴的重要举措。农村金融发展滞后不是因为农民缺乏信用，而是因为金融机构缺乏发现信用、评估信用的技术能力和下沉渠道。建行运用数字技术赋能扶贫，通过大数据、信用主体、核心企业等增信路径，构建新型农业主体与贫困户利益联结机制，助力贫困地区产业发展。2019 年年末，建行精准扶贫贷款余额 2195 亿元，产业精准扶贫贷款余额 661 亿元，带动建档立卡贫困人口 12.7 万人。"划土壅其本，引泉溉其枯。"农业、农村、农民问题是关系国计民生的根本性问题，金融工作者是有责任为国民经济的持续发展扎稳"三农"根基的。

三、精准灌溉，重构信用体系和风控体系

修渠引水，水到渠成，但如何给水是一门学问。水给少了，农田得不到充分的灌溉，庄稼就长不好；水给多了，庄稼又会被淹死。以往银行不愿意做普惠贷款，与其说不愿意做，不如

说不敢做和不会做，蓄水池里明明有水，却不知道该怎么给。现在数字技术帮助银行重新构建信用体系和风控体系，引导金融活水及时充分地灌溉农田，同时更有效地防止旱涝灾害。

小微企业的信贷需求具有"短、小、频、急、散"的特点，通过大数据的手段可以实现更有效的客户筛查，把风险防御在准入之前，通过建立反欺诈、评分卡、授信等级等一系列模式，在服务效率得到提升的同时，信贷风险也得到了有效的控制。通过建立覆盖贷款全流程的自动检测、预警和处理机制，当触发不良时可进行及时的干预和处置。

规模上去了，不良率下来了。建行原来每年的小微企业贷款新增只有100亿~200亿元，贷款客户新增不到1万户，不良率也高至7%~8%。在2018年和2019年，建行当年新增小微企业贷款分别超过2000亿元和3000亿元，并于2020年3月成为全国首家普惠型小微企业贷款余额突破万亿元的商业银行，新模式的不良率也控制在1%以内。而这样的新金融模式，让曾经困扰小微企业已久的融资难、融资贵问题，得以在银行业共同的努力下逐渐得到解决。

四、疏导结合，为社会痛点打造专属金融解决方案

治水之道，在于疏而不堵、因势利导。作为现代经济的核心，金融不仅承担着重要的资源配置功能，还是诸多社会痛点问题的直面者。依托数字技术，金融能够更好地整合各方资源，激活要素市场，打通断点，疏浚堵点，为解决经济社会深层次问题提供金融的"疏导"方案。

近年来，建行在这一方面做了不少有益的尝试。比如，在2018年启动了住房租赁战略，运用金融的资源整合能力和数字技术能力，为长期以来一直困扰普通老百姓尤其是年轻人的住房难、住房贵问题提供专业解决方案。30多年前，建行是最早倡导商品房的银行，当时叫响了"要买房，到建行"的口号。社会发展到今天，很多有房的人买房已经不再是出于居住需求，而是房地产巨大的财富效应。解决住房难、住房贵问题，要想办法逐步使过度金融化的房地产市场去金融化，回归到本源的居住属性。我们发现，房价持续上涨的同时，租房市场总量偏低，房屋空置率偏高。于是建行推出了"要租房，到建行"的市场品牌，以金融力量疏浚楼市的"堰塞湖"。

房地产是"灰犀牛"，我们应该想出一些实招，来刹住"灰犀牛"，不让它狂奔起来。也正是基于此，建行在2017年迅速将"住房租赁"战略提上议事日程。这不仅是一个利国利民的大事，同时也关乎建行自身的事业发展。

目前我国依靠住房租赁解决住房问题的比例不到10%，而且房屋空置率还较高，如果建行有能力通过努力，通过设计的产品把这一比例从10%推高到20%、30%，乃至40%，从而大幅度降低房屋空置率，那么可以说中国的住房问题就会得到化解。因为我国还处在不断城市化的进程之中，过去盖多了的房子逐步会得到有效的利用，而不会成为危机之源，这是一个大逻辑。我们以宏观思维来看问题，为国家计、为人民计，并以此为初心来设计产品，而现代科技又给了我们去实现理想、扛起责任的机会。

建行在很短时间内就搭建了开放共享的住房租赁服务平台，已覆盖94%的地级以上城市，上线房源超过2000万套；开发了"数字房产"系统，助力住建领域治理能力提升，已推广至全国40多个城市；创新推出了"存房业务"，激活存量空置房源，累计签约超过 80 万套；打造了住房租赁产业联盟，合作机构 1.17 万家，培育住房租赁新生态。我们相信，当住房租赁市场有了真正成熟的供给后，人们的消费习惯自然就会改变，住房难、住房贵的问题也会迎刃而解。

也正是因为住房租赁服务实践，建行延展出了智慧政务的服务逻辑。起初建行觉得这是一件特别复杂的事，但当在这么短的时间内进行尝试以后，也给了建行信心，并在此基础上陆续建立了和政府的多重连接，打开了合作的大门。

我们都知道，劳有所得是社会主义最基本的原则，所有劳动者都应该得到保障。然而我们还是会不时看到一些农民工辛辛苦苦工作了一整年却面临着"讨薪难"的窘境。2018 年 10 月，建行运用供应链金融思路和区块链技术开发了"民工惠"产品，连通政府部门、业主、包工头、劳务公司、农民工和用工管理平台，通过金融资源的介入，确立合理的债权关系，保证按时出工的工人可以按月拿到薪水。目前有 400 多万农民工享受到了"民工惠"服务。农民工工资实现按月发放，就意味着农民工变成了产业工人。"五险一金"一旦配套，再加上我们量身定制的住房租赁服务，农民工就可以把家人接到城市来居住，这对农民工的生活来说是很大的改善，也有助于持续推进我国的城市化进程。

五、水能转化，为实体经济融智赋能

水不仅能够灌溉农田，还能够通过能量转化，成为电能，以新的形式为人们的生产生活服务。资金和信息是现代社会的两种重要能量。以往，金融服务实体经济的方式主要是资金融通，但随着自身数字化能力的提升，金融不仅能提供更高质

量的融资服务，还能实现资金流和信息流的有机融合与合理配置，以"融资＋融智"的方式为实体经济赋能。

2018 年 6 月，建行推出了"建融智合"企业智能撮合综合服务平台。这个平台的基本思路就是让数字在人、财、物、供、产、存、销等各环节之间跑起来，实现项目、产品、服务等各类资源的供需精准对接，为企业提供"金融＋非金融"的一站式服务。两年间累计注册企业用户超过 60 万家，累计成功撮合数超过 5 万笔。2019 年年末，该平台的国际版——"全球撮合家"上线，为具有跨境贸易、投资、合作诉求的境内外企业提供数字化对接服务，加大跨境金融服务创新，与全球共享发展机遇。

新冠疫情期间，我们第一时间上线了企业线上经营工具箱，提供"建门户、找客户、管经营、发薪酬、云客服、快融资、管园区"七大类在线服务，帮助企业迅速恢复生产。我们还与各省（区、市）商务厅、金融局、大型企业平台携手，不断丰富智能撮合平台的数字内容和数字技术，聚焦"六稳"工作和"六保"任务，精准支持产业链协同复工复产。

六、涵养生态，助力国家和社会向未来数字生态迁移

水是自然生态的基础，水治理好了，自然生态就会和谐。国家也是一样，金融体系是社会生态的重要组成部分，金融活水治理好了，国民经济就会蓬勃发展，老百姓就能安居乐业，就好比一个人的微循环调节好了，就会身体健康、红光满面。当新技术时代来临，整个社会生态正向数字化、云端化的方向迁移，传统金融的供给机制已经无法深入新生态的微循环。

与从前不同的是，现在的个体工商户、小微企业等都变成了社会经济重要组成部分，如果还是"唱着古老的歌谣"，是

难以服务好当下的经济生态的，所以必须尽早重构金融逻辑，打造建行的新特色，以独特的方式提供金融服务。

"重构"的追本溯源要从价值观开始。因为在新时代我们是以满足人民对美好生活的向往作为奋斗目标的，但我们在达到这个目标之前还有很多事情需要做。我曾多次说过："一切痛点皆是机遇。"未来在金融领域的竞争将是争抢痛点的竞争，因为所有的痛点都是机会。

也是在这样的理念下，建行开始为地方政府的智慧政务系统建设提供技术支持，推动实现"省、市、县、乡、村"五级公共服务的"掌上办""指尖办"，助力"放管服"改革和治理体系治理能力现代化。截至2022年年底，我们已经与130多个省、市、县签订了合作协议，云南、山西、山东、辽宁、天津、重庆等地的智慧政务系统已成功上线运行，累计支持政务事项286万件，累计注册用户超过5200万人，业务办理量超过2.4亿笔，许多政务事项还可以直接在建行网点STM和"裕农通"上办理。

抗击新冠疫情以来，建行依托自主的金融科技平台，在提供数字金融服务的同时，输出技术、对外赋能，为地方政府部门、企事业单位、城乡社区提供疫情防控的相关线上服务和技术解决方案。当我们用新金融逻辑和思维去思考这个问题时就会发现，没有什么事情是跟我们没有关系的。过去我常说金融是把"温柔的手术刀"，以微创或无痛的方式一点一点地化解社会问题，现在通过实践来看，这把"手术刀"可以将更多痛点纳入"治疗"范畴。

建行还探索开设了建行大学（现更名为"建行研修中心"），联合国内外知名高校，成立了产教融合联盟，将金融知识引流到中小企业主、乡村致富带头人、扶贫干部等传统金融教育无法覆盖的群体，促进全社会金融素养的共同提升。我们将遍布在大街小巷的建行网点向社会开放，为快递小哥、环卫工人、出租车司机等户外劳动者提供歇脚、充电、热饭、喝水、上厕所的地方，让原本"高冷"的金融机构变成温暖的"港湾"，让每一个社会成员都能享受到金融活水的滋润与甘甜。传统金融在发展过程中积累了丰富的金融资源，并将这些资源投入到开放共享的生态中，就会焕发出新的能量，创造出新的价值。

新金融模式的特色是"共享"。"德不孤，必有邻。"建行的理念和实践已经得到越来越多的认同，来自政府机构、同业、客户的支持和合作给了我们信心。我们必须携起手来，共同培育和谐的社会生态，共同助力国家和社会实现向未来数字生态的迁移。

水化育万物，滋养生命。早在数千年之前，中国就创造了都江堰的伟大奇迹。金融是现代经济社会生活中最重要的水源之一，同样关系到百业兴衰、万家忧乐。"溉水渠成千耦耕"，以数字化技术重修金融"水利工程"，让金融资源更加公平可得，让全体人民共享发展成果，是摆在每一个金融工作者面前的重大课题。近年来，建行以习近平总书记提出的增强服务国家建设能力、防范金融风险能力、参与国际竞争能力[1]为遵循，积极探索数字化新金融，以实际行动践行初心使命、书写时代答卷。

我们应当庆幸赶上了这个美好时代，让我们建行人，特别是年轻人有机会把聪明才智用在真正解决社会问题上，有机会设计出对国家对人民有益的金融产品，以金融之水增进民生福祉，清澈澄明，源源不竭。

---

[1]　《建行董事长王洪章：加强三个能力建设　勇担大型银行责任》，人民网，2014 年 12 月 3 日。http://finance.people.com.cn/money/n/2014/1203/c218900-26138765.html。

第三节 从"闭门造车"到共享生态

银行本身就是一个大平台，先天具备平台经济的规模优势和渠道优势。在数字技术的加持下，建行形成了内外联动、优势共享的双核心架构，一方面，通过核心业务系统实现自身内核支撑；另一方面，依托平台优势同步打造开放式生态系统，以共享复用而非垄断封闭的平台广泛开展对外合作。

从封闭到开放

建行通过"新一代核心系统"的开发实践及其在银行经营管理上的专业积累，形成了一定的金融信息系统建设的总集成能力，尝试为不同类型的金融机构提供专属"业务操作系统"。

如果说"新一代核心系统"是"1"，那么后面还跟着很多个"0"，共同构成科技输出的体系。这些"0"分为三个赛道。第一个赛道是数据集成及数字化转型；第二个赛道是信息技术应用创新产业，即自主可控；第三个赛道是云建设、云设施和云的发展。

在这三个赛道上，建行通过三类服务进行科技输出，赋能行业发展。一是核心系统建设。建行在"新一代核心系统"建设成果和业务管理经验基础上，结合同业的机构与业务特点，对核心系统进行改造和创新，从规划到技术开发、运维，全流程参与，整体实施，助力同业进一步提升客户服务质效和技术安全可控水平。

二是咨询服务。除了承担系统"建设者"的角色，建行还将"新一代核心系统"建设的技术能力和业务经验与同业共享，提供科技咨询服务，成为助力同业数字化转型的"咨询师"。

三是产品赋能。建行向中小金融机构输出风控工具等，推进行业风险共治。在大数据、人工智能、5G、云计算、区块链等新型技术的加持下，金融业迎来跨越式发展，加快数字化转型步伐、提升自主可控能力已成为行业共识，然而，一些中小银行等金融机构仍然面临转型突围和资源短缺的困局。由于能力和资源有限，中小银行在技术系统上的投入不多，主要借助第三方互联网平台吸引客户、做放贷决策，数据和客户都留在了互联网公司，中小银行补齐数字化短板亟须外部力量支持。

2021年1月，银保监会明确提出"推动大型银行向中小银行输出风控工具和技术"。建行将多年积累的反欺诈、零售风险计量等能力开发成标准化产品，支持中小金融机构全面提升普惠金融实践能力，推动健全具有高度适应性、竞争力、普惠性的现代金融体系，有效防范化解系统性金融风险。建行累计为1000余家同业机构提供风险计量工具，其中，"慧系列"智能化风险管理产品覆盖960家中小金融机构。

此外，建行还引入大数据挖掘、知识图谱、机器学习等技术，搭建管理平台和数据分析平台，助力金融监管智慧化，推动金融业信息基础设施健康发展。

也许有人会问：互联网企业同样可以提供上述服务，为什么要选择建行？相比于国有大型商业银行，互联网科技公司更多的是提供技术级系统，对于银行的业务逻辑、管理逻辑和风控逻辑的认识存在不足，而建行的系统和产品是经过充分实践验证、完全落地的，这相当于把自身运行通畅的系统及其背后的业务经验向客户整体输出，可以提供"开箱即用"的方案①，更受同行青睐。同时，建行的科

---

① 武晓蒙、彭骎骎、胡越，等：《银行数字化起跑》，载《财新周刊》2021年第10期。

技输出基于"新一代核心系统"信息技术，自带信创解决方案，能够携手同业快速提升信息技术自主可控和国产化水平，少走技术弯路，保障系统的可靠性。

从行业的角度来说，全面系统化的整体输出降低了重复性金融科技投入成本，减少了重复建设与行业内耗，有利于科技资源在更有价值的地方发挥作用。科学技术具有世界性、时代性，是社会共同的财富。"闭门造车"是行不通的，开放共享才能加强同业间的交流，打造行业统一的技术标准，让技术创新紧密契合实践需求，形成可持续的创新和造血能力。

首家"大行系"金融科技公司

科技输出并非建行独有。近年来，多家银行在锤炼本行系统和技术的同时，纷纷设立科技子公司，以更灵活的体制机制、更市场化的薪酬激励，在服务母行的同时对外输出赋能。这其中既有兴业银行、招商银行等"先行者"，也包括建行、工行等"大行系"[1]。2018年，建行成立了国有大行中的首家金融科技子公司——建信金融科技有限责任公司（以下简称"建信金科"），将原本分散的科技力量集中起来，整体投入公司化运作，并成为建行科技输出的窗口和平台。目前，建信金科已经发展成为规模最大的银行金融科技公司。队伍规模从成立时的2800余人壮大至8000人，平均年龄33岁，拥有硕士及以上学历的员工占比约50%，其中拥有博士学历的超过80人。现有员工中，科技人员占比约90%，吸引来自BATJ[2]、华为、IBM等企业的专家人才1500余人，研发、基础技术、产品及解决方案领域的金融科技人才占比超过93%。

---

① 武晓蒙、彭骎骎、胡越，等：《银行数字化起跑》，载《财新周刊》2021年第10期。

② 即百度、阿里巴巴、腾讯、京东四大互联网公司。

科技子公司名称	交银金融科技	农银金融科技	中银金融科技	北银金融科技	工银科技	龙盈智达
成立时间	2020.8.25	2020.7.28	2019.6.11	2019.5.16	2019.3.25	2018.5.23
地点	上海	北京	上海	北京	雄安	北京
注册资本金	6亿元	6	6	0.5	6	0.21
成立时的股东	交银国际（上海）股权投资管理有限公司	农银投（嘉兴）企业管理有限公司	天津津远实业有限公司	北银置业有限公司	工银国际投资有限公司	北京龙盈科创股权投资基金中心、北京顺禧股权投资基金管理有限公司
实际控制人	交银国际控股有限公司	农银国际控股有限公司	中银集团投资有限公司	北京银行工会委员会	工银国际控股有限公司	专属服务华夏银行的科技公司

科技子公司名称	民生科技	建信金融科技	光大科技	招银云创	上海壹账通金融科技	兴业数金
成立时间	2018.4.26	2018.4.12	2016.12.20	2016.2.23	2015.12.29	2015.11.10
地点	北京	上海	北京	广东	上海	上海
注册资本金	2	16	2	15	12	3.5
成立时的股东	民生置业有限公司	建银辉腾（上海）环保股权投资管理有限公司	光大集团	招银科技控股（深圳）有限公司	深圳壹账通智能科技公司	兴业国信资管公司、上海倍远投资管理中心（有限合伙）、福建新大陆云商股权投资企业（有限合伙）
实际控制人	民生银行工会委员会	建银国际（控股）有限公司	光大集团	招银国际金融控股有限公司	平安保险（集团）有限公司	兴业银行

资料来源：财新记者根据公开资料整理

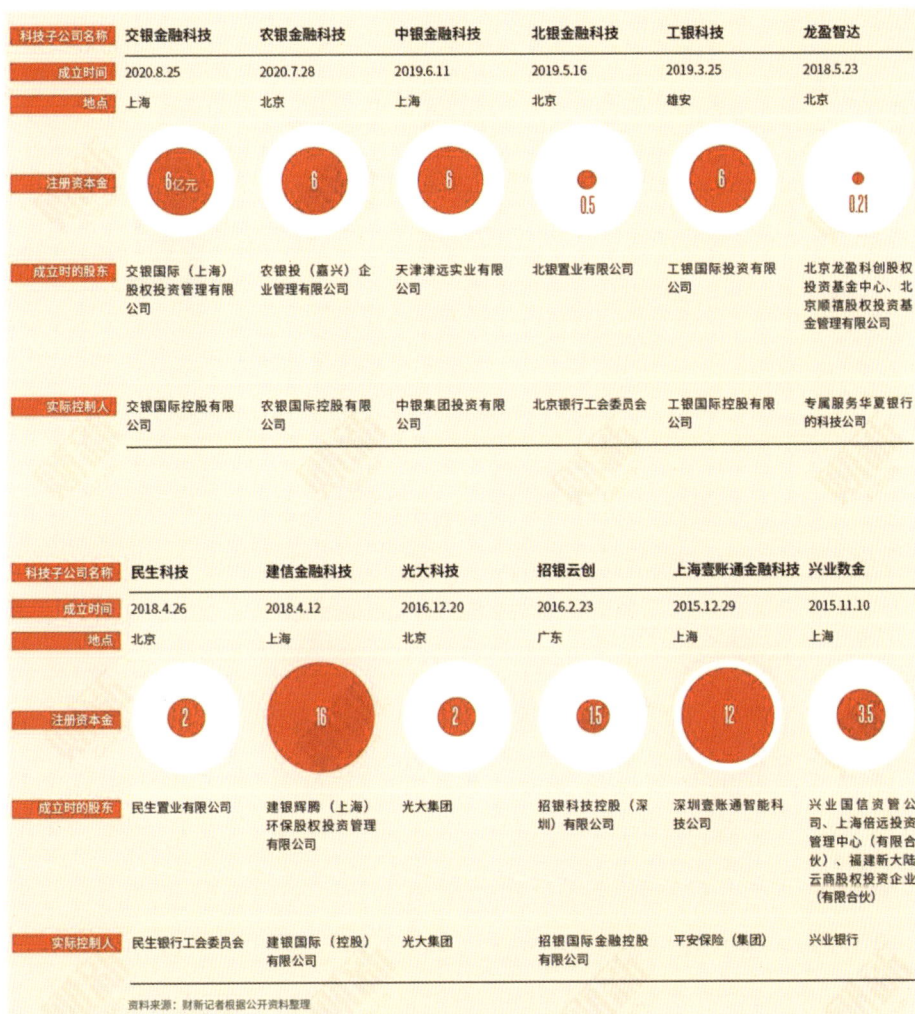

图 1-3　我国银行金融科技子公司

资料来源：《财新周刊》。

　　作为建行金融科技战略的重要实践者，建信金科聚焦提升自主可控能力，积极开展基础研究、系统研发、人才培养和输出赋能，先后获得国家高新技术企业认定，入选国务院国有企业改革领导小组办公室"科改示范企业"并通过了 CMMI5、TMMi5 等国际领先水平的资质认证。截至 2022 年 10 月末，累计提交专利申请 6242 件，占建行累计专利申请总量的 74%（如图 1-4 所示）。

（件）

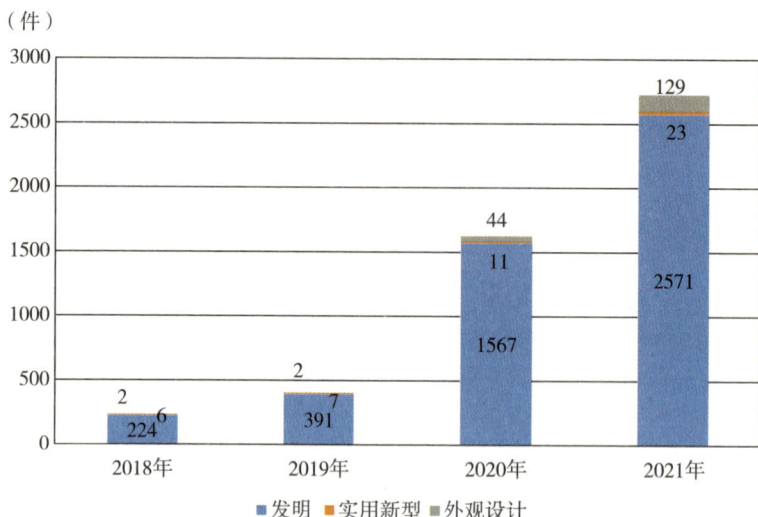

图 1-4 建行集团① 专利申请情况

对于金融科技类企业而言，技术是业务输出的关键动力。建信金科积极打造自主可控的金融技术底座，形成了一批关键成果：在大型商业银行中率先具备对私、对公全部核心业务从 IBM 主机下移能力；打造业内首个用户量过亿的全栈国产化信用卡核心系统；行业首家实现国产办公系统全栈全集团单轨运行；完成金融业最大的存储计算分离的 MPP 数据库集群建设，支持全行数据上云；建立了完整的国产基础设施整合适配能力，在终端机具、大数据、信创云等领域对国产信创产品真试真用，带动信创产品加速发展成熟；实现了后量子密码算法从部署到生产环境的 7 个项目场景，初步具备国际算法替换能力。此外，"安全即服务"的企业级安全能力逐步强化，在 2021 年公安部组织的网络攻防演习中，防守零失分，总分在央企中排名第一位。

科技输出在国际上不乏先例。贝莱德集团依托"阿拉丁"系统，提

---

① 包含建信金科。

供一体化投资和科技输出服务，覆盖全球 200 多家金融机构、24 万个用户，收入贡献率近 7%。建信金科学习先进同行的经验，对内赋能母行业务，对外进行科技输出，创新成果从样品成长为产品，从产品进阶为商品，商业模式逐渐获得市场认可。2021 年，建信金科完成 A 轮融资，中央国债登记结算有限责任公司、国开金融有限责任公司等机构参股，溢价率近 8 倍。

在更大的场景锤炼能力

近年来，建行一直在加快向同业输出技术的步伐。由此必然带来一个疑问：向同业输出成熟的软件系统、业务经验和管理制度，会不会"耕了别人的地、荒了建行的田"？

建信金科提供的几组数字或许能够打消人们的疑虑。2018—2021 年，建信金科累计承接母行项目近 2000 个；年度投产的母行业务需求从 6505 项增加到 8.3 万项，累计投产需求超过 12 万项，年复合增长率 89%（如图 1-5 所示）；需求项的平均实施周期从 95 天缩短至 55 天；需求按计划交付投产率保持在 99% 左右；每年规划的投产窗口从 98 天延长至 197 天，占全年自然日的 54%。

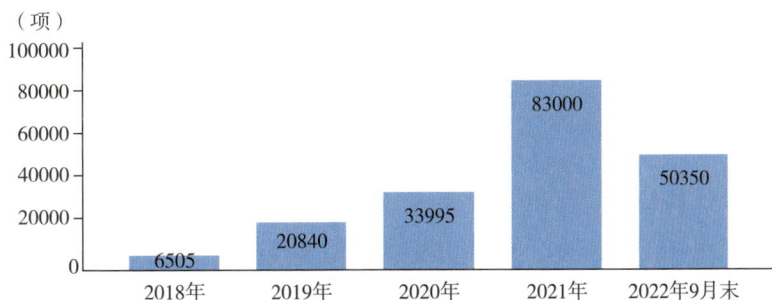

图 1-5　建信金科每年投产需求数量

在持续加大对外赋能力度的同时，建信金科是如何实现母行业务需求受理效率和自身研发服务能力不断提升的？

建信金科曾有这样一个比喻：建行和建信金科就如同狮子王辛巴和它身边的犀鸟沙祖，它们是相对独立的个体，更是同向而行的共同体。建信金科的原点在母行，延长线在市场。2022年，约7000人为母行集团提供科技服务，占公司整体人员规模的86%，对提高服务母行质效起到了至关重要的作用。为更高效满足业务需求，建信金科与母行业务部门及集团子公司开展常态化沟通，建立问题清单并逐一落实解决。在此基础上，建立"透明厨房"机制，将业务需求实施情况和进展状态以直观、透明的方式展现给需求部门，及时发现和解决问题，提升需求部门用户体验。建立紧急项目提前投入机制，确保母行重要紧急需求及时排产，启动时间平均提前30天以上。建行2018—2021年科技投入及其占营业收入比例如图1-6所示。

图1-6　建行2018—2021年科技投入及其占营业收入比例

建信金科成立以来，不断调整完善组织架构。一方面，设立多个各有所长又互相联动的职能板块，提升整体服务能力。设立金融科技创新中心，强化需求分析，累计派出上百位专家专职服务建行金科部ITBP团队，集中协助总行和分行制定业务需求解决方案，有效化解企业级架构统一性与业务需求多样性之间的矛盾，推动立项周期缩短近 1 个月。设立基础技术中心、Big Data 中心，强化技术和数据能力供给，完成金融业最大存储计算分离的 MPP 数据库集群建设，支持全行数据上云；构建实时可靠的企业级数据服务能力，母行数字化经营指标加工时长缩短至T+1。设立总工办、实施管理中心，强化研发组织管理，夯实业务与技术融合创新的基础，全生命周期管理母行项目实施，提升一体化研发质效。

另一方面，着力加强科技人才储备，持续优化人员结构。畅通 8 个一级序列、32 个二级序列的人才发展通道，无论是数据分析工程师、系统开发工程师，还是测试工程师、产品经理等，都有与之对应的晋升标准，改变了以往科技条线只有"高级工程师"这个单一评价维度的现实。实施"职业生涯靠积分、薪酬激励靠贡献、带兵打仗靠军功"的激励约束机制，让员工像创业一样做科技研发，在背负科技风险的同时，也享受科技进步的成果，激发各级员工的积极性、主动性和创造性。

面对技术的快速迭代，建信金科不断优化和创新研发服务模式。与外部科研单位联合攻关，围绕金融投资、实网渗透等实际业务场景，联合科研院所和头部企业，建成量子金融应用实验室、高性能大数据处理技术实验室、声纹＋联合创新中心、安全攻防实验室和信创云联合创新实验室等，与高校团队合作开展 12 项新技术研究课题，有效缩短了建行在新技术研发应用方面的探索周期。

建行的科技输出是置身更大的场景锤炼科技能力。一方面，建信金科在沉淀项目经验的基础上，通过"底座＋插件"方式，进一步完善和提升对外整体输出产品的完备性、兼容性和灵活性，形成全套的文档及知识体系、全流程的实施工艺及配套工具等，并在输出项目中创新采用

"金科标准化产品＋联盟公司客户化实施"新模式，降低对原有核心骨干人员的依赖。在此基础上，搭建标准化、工程化的产品工厂流水线，形成"一个后厂＋多个前店"的交付模式，通过参数配置和扩展开发提升产品化能力，支持多客户并行交付。另一方面，在赋能同业的过程中，加深对商业银行业务的理解，积极汲取同业优秀的实践经验，将能力沉淀为自身的"武器库"，形成通过开放生态反哺自身科技进步的良性循环。

专栏1-5　建信金科"双录云"产品反哺建行业务

建信金科开发的"双录云"产品覆盖金融机构线上线下的用户群体，利用网络视频采集和存储先进技术建立录音录像采集系统，既满足监管要求，又满足业务需求。截至2021年年末，"双录云"与全国57家人身保险公司签订了产品合同。"双录云"在服务客户保险业务的过程中取得了较好的效果，之后建信金科将"双录云"产品反哺至母行的双录业务中。

第二章

住房租赁：
从服务买房到服务租房

1992 年，北京崭新的住宅楼前，几十位联想集团年轻员工拍下一张珍贵的合影。那一年，72 人申请了建行首批个人公积金住房贷款。在 8 年后的一次采访中，"72 名房客"畅谈往事：申请个人住房贷款这个"前卫"的选择，让他们拥有了自己的家，改变了人生轨迹。他们的买房经历，也成为中国房地产发展大潮中的一朵浪花。

2022 年 11 月 8 日，北京大兴生物医药产业园区内，在绿地集团的智汇健康城项目现场，建行发起成立住房租赁基金，并与绿地达成首批收购协议，把闲置的部分商业用房改造为 500 多套租赁住房，帮助上千名生物医药研发工作者搬进新家。弹指一挥 30 年，建行人期待住房租赁基金的这一小步能够成为推动房地产均衡发展的一大步。

建行长期深耕房地产金融。为适应住房改革和城镇化需求，建行于 1985 年在深圳发放第一笔住房按揭贷款，1992 年在上海发放第一笔公积金贷款，2005 年发行我国第一单 RMBS（住房抵押贷款支持证券）……过去 30 多年，"要买房，到建行"的品牌可以说是家喻户晓。进入新时代，建行坚决贯彻落实国家"房住不炒""租购并举"的政策要求，于 2017 年将住房租赁确立为全行战略，打造"要租房，到建行"的新品牌，这既是服务"国之大者"的政治担当，也是跳出"内卷"、打造差别化住房金融新优势的必然选择（如图 2-1 所示）。

本章包括三节，第一节从风险化解、住有好居、政策红利、蓝海市场等方面介绍新形势下的房地产新局；第二节讲述 5 年来建行住房租赁

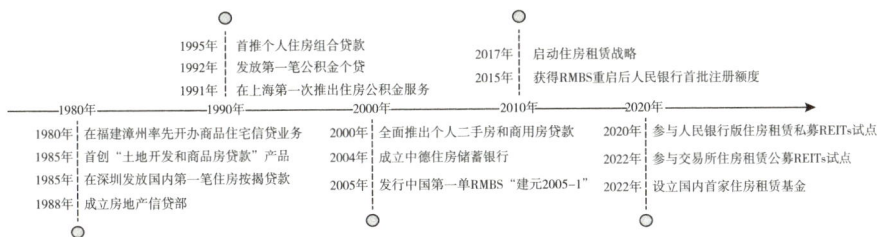

图 2-1　建行住房金融业务发展历程

1995年	首推个人住房组合贷款	2017年	启动住房租赁战略
1992年	发放第一笔公积金个贷	2015年	获得RMBS重启后人民银行首批注册额度
1991年	在上海第一次推出住房公积金服务		

1980年　　　1990年　　　2000年　　　2010年　　　2020年

1980年	在福建漳州率先开办商品住宅信贷业务	2000年	全面推出个人二手房和商用房贷款	2020年	参与人民银行版住房租赁私募REITs试点
1985年	首创"土地开发和商品房贷款"产品	2004年	成立中德住房储蓄银行	2022年	参与交易所住房租赁公募REITs试点
1985年	在深圳发放国内第一笔住房按揭贷款	2005年	发行中国第一单RMBS"建元2005-1"	2022年	设立国内首家住房租赁基金
1988年	成立房地产信贷部				

图 2-1　建行住房金融业务发展历程

战略围绕"长租即长住，长住即安家"的探索及成效；第三节阐述为何住房租赁基金的设立开启了建行住房租赁的 2.0 时代。

第一节　房地产新局

近 20 年来，我国经历了人类历史上最大规模的城市化。商品房销售面积达 225 亿平方米，快速发展的房地产市值超过 60 万亿美元，成为国民经济的支柱行业（对 GDP 贡献率超过 24%）、地方政府财政的顶梁柱（土地出让收入和相关"五税"占地方财政收入 50% 以上）、银行资产业务的压舱石（银行业房地产相关贷款占比超过 1/3）。

作为住房金融业务的先行者和引领者，建行在 5 年前毅然转向，大举进军住房租赁市场，是因为感知到房地产已走到新老模式切换的关键节点，旧的房地产发展模式积聚了种种问题，迫切需要全新的发展理念和发展模式来解决，房地产金融服务方式也亟待革新。过度金融化的房地产模式不可持续且蕴藏着巨大的市场风险；百姓的"忧居之问"和国家的"安居之思"催生了"租购并举"新住房制度的政策东风；未来的房地产行业依然离不开金融服务，但它除了要继续服务"买房"，更需要转向支持"租房"。

金融"灰犀牛"

2021 年，总资产规模约 2 万亿元的头部房企恒大集团出现信用违约风险，涉及债务金额近 2 万亿元；3 月开始，恒大出现商票逾期；6 月和 9 月，惠誉、标准普尔分别下调恒大信用评级，展望"负面"；在苦撑了几个月后，12 月 3 日，2.6 亿美元的担保义务成为压垮恒大信用的最后一根稻草，恒大出现首笔美元债务违约[①]。

恒大债务危机近乎成为诱发房地产市场崩塌的多米诺骨牌，紧随其后，融创、世茂、富力等明星房企以及阳光城、禹州、俊发等地方房企相继出现债务违约，房地产行业风险加速暴露。2022 年 6 月开始的"断供"事件登上热搜，引起了广泛关注，一度被银行视为最安全的"住房抵押贷款"资产，也受到了市场的严厉拷问。

专栏2-1 "交楼难"引发的"断供"事件

2022 年 6 月 30 日，由于楼盘难以按期交付，江西景德镇恒大珑庭项目全体业主发出公开信，要求项目方须在 2022 年 10 月底复工，否则将在 11 月强制停贷。以此为起点，全国"断供"事件快速蔓延。截至 2022 年 7 月 18 日，公开披露已发布停贷告知书的楼盘就有 308 个，波及 26 个省份。断供项目涉及恒大的有 82 个，涉及绿地的有 15 个，涉及融创的有 15 个，涉及泰禾的有 9 个，涉及阳光城的有 8 个，5 家房企占比共 41.56%。

风起于青萍之末。实际上，房地产市场的风险积聚绝非一朝一夕。在供给端，国家统计局公布 2021 年年底城镇住房存量高达 360 亿平方

[①] 资料来源：来自媒体公开报道。

米。2019 年起，全国土地成交面积逐年递减（如图 2-2 所示），开发性建设的拐点已经出现，特别是 2022 年上半年，商品房销售额同比下降 28.9%（如图 2-3 所示）。

（万平方米）

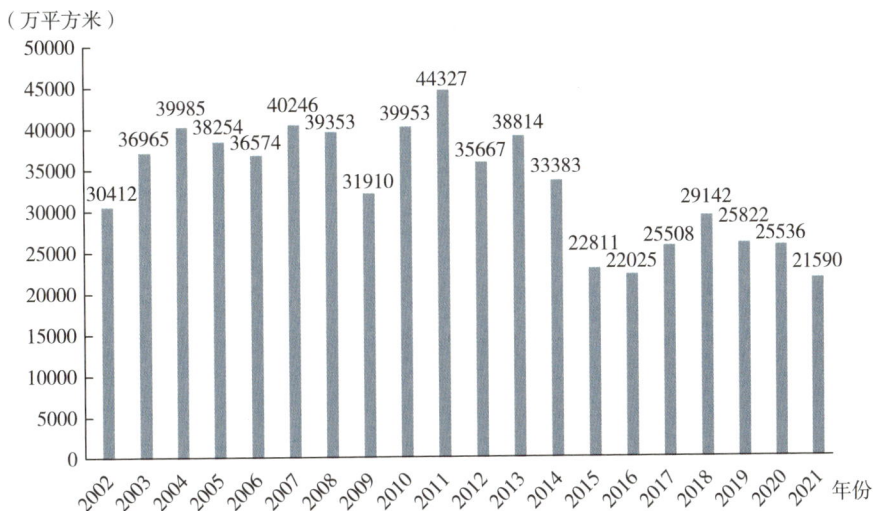

图 2-2　2002—2021 年我国土地成交面积

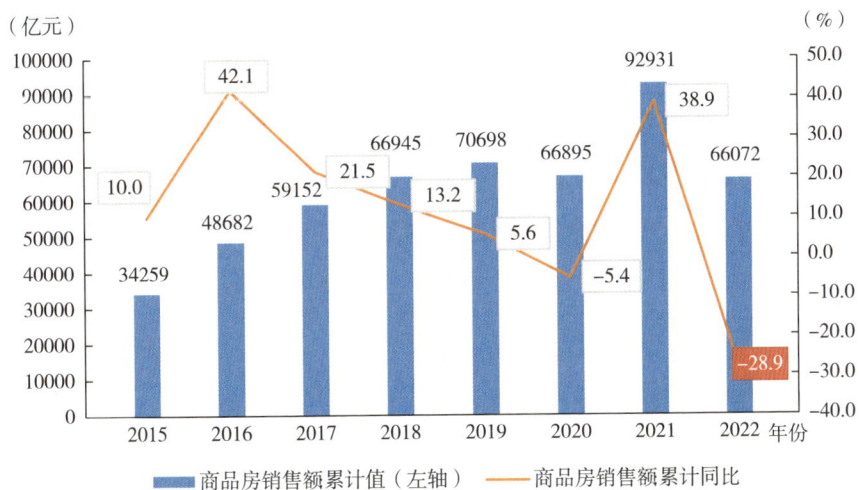

图 2-3　2015—2022 年我国上半年商品房销售额及同比增速

在需求端，我国将迎来人口负增长时代，居民部门杠杆率已达到 72%，主力购房人数下降；北京、上海、深圳等城市的房价收入比已经超过 30，是伦敦、东京、纽约的 2~8 倍，严重超出居民家庭特别是新市民家庭的支付能力，加之新冠疫情对居民收入的冲击、入学政策的调整，一般居民的购房能力和意愿较低，个人房贷出现负增长，购房总需求持续下滑。

在房地产行业高歌猛进的过程中，金融服务的主要作用是支持房企建房和百姓买房。我国融资结构长期以间接融资为主，信贷资产在金融总资产中占比超过 70%。2011—2020 年的 10 年间，大量信贷资金涌入房地产行业，房地产贷款余额从 9.4 万亿元增至 49.6 万亿元[①]，占银行贷款的 39%，被认为是金融风险最大的"灰犀牛"。2022 年，我国房企数量超过了 10 万家，资产负债率均值超过 80%，深陷"高负债、高杠杆、高周转"的模式，期房销售占九成，预售资金占开发资金一半以上，极易出现流动性风险。

30 年前日本的房地产泡沫破灭阵痛仍在，2008 年美国的次贷危机殷鉴不远。历史教训表明，房地产行业涉及面广、关联度高、资金量大，如果风险控制不好，会迅速向上下游传导，甚至引发系统性金融风险，银行、房企、建筑商都难以独善其身，老百姓会受到波及，国民经济也有可能遭受重创。

借鉴国际发展经验并结合我国实际，长期来看，勒住这头"灰犀牛"，必须坚持房住不炒、租购并举。通过大力发展住房租赁，将房地产市场淤积的巨量资金逐步引流到租赁市场，以金融力量疏浚楼市资金"堰塞湖"，有序实现住房和金融资源的"腾挪"，让投资者投资理财不再"唯房独尊"，改变住房消费理念，让普通人结婚生子不用"以房为先"。

---

① 数据引自人民银行《2020 年金融机构贷款投向统计报告》。

安居之问

2022 年 8 月，一则中国科学院老天文学家蜗居 13 平方米筒子楼的报道引发社会关注。中关村科源社区曾经是"两弹一星"元勋钱学森、钱三强居住的中国科学院职工房，然而，70 年过去，这个"藏龙卧虎"的小区由于年久失修，墙体发霉、漏水频繁、卫生较差，居住条件堪忧。得一好房安居，是多少中国家庭的普通愿望。然而，一些为新中国科技事业作出杰出贡献的科学家，在居住上却被时代远远甩在了身后。这个缩影折射出了社会变迁中的住房难题。安居之问，其实古已有之。一千多年前，白居易西迁长安发出"长羡蜗牛犹有舍，不如硕鼠解藏身"的感叹，杜甫流寓成都抒发"安得广厦千万间，大庇天下寒士俱欢颜"的情怀；及至近现代，孙中山先生想实现"四海之内无一夫不获其所"的愿景，贝聿铭则推崇"房子像不像家，住在里面安不安心最重要"的理念。跨越古今，得一房以安居，安其居而乐业，始终是普罗大众的基本需求，也是社会民生的重点关切。

时至今日，中国人对住房仍有特殊的情结，市民买房、村民建房，融入了复杂的财富传承、安居诉求和情感寄托。房子一直是我们生活中绕不开的"热点"话题。20 世纪 90 年代，一代人仅因为购房早晚、多少，往往就会分属不同的财富阶层；近几年，大城市特别是人口净流入的新老一线城市动辄几万元甚至十几万元一平方米的高房价，抬高了安居"门槛"，让大量新市民、年轻人"望房兴叹"，即使稍有余力的家庭，往往也掏空了"6 个钱包"，买房之难，可见一斑。2021 年我国常住人口城镇化率达 64.74%，而户籍人口城镇化率仅 46.7%，涌入城市的新市民群体近 3 亿人，新老市民安居已经成为事关美好生活的重要民生问题。

百姓安居之难是因为房子供给不足吗？实际上，住房问题是结构性问题，我国住房总量过剩但分布不均衡、使用不充分。国家统计局公布的数据表明，2021 年，我国城镇人均居住面积就已经达到 37.8 平方米；《中国住房存量报告》显示，我国户均住房达 1.1 套，接近发达国家水平[①]；早在2014 年，西南财经大学中国家庭金融调查与研究中心发布报告称，全国安置住房超过 4800 万套，总体空置率为 12%~22%。例如，武汉住房空置率在 20% 以上，但高性价比房源却供不应求；广州公房占比达 13%，大部分因年久失修处于闲置，但与此同时却有无数追梦的"广漂"在"蜗居"。

从发达国家发展结果看，人口增速慢，城市化程度高，城际、城乡发展差异小，主要城市人口总量稳定，常住人口和住房供给实现了动态平衡。而我国人口向部分中心城市大规模集聚[②]，居住需求不断增加，而房源分布空间错位、质量参差不齐（特大城市中心城区人口密度最大，但存量住房大部分是老旧小区，新建住房则大部分位于较远郊区），必然会产生结构性的供需矛盾。

在房价高企与供需失衡的当下，一味固守"买房才能安家"的传统理念解决不了大多数市民的住房难题，只有汇聚政府、房地产、金融、租赁以及建筑行业等多方资源，形成合力，将原本空置的住房投入市场，把闲置的厂房、商业用房改建出租，将脏乱差的城中村改造为焕然一新的公寓，向市场供给一大批品质高、价格亲民的房源，才能让更多人"租"到幸福家园，实现从"忧居"到"优居"的转变。

"租购并举"

民之所望，政之所向。党的十八大以来，习近平总书记围绕住房问题多次作出重要指示批示，提出要促进房地产市场平稳健康发展，坚

---

① 美国、日本、德国、英国的套户比分别为 1.15、1.16、1.02、1.03。

② 近 20 年间，北京常住人口年均增长 42 万人，深圳常住人口年均增长 33 万人。

持"房子是用来住的、不是用来炒的"①的定位，坚持"租购并举"政策。2022年10月，党的二十大报告用了较大篇幅强调，"加快建立多主体供给、多渠道保障、租购并举的住房制度"，为住房制度改革和房地产市场平稳健康发展指明了方向。"多主体供给"是要吸引更多的社会资本，支持政府和企业新建、改建、盘活租赁住房，支持机构化住房租赁企业发展，推动房源供给主体多元化；"多渠道保障"目的是统筹配置市场化租赁住房和公租房、保障性租赁住房、共有产权房等保障性住房，增强解决住房问题的多样性和灵活性；"租购并举"则致力于推动住房购买市场和住房租赁市场协调发展。

近几年来，着眼于解决我国住房"重购轻租"、市场强保障弱的不平衡问题，住房租赁相关支持政策陆续出台，"租购并举"的政策体系逐步确立。2022年12月，中央经济工作会议强调，要因城施策，支持刚性和改善性住房需求，解决好新市民、青年人等住房问题，探索长租房市场建设。要坚持"房子是用来住的、不是用来炒的"的定位，推动房地产业向新发展模式平稳过渡。

在新型城镇化背景下，现有市场化租赁住房和政府公租房难以满足新市民海量居住需求，租赁住房市场持续扩容是大势所趋，改善租购比例是未来住房市场发展的主旋律。这其中，保障性租赁住房将成为新的主角。

2015年起，国家制定多项政策支持保租房健康发展。2021年7月，国务院发布《关于加快发展保障性租赁住房的意见》（以下简称《意见》），是一个重要的政策分水岭，首次从国家层面明确了住房保障体系的顶层设计。《意见》明确"保障性租赁住房主要解决符合条件的新市民、青年人等群体的住房困难问题，以建筑面积不超过70平方米的小户型为主，租金低于同地段同品质市场租赁住房租金"，从土地、财

---

① 《中央经济工作会议在北京举行》，《人民日报》2021年12月11日第1版。

税、金融等六个方面支持保障性租赁住房健康发展。

专栏2-2　支持保租房发展的土地、财税、金融政策

　　企事业单位自有闲置土地建设保障性租赁住房，变更土地用途无须补缴土地价款，原划拨土地可继续保留划拨方式。产业园区配套用地中，行政办公及生活服务设施用地所占比重的提高部分用于建设保障性租赁住房。存量闲置房屋"非居改保"用作保障性租赁住房期间，相关市场主体可不变更土地使用性质，不补缴土地价款。例如，财政部在租赁住房房产税、增值税方面给予相关优惠，住房租赁企业向个人出租住房适用简易计税方法，按照5%征收率减按1.5%缴纳增值税，对企事业单位等向个人、专业化规模化住房租赁企业出租住房，减按4%税率征收房产税。同时，在金融支持方面，保租房已经被纳入基础设施领域不动产投资信托基金项目。

　　为解决保障性租赁住房的融资和可持续发展问题，支持REITs发展的政策也于2021年起相继出台落地，为保障房长期稳定发展奠定了基础，逐步完善以公租房、保障性租赁住房和共有产权住房为主体的住房保障体系（如图2-4所示）。

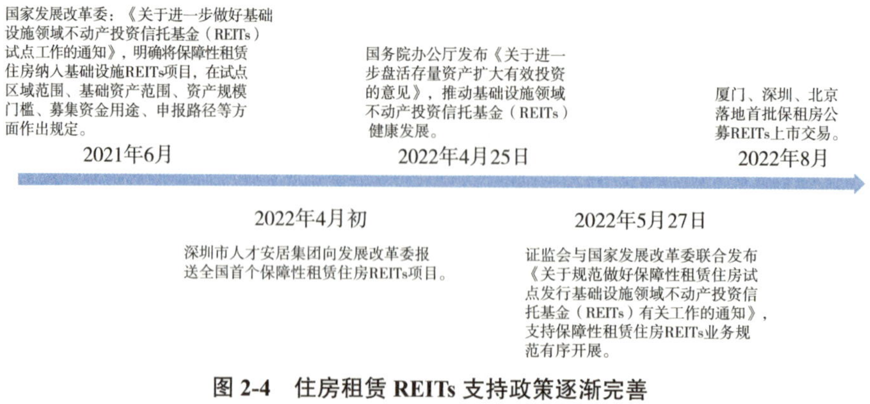

图 2-4　住房租赁 REITs 支持政策逐渐完善

"十四五"期间，40个城市上报保租房的发展计划约650万套，可满足1300万新市民住房需求。2022年试点范围扩大到200多个城市，规模预计超过900万套。当前，全国各地正积极制定规划，加快推动保租房项目落地，拓宽保障范围，仅2020—2021年，筹集建设的保租房就达330万套。

专栏2-3　北、上、广、深一线城市保租房发展计划

北京针对中低收入家庭的自住需求，大力筹集建设各类租赁住房，新增供应套数占比不低于40%，新增集体土地租赁住房等保障性租赁住房供地占比不低于供应总量的15%；上海计划新增保障性租赁住房超过47万套，占同期新增住房总量的40%以上；深圳计划筹集保障性租赁住房40万套（间），占总量的45%；广州计划筹集66万套（间）保障性住房，并提出了"工改租"、土地公开出让、城中村安置房配建等七大方式。此外，重庆、成都、杭州、西安等城市的保租房筹集计划均超过30万套。

从大方向上看，国家住房政策体系日益完善，推动住房市场从"重购轻租"向"租购并举"转变，从"增量为主"向"增存并重"转变，银行的房地产业务也随之走到了新老模式切换的关键节点。

新蓝海

2018年，建行在住房租赁刚刚破局、中国房地产市场仍较为红火的时点上，就作出判断：伴随着投资拉动的动能衰减和消费时代的到来，传统大型基础设施建设项目明显减少，且持续产生的增量有限，房地产业也已经发展到一定的程度，余地可判。近几年特别是2022年以来的实际情况验证了这一判断。

房地产业务受到冲击，给银行经营管理带来了新的压力。从规模增长看，一方面，银行业对公房地产贷款进入"冰冻期"，2018 年至 2021 年增速持续下降：分别为 25.73%、10.73%、5.58%、-8.52%。2022 年上半年建行虽然保持了正增长（4.48%），但新增贷款在对公非贴贷款中的占比仅为 3.25%。另一方面，建行个人住房贷款增速也持续下降[①]，2022 年上半年增长仅为 1.45%。从资产质量看，2021 年四大行对公房地产贷款不良率全面上升[②]。从经营效益看，2021 年建行个人住房贷款利息收入 3042 亿元，占总利息收入的 40.89%；平均利率 5.47%，高于全行平均水平 114BPs，未来难以持续。

客观来说，金融支持房地产、房地产拉动中国经济发展，曾起到重要作用；现在经济过度房地产化、房地产过度金融化，对实体经济和居民消费的挤出效应越来越明显。房地产市场虹吸了大量金融资源，靠建房买房拉动经济增长和业务发展已经势穷力蹙。住房占据了城镇家庭七成以上资产，很多人长期被房贷"绑架"，成为"月光族""房奴"，消费潜力被掏空。房价过高或过低都会引发市场震荡、社会不稳、居民不安。在这样的背景下，被视为住房市场重要调节器的住房租赁按下了发展加速键。

我国租房人口占城镇常住人口的比例约 25%，与德国（55%）、美国（40%）等发达国家租赁市场相比仍存在较大差距。随着城镇化进程加速，2020 年我国流动人口达到 3.76 亿人，10 年间增长近 70%，租房刚需急剧上升。北京、上海、广州、深圳、杭州等大城市的租房人口占常住人口比重已达到 40% 以上。CIC 灼识咨询的测算显示，2020 年，

---

① 2016 年至 2021 年增速依次为 27.71%、16.23%、12.72%、11.34%、9.21%、8.84%。

② 具体来看，工商银行为 4.79%，农业银行为 3.39%，中国银行为 5.05%，建行为 1.85%。

我国住房租赁市场规模达 1.9 万亿元，预计 2024 年将达到 3.1 万亿元。

与此同时，我国租赁住房机构化率只有 3%~5%，一线城市占比近 20%，远低于发达国家市场[1]，个人房源"散兵游勇"式租赁占据主流，自建房面积占比高达 25%，从某种程度上来说就像是"蚂蚁市场"，从业者多为个体户、夫妻店等，无法实施标准化管理。问题百出但短时间内又无法取代的"城中村"，更成为我国租赁市场发展过程中的一个特殊符号[2]。随着本地人口老龄化趋势加剧，引进人才、新就业大学生及进城务工人员成为城市转型发展的新引擎，他们面临的租房成本高、可租房源少、租期不稳定、安全顾虑多等矛盾不断凸显，迫切需要高质量的租赁市场满足其住房需求，让他们从高房价的重压中解放出来，同时释放出新的消费动能。据测算，若有 20% 的购房需求转移到租房市场，则每年可释放资金高达 1.3 万亿 ~1.5 万亿元，进一步转化为可观的消费能力。

住房租赁相关业务源于住房场景却不止于住房场景。过去，房地产开发贷款是"一锤子买卖"，但发展住房租赁，盘活存量和新建增量的发展动能将延伸到装修设计、智能家电、租赁运营等上下游产业，拓展到金融服务和生活消费领域，形成"一揽子服务"。从存量看，目前我国房企持有的土地、住宅、商业用房等沉淀资产有数十亿平方米，房屋旧改面积近 40 亿平方米，预计租赁住房建设和老旧小区改造等将带动直接投资超过 10 万亿元，间接投资规模更高。从增量看，据专家评估，仅发展保障性租赁住房一项，就将对宏观经济产生"三个一万亿"的带动作用。住房租赁是一片广阔的新蓝海，这其中蕴藏着无限的金融服务

---

① 租赁住房机构化率美国约为 55%、英国约为 66%、德国约为 48%、日本约为 83%。

② 如深圳有近 80% 的人口租房居住，超过 70% 的人口就住在基础设施及环境亟待改善的"城中村"；广州有 304 个"城中村"、近 40 万栋私宅，承载了 60% 以上的新市民租房需求；全国 3 亿新市民中有 70% 在租房，其中近 2/3 都在"城中村"居住。

机会和创新转型红利。

专栏2-4　保租房建设带动的"三个一万亿"

带动社会投资近 1 万亿元。全国 40 个重点城市计划新增的 650 万套保障性租赁住房中，利用集体土地、企事业单位划拨用地、新供应国有用地等新建占比约 50%，工业用房、商业用房等改扩建占比约 40%，企事业和居民闲置住房盘活占比约 10%。暂不考虑新供应土地项目的土地成本，仅以建安成本对这部分市场空间进行简单估算：按照套均面积 50 平方米，建安成本为新建项目 4000 元／平方米、改扩建项目 2000 元／平方米、存量住房盘活项目 500 元／平方米计算，建安投资总量约为 9300 亿元。

运营期内产生的现金流近 1 万亿元。如果这约万亿元的资产通过公募 REITs 的方式投入市场，按照 4%~5% 的年化收益测算，20 年内可以带来的现金流有 1 万亿元左右。

衍生 REITs 投资品总额超过 1 万亿元。如果将租赁资产通过 REITs 份额化（资产金额的 80% 市场化发售），考虑到资产增值，可以带来的衍生品投资规模将大于 1 万亿元。如建信中关村产业园 REITs 发行价为 3.2 元，现价为 4.5 元左右，涨幅已达 41%。

第二节　建行住房租赁"新举"

2017 年，建行正式将住房租赁确立为全行战略，全力落实中央"房住不炒"要求，宣传培育"长租即长住，长住即安家"的新风尚，努力推动住房金融业务转型。建行参与推动住房租赁发展，本质是供给侧结构性改革在房地产和金融领域的落地，其思路是：从加大平价、优质租赁住房供给着手，改善住房供给结构，以租代购、租购并举。通过以数量换价格、以时间换空间，降低住房投资属性预期，促使住房回归居住本源，引导房地产市场平稳着陆，最终实现风险精准释放。建行躬身入局，在住房租赁领域积累了一定经验，可以从以下八个方面探其究竟。

搭建一整套住房租赁综合服务平台

在政府端，为规范市场提供有效工具和手段，功能涵盖房源管理、市场主体管理、交易服务、市场监督、信用管理及政务服务等方面。平台监管服务已在 60 多个城市得到实质性的应用，完成房源核验超过 1000 万次，合同备案超过 770 万笔。公租房管理信息系统已联网 336 个城市，背靠全国 1600 万套房源，服务海量潜在客群，同时公租房每 5 年更换租客，也会带来新的用户流量；保障性租赁住房 App 推广至 198 个城市，用户已经超过 1200 万户，"十四五"期间预计还会有大幅增加。连接 G 端的系统平台，为各级政府提供监管支持，帮助其管项目、管资金、管房源，助力推动租赁市场走向规范化、信息化，同时，也为建行的金融服务提供服务场景，嫁接"用户流量"。

专栏2-5　破解浙江公租房管理难点

"经济大省""用工大省""数字大省"……浙江的这些美誉背后，离不开远超国内平均水平的外来人口和流动人口。第七次全国人口普查数据显示，浙江省流动人口约 2556 万人，较 10 年前增加约 694 万人，增长 37.27%，全省公租房需求随之增强。公租房配置和管理一直是申请人和政府长期面临的难题。对政府部门来说，公租房管理系统信息化程度较弱，无法及时、有效审核申请人家庭收入、社保等各项材料，审核时间有时长达数月。对急需申请公租房的中低收入者来说，"来回跑""等审核"浪费了巨大的人力物力。依托金融科技和信誉优势，浙江省分行借住建部、财政部在浙江省等8省（区）推行政府购买公租房运营管理服务试点的机遇，自2017年起就协助绍兴市建设局提升信息化水平，共同搭建了"公租房管理云平台"。

首先，公租房申请、租金收缴全部被纳入浙江政务服务网和"浙里办"App，网上即可办理，实现资格审核"零次跑"；其次，依托政府大数据共享平台，将公租房系统与民政、不动产、公积金、社保、公安等8个政府类平台对接，打通部门之间的"信息孤岛"，申请人仅凭一张身份证就可以申请公租房，做到了材料核验"一证办"；最后，依托云平台全面优化流程后，将2次公示减少至1次，将4个审核环节减少至2个，告别了纸质材料搬运的困扰，审核时限也由原来的40个工作日缩减到14个工作日（住建、民政、自然资源部门审核时限分别压缩为2个、7个、5个工作日），实现了流程"集约化"。

在市场端，针对租赁市场房源信息不透明、租客权益无保障、中介行为缺约束等痛点，"CCB建融家园"平台为企业、个人提供阳光透明的交易环境和安全便捷的服务保障，面向租赁企业提供房源发布、在线签约、租金收取、经营分析、数据共享等服务，面向租客提供地图找房、预约看房、在线缴费、报修评价等功能（如图2-5所示）。2022年平台企业用户达1.58万户，个人用户超过4000万户，在提供住房租赁服务的同时，也配套提供支付、结算、信贷等金融服务，已具备一定的市场影响力。

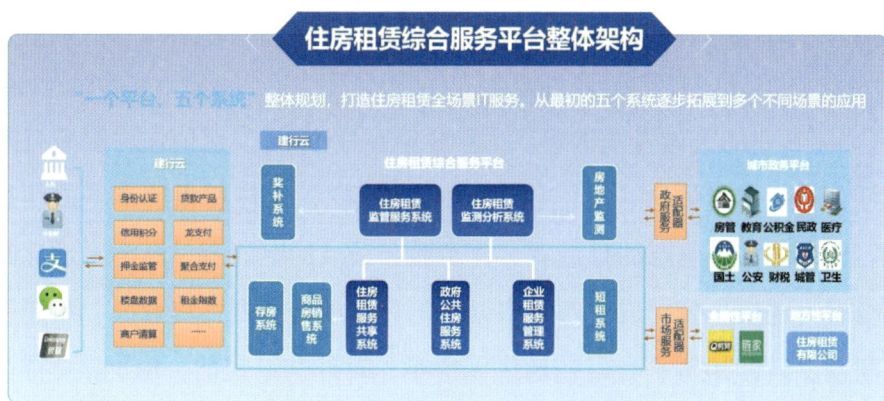

图 2-5 住房租赁综合服务平台架构

建行专注打造开放共享的住房租赁综合服务平台，面向 B 端（住房租赁平台—企业、产业联盟平台）、C 端（住房租赁平台—个人）、G 端（公租房、保租房 App），在平台上部署一些银行普惠便民金融服务，整合一批租赁项目资源（自持或非自持），汇集一些政府管理职能，像穿珍珠一样，将 B 端、C 端、G 端三方串联起来，增强住房租赁市场主体金融服务获得感，切实打造"市场化、大流量、用户满意"的一流平台（如图 2-6 所示）。

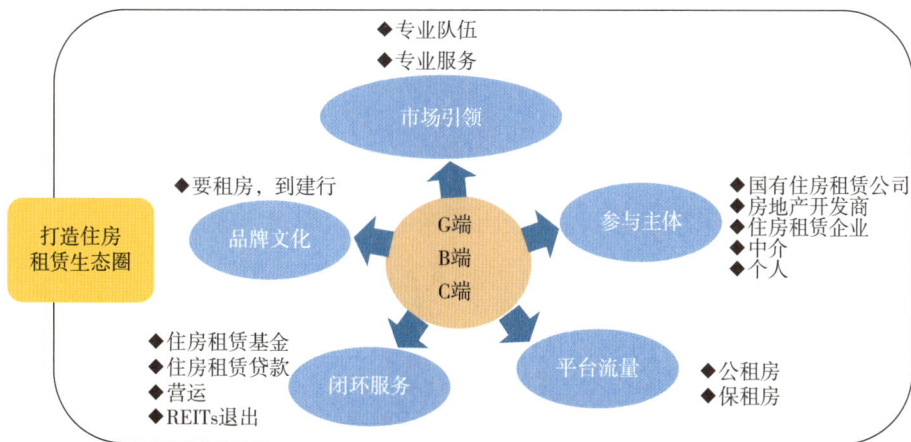

图 2-6 住房租赁串联 B 端、C 端、G 端

成立专业住房服务公司——建信住房服务有限责任公司

"让专业的人做专业的事"，2018年6月15日，建信住房服务有限责任公司（以下简称"建信住房"）正式成立，以住房租赁市场的领头雁、住房租赁新生态的打造者、住房服务领域的赋能者、新金融理念的践行者为定位。公司成立四年多以来，具体承担开展存房业务、组建产业联盟、运营租赁平台、畅通供需桥梁、对外共享赋能、REITs发行主体等多项职责，逐步探索出了"平台经营＋存房业务＋资产管理"的"三大支柱"经营模式，成为住房租赁全链条中的"稳定器"和"连接器"（如图2-7所示）。

图 2-7　创新建设住房租赁生态圈

创新存房模式

从建行住房租赁战略的发展历程来看，2018年推出的"存房模式"是战略破冰的关键一步，建立了切实可操作的业务逻辑，形成租赁权与经营权"两权分离"的存房模式：引导单位和个人把闲置的住房像存钱一样"存入"建信住房，达成长期租赁权交易，建信住房向房主一次性或分期支付长租租金，收房成本降低8%~10%，并以规模效应控制改造成本，同时联合专业机构负责房源运营和租务管理，有效平抑租金，增加租赁住房供给，从而缓解市场供需矛盾，解决存量和增量建设"一条腿长、一条腿短"的问题（如图 2-8 所示）。目前，建行旗下建信住房"两权分离"模式持有房源达 15 万套①。

图 2-8　"两权分离"存房模式

随着"存房模式"的铺开，建行的房源数量开始呈现稳步增长，住房租赁战略持续深化，北京、上海、广州、深圳等地在实践中不断升级业务模式，衍生出更贴合特定人群和城市发展需要的"存房+"模式。例如，为应对大城市人口老龄化不断加剧的趋势②，建行在北京、上海、广州等地率先开展了"存房养老"的探索。一方面，引导老年人将房屋"存到"建信住房等专业化租赁机构运营管理，在不改变产权、不影响继承关系的前提下，让渡一定期限的租赁权，获取稳定可持续的租金收益作为养老基金。另一方面，按照社区相对集中的原则，结合城市更新行动，通过功能提升、老旧改造、闲置利用等方式对批量房源进行集中改造，打造功能完备、管理到位、服务专业的社区嵌入式养老公寓，交给专业机构进行规模化运营，提供专业

---

①　除这部分房源外，建融家园平台上还有近 180 万套房源，经营权和所有权都属于其他租赁机构、个人业主等，通过建行的平台发布租赁信息、进入市场流通，撮合供需两端。

②　我国正在经历全球规模最大、速度最快的老龄化进程。2021 年年底，全国 60 岁及以上老年人口达 2.67 亿，占总人口的 18.9%；65 岁及以上老年人口达 2 亿以上，占总人口的 14.2%。国家卫健委预测，"十四五"时期我国 60 岁及以上老年人口将突破 3 亿，占比将超过 20%，进入中度老龄化阶段；2035 年左右，60 岁及以上老年人口将突破 4 亿，占比将超过 30%，进入重度老龄化阶段。以上海为例，早在 2019 年年末，老年人口（口径同上）已达 542 万，占户籍总人口的 36.3%。

化养老服务。通过这样的时空置换、资源共享，帮助退休人员实现既盘活原有"一套房"，又能享受专业养老服务"一间房"，形成商业可持续的养老模式，助力解决大城市养老服务、资金供需不平衡的问题。

专栏2-6 北京"颐养者港湾"社区养老服务驿站

建行北京市分行"颐养者港湾"是"存房养老"的典型案例，创新推出"住房租赁＋养老服务＋客厅经济"服务模式，为老年客户提供一揽子金融与非金融服务，以小房子服务大社会。项目配备智能门锁、助浴器、智能照护毯、智能药盒等设施，搭建智能健康小屋监测健康指标，为社区及周边 1~3 公里范围内的老人，尤其是失能失智老人提供生活照料、康复护理、智慧诊疗、在线客服等综合服务。同时，"颐养者港湾"项目整合专业照护、在线医疗、在线服务等功能，实现咨询评估、定制方案、服务匹配、服务执行、定期回访、方案优化全流程数字化服务，真正实现老年人养老生活"不离社区、不离家"。

建设一批长租社区

建行一直宣传培育"长租即长住，长住即安家""房子是用来住的，租挺好"的住房新理念，在各大城市打造"CCB 建融家园"长租社区"样板间"，融入智慧社区、公共服务、金融服务、创业服务，为园区蓝领、职场白领、创客和进城务工人员提供差异化的租住服务。2022 年建行运营质优价廉的"CCB 建融家园"长租社区超过 200 个，出租房源近 6 万间。部分地方进一步与城市更新、乡村振兴等需求相结合，打造多样的"住房租赁+"特色模式。在广东，"空心村"旧貌现新颜，"住房租赁+乡村振兴"让近乎荒芜的凤和村摇身一变，成为散发时尚气息的现代空港小镇，产业生态完成重塑，乡土文化实现回归。在厦门，安居房落地科技城，"住房租赁+保债融资+银团贷款"破解保障性租赁房融资困局，打造新经济产业园安居公寓。在天津，老房变新家，"住房租赁+人才公寓"将拉萨道破旧的办公楼改造为精品公寓，在繁华商圈为青年人筑造温馨港湾。在北京，老旧小区焕然一新，"住房租赁+城市更新"推动长安街沿线真武庙社区华丽转身，获得众多白领青睐，助力实现职住平衡。越来越多的地方通过将老旧小区、闲置厂房等打造为"建融家园"，设施与品质脱节、地段与人群错配的问题得到缓解，老居民记得住乡愁，新市民找到了归宿。

推出一揽子信贷产品服务

随着住房租赁支持政策相继出台、市场加速扩容，各类市场主体纷纷下场做租赁，一度呈现百花齐放的格局。但在高速发展中也出现了"长收短付""高进低出"等市场乱象，知名长租公寓品牌青客、蛋壳等纷纷"爆雷"。针对租赁市场融资期限短、成本高、路径少、乱象多的痛点，建行面向市场提供30年住房租赁贷款产品，满足租赁住房的新建、改建、收购、运营等全周期融资需求。通过低成本、长周期专项融资和租金闭环管理，扶持一批实力强、专业化程度高的行业龙头，提升租赁住房的机构化率。截至2022年年底，建行公司住房租赁贷款余额超过1500亿元；在住建部指导下，建行支持发展保障性租赁住房，先后与广州、杭州、济南等11个城市签署合作协议，预计提供长期限、低利率贷款，支持保租房项目 600 余个，贷款余额近 760 亿元，筹集房源超过 50 万套（间）。

专栏2-7   以信贷资源打造青年的梦想家园

位于北京市大兴区西红门镇金时大街 13 号的"CCB 建融家园·创业之家"是建信住房在北京推出的首个租赁社区。项目建设得到了建行北京市分行超过 1 亿元的信贷支持，租赁贷款叠加专业化运营服务，进一步缓解了产权房建设资金回收和运营压力，并带动周边土地增值和城市基础设施配套完善。创业之家特聘清华美院因地制宜进行整体设计，结合园区白领、工作者、创业者等群体的不同住房需求，室外景观设计凸显人文关怀，共享中心融合生活与服务功能，设置健身房、迷你影音室、自选超市、共享厨房等公共服务区，从独立"小家"延伸到"共享家"，小空间多场景，满足住户会客交友、文娱餐饮等需求。创业之家既考虑功能宜居，又关注环境友好，还是北京市首个融入多元绿色低碳元素的集租房项目。屋顶安装整体光伏环保设备；户外景观引入"海绵城市"雨水回收处理系统，每年可节约用水 1500 立方米；设立垃圾可回收阳光房，预计实现年回收垃圾 10 吨、碳减排 60 余吨。创业之家还推出"客厅经济综合服务平台"，以"互联网＋物联网"为纽带，通过语音音箱、智能电视、手机等多种智能硬件自由定制生活场景，植入金融产品、健康管理、建行生活服务等功能，实现便捷多元化的交互体验。

构建住房租赁联盟生态

孤举者难起，众行者易趋。发展住房租赁初期，建行联合产业链上的装修设计、家具家电、运营服务、金融服务等上下游企业打造"产业联盟"，织密"供应商网络"，通过整合资源，以低于市场价10%~15%的价格向联盟企业提供家装、家具和家电等服务，有效降低企业运营成本，以供应链体系、服务体系、金融生态和线上平台赋能租住行业。同时，产业联盟还推动树立了行业标准规范，完善行业自律机制，降低企业道德风险，促进市场规范发展。

作为"产业联盟"的发起地，建行广东省分行携手市场主体共建线上采购"居U采"平台，追求绿色环保理念，制定明确的供应商准入要求和品质管控标准，服务于与"居"相关的B2B物资采购，为大量中小微租赁企业提供优质专业的采购服务。截至2022年10月，平台入驻超过2500家供应商，包括格力、美的、海尔、西顿照明、多乐士涂料等150多家头部品牌商，上线产品超过8600个，价格一般为市场零售价的7~9折，降低企业的房源改造成本。

探索推出住房租赁不动产投资信托基金（REITs）

2019年起建行就配合人民银行开展REITs制度与流程研究，2020年积极参与北京金融资产交易所首批住房租赁REITs试点，率先在国内走通了完整交易流程，是真正意义上符合国际主流标准的REITs模式，为人民银行和北京金融资产交易所出台相关政策、梳理业务流程提供了实例和参考，拓宽了住房租赁市场化融资渠道（如图2-9、图2-10所示）。

2022 年 8 月 31 日上午，随着开市钟声和锣声的同时敲响，我国首批 3 支保障性租赁住房 REITs 在上海证券交易所和深圳证券交易所同步上市交易，标志着我国 REITs 市场建设又迈出重要一步。建行以咨询顾问、战略投资、基金托管等多种角色，积极推动我国首批 3 支保障性租赁住房公募 REITs 上市交易，认购份额数量均超过 100 倍，引起强烈反响。随后，建行组建总分行、母子公司专业团队，充分发挥建信住房在保障性租赁住房建设改造、资产收购、运营管理等方面的积极作用，努力打造优质保障性租赁住房资产管理人和公募 REITs 发行主体；广泛筛选储备优质保障性租赁住房资产，现储备在库项目 46 个，涵盖集体经营性建设用地、国有租赁用地、产业园区配套、存量闲置房屋改造等多种符合保障性租赁住房政策导向的资产类型。

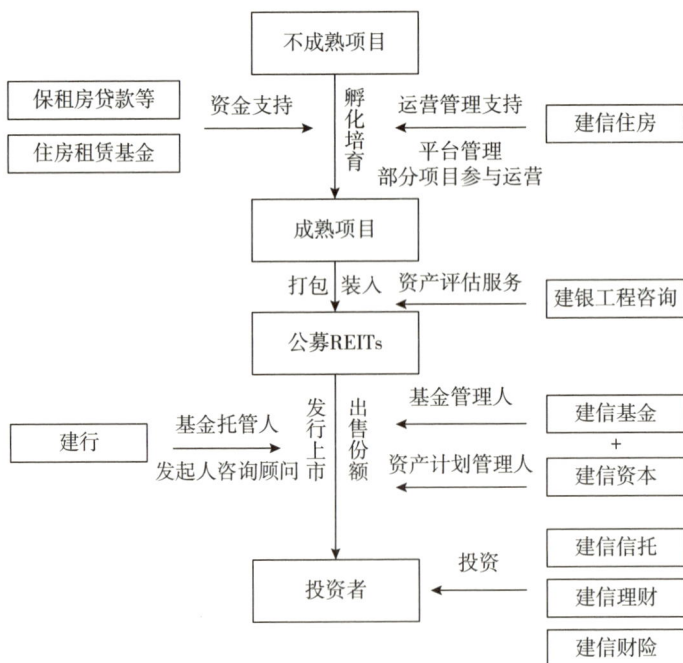

图 2-9　保障性租赁住房项目全流程金融服务

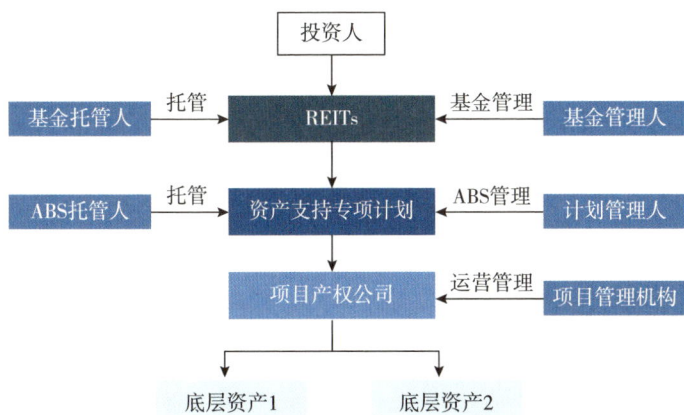

图 2-10 公募 REITs 交易架构

从"为有钱人理财，为缺钱人融资"到"为有房人理房，帮无房人安家"，既是金融思维的转变，也是挖掘财富管理的"新大陆"。在这方面，住房租赁 REITs 大有可为，它以具有稳定租金收益的住房资产为支撑，将规模大、流动性较差的不动产产权份额化、标准化，为机构和个人投资者提供收益稳定的投资产品。在解决租赁融资难题的同时，推动资产管理由货币形态扩大到实物形态：有房的居民可以让沉睡的不动产"活"起来，获得稳定的现金流，增加消费能力；有闲钱的老百姓投资不一定非要去炒房，而是"有多大锅，下多少米"，购买标准化的信托基金，不断消解投机性住房需求，助力实现"房住不炒"。从全球市场看，REITs 为老百姓提供了长期稳定、安全合规、低门槛的投资理财产品。40 多个国家和地区发行了 REITs 产品，美国市场规模超过 1.74 万亿美元。2021 年以来，我国已有 24 只公募 REITs 上市，未来 REITs 将是一个超大规模的新型财富管理市场。

发布住房指数

住房指数是用来反映住房销售和租赁市场在不同时期价格水平的总

体变动趋势和变动程度的相对指标体系。建行以自身海量、高质的数据为基础，整合外部优质数据资源，引入国际先进方法编制了住房价格指数、住房租赁指数（如图 2-11 所示）。

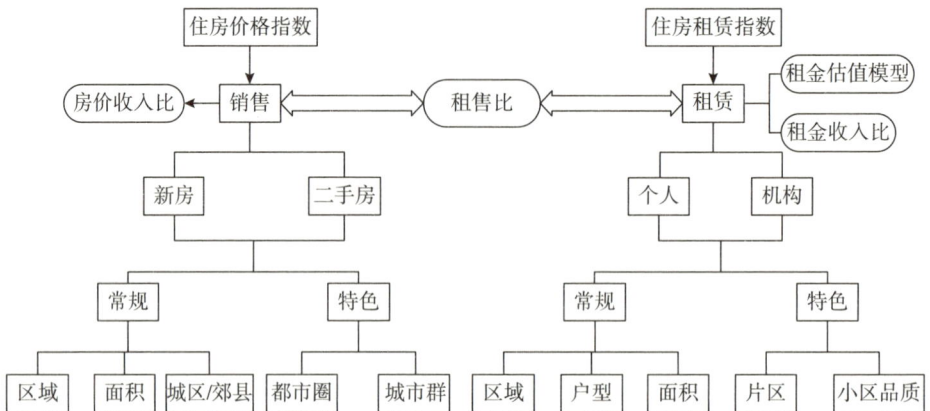

图 2-11　建行住房指数体系

建行已经从约 100 个城市选取一系列住房数据，发布住房租赁百城指数，2017 年 11 月 4 日，住房租赁指数在首批 5 个城市成功上线，为市场提供租金价格参考和决策依据。

目前，该指数已经全面覆盖国家统计局监测的 70 个大中城市，为市场参与者提供住房市场动态监测、分析的系统性支持（北京市住房指数如图 2-12 所示）。

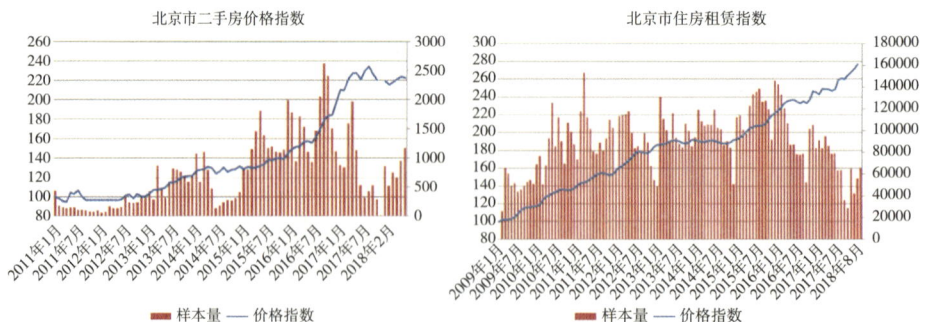

图 2-12　北京市住房指数

五年耕耘，依托上述八个方面的有力举措，建行在助力百姓安居的同时，逐步探索出一套可复制、可持续的市场化住房租赁发展模式，服务范围从单一的信贷投放向综合经营延伸，住房租赁的生态溢出效应正在显现，商业可持续性也在逐步确立。

通过租赁场景，建行开辟了新的获客渠道。一方面，借势做金融，向租赁客户提供配套的融资、理财、结算等金融服务，激活了大批存量客户。例如，作为住房租赁战略首批试点分行，深圳市分行依托在战略实施过程中积累的丰富经验，在赋能行业的同时，实现了可观的金融溢出效应，截至 2021 年年末，分行向 317 户租赁企业投放了 12.2 亿元长期贷款，新增对公客户 332 户，新增优质商户 286 户，新增个人客户约 5000 户，新开信用卡约 3500 张，新开数字人民币用户约 2000 户，直接带动公私存款新增约 4 亿元。

另一方面，租赁场景建立了新的流量入口，架起对接公私业务的新桥梁，强化建行的差异化竞争优势。基层的实践最能说明问题。上海曹路支行行长这样评价租赁业务："住房租赁业务已成为服务客户的'金字招牌'，甚至有客户就是听说建行能够提供住房租赁服务，而主动找上门来。"浙江富阳支行则依托服务当地新产业工人、新市民家庭等群体的专属"蓝领公寓"，构建起涵盖 G、B、C 三端的住房租赁场景生态，以住房租赁战略反哺建行的传统业务。在 G 端，搭建政银桥梁，2020 年相关业务结算量超过 40 亿元，机构日均存款年新增超过 5 亿元。在 B 端，当好"蓝领管家"，助力园区企业复工复产，2020 年新增授信超过 4 亿元，企业存款日均新增 1 亿元。实现社区运营服务商和一公里范围商户聚合支付全覆盖。在 C 端，发展社区金融，设置"裕农通"服务点和社区 E 银行，不定期开展金融知识讲座及优惠活动，提升租客金融服务"获得感"；2020 年新增个人获客超过 2000 户。

在推进住房租赁的过程中，建行同各级政府反复沟通、密切合作，基于双方互信推动了业界长期呼吁的土地、税收、金融、水电等配套政策陆续出台、完善。例如，在《关于加快发展保障性租赁住房的意见》出台过程中，建行多次参与研究、提供专业建议；协助住建部制定住房租赁行业规范和数据标准 9 项；受托建设的全国房地产市场监测系统，已经成为服务房地产市场调控、构建房地产市场长效机制的重要基础设施。在监管强化和市场淘汰下，不规范的行为逐步消除，专业机构持续发展壮大（前 50 大品牌公寓管理规模合计已近百万间），市场正走向更健康有序的发展路径。

一路走来，住房租赁改变的不仅是服务对象，还有银行人自身的认知和能力。起初，基层员工对银行做住房租赁也有过茫然和不理解，先是在考核压力下"硬着头皮上"，看到一个个项目落地生根、收获成果，对"在租赁场景中做金融"有了更深刻的认识，逐渐由"要我做"转向了"我想做"，找到了飞扬出彩的新舞台。从北京安华支行年轻员工的一段话中可以感受到这种变化："在传统业务中，我们从经验、资源等各方面都是学习者的角色，而在住房租赁这样的创新业务中，大家都在同一起跑线上，相信只要年轻员工肯花心思、下力气就一定能成为这个领域的开拓力量。"表面上看，每一个分行做租赁的模式似乎都大相径庭，但其中都含有一股向着同一个"城墙口"冲锋的力量。正是靠着这种力量，建行基层员工的获得感和内生动力越发强劲，一支具备跨界经营服务能力的专业队伍逐渐成长、成熟，支撑住房租赁战略迈过艰难的战略初探阶段，向着"深水区"破浪前行。随着业务形态的不断演进，住房租赁战略的溢出效应越发显著，由此带来的"获得感"又将进一步激发员工内生动力，从而使建行住房租赁战略呈现"交融互促"的良性循环。这一切无疑为建行住房租赁开启 2.0 时代奠定了坚实的基础。

第三节　住房租赁基金新探索

2022 年 11 月 8 日，建行在北京举行住房租赁基金成立发布暨合作签约仪式，酝酿多时的建信住房租赁基金宣告成立，总规模达 300 亿元，消息一出，迅速在市场上引发热烈反响。

建行通过出资设立建信住房租赁基金，以市场化、法治化、专业化运作，投资房企存量资产，与有关方面加强协作，增加市场化长租房和保障性租赁住房供给，被认为是建行完善住房租赁战略业务闭环的重要拓展，亦被看作对租购并举房地产发展新模式和住房金融新模式的新探索。

住房租赁战略 2.0

"春江水暖鸭先知"，早在 9 月 23 日，建行发布公告拟出资 300 亿元设立住房租赁基金时，就引起了市场的广泛关注，一位知名的股评家曾详解建行住房租赁战略的沿革及商业逻辑，姑录如下[①]：

这个公告应该算是建行长租房战略的 2.0 版本，也算是建行为"后地产"时代做出的又一次探索。

实际上早在 2017 年，建行就已经开始对"后地产"时代进行了尝试，即我们熟知的长租房战略，我将之称为长租房 1.0 版本。

在 1.0 版本中，建行联系提供长租房项目的地产开发商开展合作。然后，建行推出面向个人的长租房贷款，贷款期限 4~10 年，贷款上限 100 万元，贷款利率低于商业按揭贷款利率。建行

---

① 引文出自微信公众号"招行谷子地"原创文章《住房租赁基金——长租房 2.0 能否成功？》。

和房地产商、租房者签订三方合同，贷款直接放款给房地产商作为未来长租期的房租。租房者每月向银行偿还贷款本息。

那么此次 2.0 版本的长租房和 1.0 版本有什么差别呢？最主要的差别体现在公告中的"租购并举"这四个字，也就是长租房的物权归属。

在 1.0 版本中，建行只是起一个信息中介和资金中介的作用。房屋的所有权归房地产商所有，建行本质上只是一个贷款提供者，帮助房地产商和租客解决长租房一次性租金支付较多这一矛盾。建行在 1.0 版本中赚的就是净利息收入的钱。

但是在 2.0 版本中，建行将成为租赁方，用于出租的房屋物权归建行的全资子公司住房租赁基金公司所有。所以，这一经营模式类似于目前银行的金融租赁模式：银行持有出租物的物权，其收购物权的资金相当于贷款的本金，收取的租金扣除折旧后相当于银行的贷款利息。

但是，这一商业模式和普通的金融租赁有一个明显的差别，那就是物权内在价值的变化方向不同。在金融租赁模式中，物权通常都是大型的生产工具，比如：飞机、船舶、钻井平台等大型专用机械。这些工具的价值是随时间单向折旧和贬值的。这个应该很好理解，二手车都要折旧的，更何况飞机。

在长租房 2.0 版本中，住房租赁基金持有的是非自用不动产。不动产本身属于投资资产，其价值是有升值空间的。虽然，未来房价涨幅肯定不会像过去 20 年那么猛，但是长期看房价跑赢通货膨胀的概率还是比较高的。

至于有人问租售比这么低的情况下靠租金还不如资金成本的问题，我个人认为是他们杞人忧天了。首先，建行从开发商收购商品房的购入价格肯定会有一定折扣。其次，目前只有一线城市的租售比明显偏低，二、三线城市的租售比还可以。最后，房屋的租金未来存在上涨的预期，而且资产价格也存在上涨预期。这里举个例子，我在 2008 年年底以 151 万元购入一套两居室，2009 年收房简装后出租，最初每月租金 4800 元，8 年后涨到了 9500 元，2021 年以 1350 万元抛售。从这个例子中可以看出通过收购房产出租，赚的钱包括 3 份：初始租金的钱，未来租金上涨的钱，未来不动产公允价值变动或最终处置的钱。

这位股评家以独特的分析视角，解读了一个具体的商业模式。而从建行的战略布局看，住房租赁基金及配套资金投入市场并形成规模后，补齐了建行住房租赁服务链条中重要一环，推动住房金融业务向覆盖租购两端、服务存量升级、间接融资与直接融资并重的方向发展，形成"股权投资 + 信贷支持 + 运营管理 +REITs 上市"的完整闭环，为建立多主体供给、多渠道保障、租购并举的住房制度提供有力的金融支持（如图 2–13 所示）。

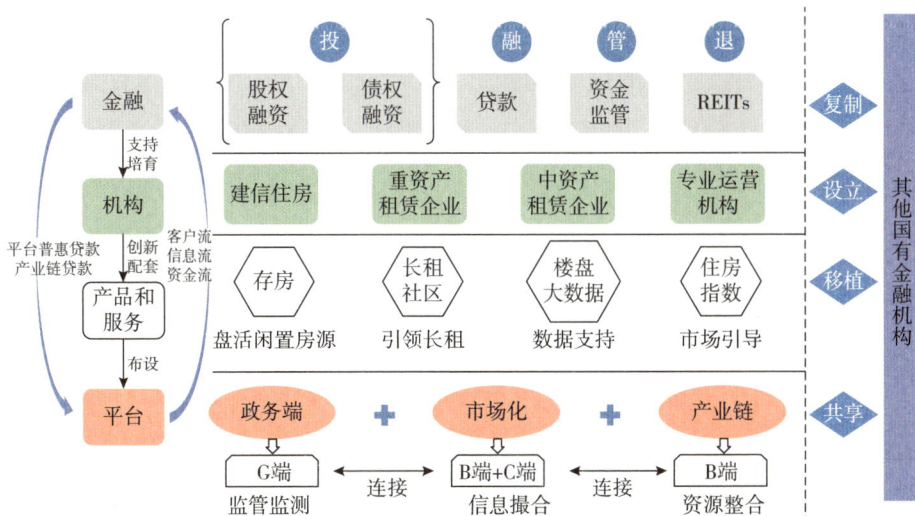

图 2-13 住房租赁"投融管退"全周期服务模式图

基金成立之前，建行运营的住房租赁项目通过"两权分离"模式，以针对租赁住房新建、改建、收购、运营等不同时期融资需求的一揽子创新信贷产品为抓手，在确保合规的前提下盘活社会闲置房源，推动住房租赁战略落地实施，在项目筛选、改建运营、信贷创新、证券化退出等各环节积累了一定实操经验。但租赁房项目的直接投资，其运作逻辑完全不同于传统信贷投放，在法律、财务、工程等方面涉及的专业领域和操作事项非常复杂，对投资机构的复合型、专业化能力提出更高要求。在加快推进的同时，必须坚持市场化、法治化、专业化运作的基本原则，探索长期可持续的商业模式。

在项目端，聚焦在人口净流入、租赁需求旺盛、配套政策完善、政府合作意愿强的地区，特别是一线城市和部分热点二线城市，选择以相对较低的价格收购一批存量商改租、工改租、集体建设用地改租赁等项目，降低资金投入，提升项目回报率[①]。这些优选项目租金收益稳定，能够覆盖项目运营成本、财务成本，往往也能穿越周期波动，待后期项目发展成熟后，依托 REITs 实现上市退出的可能性也比较大。

在供给端，建行在住房租赁贷款上进行了创新，加大资金投入，支持保租房、公租房的增量建设和"非改租"、城市更新等存量盘活，增加小户型、低租金租赁房源供给。住房租赁基金成立后，拉动各方资金进行股权投资，盘活办公商业物业、园区物业等存量资源，改善商业办公楼宇的市场供求关系，同时增加多类型保障性租赁住房供给，与现有市场化租赁房源一道，形成"阶梯状"租房市场，有利于优化租赁房源供给结构，既能满足居民当下"有房住"的诉求，也能满足居民支付能力上升后租房需求的"平稳升级"，乃至最终从租房

---

① 易居研究院指出：全球 80 城住房租金回报率约为 4.3%。我国一、二线城市的租金回报率基本为 2%。

安居走向购房安家。

在需求端，基金支持的项目大部分引进专业化的运营机构，进行标准化改造、智能化运营，有助于提升租赁住房的服务品质。房屋内部功能齐全、户型多样，公共区域配置了阅览室、健身房、咖啡厅、厨房等交互空间，在适配年轻人多样化的租房需求的同时，降低了租房负担。以北京大兴智汇健康城园区项目户型设计为例，一种是单人间公寓，面向月收入 1.5 万 ~2 万元的相对资深科研人员，月租金 3000 元；一种是针对园区基层科研人员的四人间户型，面向月收入 8000~10000 元的大学毕业生，人均月租金仅需 800 元。

在 2.0 阶段，住房租赁项目投、融、管、退各个阶段都按照市场化原则组织运作，设定符合市场预期的收益目标和准入条件，确保成本合理、风险可控、回报可观，实现社会效益和经济效益的统一、投资规模和收益水平的平衡，提升租赁项目的商业可持续性。

"金融都江堰"

建信住房租赁基金的新闻发布会上，"金融都江堰"的提法不胫而走。

两千多年前，李冰父子秉持"堵而抑之，不如疏而导之"的治水理念，修建了著名的都江堰工程。面对滔滔不绝的江水，不是修建堤坝硬堵，而是在浅滩处修堰分流，一方面引水灌溉万亩良田，另一方面顺势而为治理水患，造福了千千万万子孙后代。

当前，我国房企持有的沉淀资产达数十亿平方米，个人空置住房有 4000 万 ~6000 万套，淤积了大量的金融资源，形成了"堰塞湖"。房地产市场形势正在发生深刻变化，发展方向和模式面临重大调整。建行探索房地产发展的新模式，不是简单地筑起拦截房地产洪水的"堤坝"，而是要抓住房地产市场调整的时间窗口，顺势打造一个"金融都江堰"。既能因势利导，像分水排沙一样纾解房地产市场的风险和压力，又要顺势而为，把握资产价格回调期的机遇，带动各方资金盘活存量资产，向市场上"引流"一批性价比高、分类分层的租赁住房，满足不同群体特别是新市民"住有所居"的需求，提升他们的生活品质，助力完善国家住房保障体系。

为了实现上述愿景，建行提出，要在前期探索的基础上，聚焦三个方面支持修筑房地产业"金融都江堰"。

着力探索房地产发展新模式。基金将与地方政府、市场化投资机构合作，共同解决住房租赁领域长期资本投入不足、传统债务工具覆盖不够等问题，帮助房地产行业盘活存量资产，降低库存和资产负债率，增加租赁住房供给，探索租购并举的房地产发展新模式。

着力构建住房金融服务新体系。以基金试点为契机，画圆建行住房租赁服务闭环，形成集股权投资、信贷支持、租赁运营、REITs上市于一体的全方位住房金融服务体系，为建立多主体供给、多渠道保障、租购并举的住房制度提供有力的金融支持。

着力引导居民住房消费新理念。基金将通过多种方式增加市场租赁住房供给，让广大的城市建设者、创业者及新市民等通过租房找到温暖的家，助力完善"先租后买、先小后大、先旧后新"的住房消费模式，推动居民住房消费理念从"为我所有"向"为我所居"转变，让"房子是用来住的，租挺好"成为新的生活时尚。

引导基金

作为国内最早开办个人住房贷款业务的商业银行，建行见证并参与了中国住房制度改革的全过程。但更难能可贵的是，建行在整个住房行业的发展过程中，始终发挥着重要的带动作用。

建行出资设立住房租赁基金后，并没有圈地自守，唱"独角戏"，而是积极与地方政府合作设立配套子基金，并利用金融的杠杆作用撬动其他社会资本参与其中，通过收购房企自持住宅资产、存量商办物业并改造为租赁住房，助力盘活房企存量资产，增加市场化长租房和保障性租赁住房供给。截至目前，建行已组织评估长租类项目超过 150 个；完成投决项目 9 个，投资规模突破 40 亿元；重点推进项目 20 余个，项目资产总规模超过 100 亿元。

建信住房租赁基金作为全国首个住房租赁基金，也是国有商业银行以自有资金发起设立的基金，主动管理性极强，代表着金融资源投资的风向标。启动仪式上的签约项目代表着当下的项目选择标准，未来会有大量的闲置商办物业通过这种方式被盘活并"改头换面"。建行这支基金更像是引导基金，重点在于撬动社会资本和地方存量资产，以直接投资拉动间接融资，把"租赁市场的蛋糕"做大。

随着建信住房租赁基金试点成功，其他有意投身租赁住房乃至城市更新的金融同业也可能竞相效仿，各地方的产业引导基金（比如各地设立的城市更新基金）、承担城市更新任务的平台公司都会积极与之合作，住房租赁、城市更新血脉一旦打通，势必会有更多"国家队"成建制地向这个方向进行转移。而一旦形成稳定的"气候"，社会资本和专业运营机构就有了介入的机会和动力，中国的城市更新才有机会出现像伦敦的国王十字、纽约的哈德逊广场那样的片区更新面貌，才会真正推动中国的城市更新建设走向质的提升。

签约仪式当天，建信住房租赁基金就分别与北京、重庆、湖北、成都、南京、广州、佛山等地市场主体签署合作备忘录，约定合作设立地方子基金，建行提供信贷投放、运营管理、公募 REITs 上市等综合服务，地方政府在项目信息推荐、租赁需求整合等方面提供支持。可以预见，越来越多的社会主体、资源会汇聚到这一服务大众安居的美好事业中来。

建信住房租赁基金被看作探索租购并举新模式和住房金融新模式的一片试验田。这篇试验田会收获何种市场化成果，又会对中国房地产市场的未来走向产生何种影响，值得期待。

第三章

普惠金融：
从服务"双大"
到服务"双小"

　　党的二十大报告强调"支持中小微企业发展"。长期以来，中小微企业融资问题被称为"世界性难题"，融资难、融资贵长期制约中小微企业的发展。国有大行支持中小微企业、发展普惠金融责无旁贷。

　　纵览历史和其他国家的经验，破题普惠金融绝非易事，小微市场也从来不是大型商业银行的强项所在。作为先行者，建行从一家专注于大行业、大企业的传统大行，到如今市场上普惠金融供给总量最大、普惠贷款余额超过 2.3 万亿元 [①] 的金融机构，只用了不到 5 年。建行探索的"数字普惠"新模式于 2021 年入选 G20 普惠金融全球合作伙伴会议经典案例，《亚洲银行家》2022 中国奖项计划——"中国最佳银行普惠金融实践"奖也花落建行。面对小微企业融资这道"世界性难题"，建行作出了哪些努力？

　　本章将同您一起回顾建行普惠金融的探路之旅，梳理"数字普惠"新模式的来龙去脉。第一节从古今中外的不同视角回顾普惠金融为何被称为"世界性难题"；第二节介绍建行是如何破题、开启普惠金融数字化转型之路的；第三节聚焦"数字普惠"模式的核心环节——风险防控进行深入研究；第四节围绕"惠懂你"普惠金融一站式服务平台进行全方位解析；第五节介绍被称为普惠金融市场"晴雨表"的"建行·新华普惠金融小微指数"。

　　[①] 截至 2022 年年末。

第一节　世界性难题

《周礼》中记载，"凡民之贷者，与其有司辨而授之，以国服为之息"，经学家郑玄考证其利率约为5%[1]。这样的低利率并未维持太久，西汉晁错《论贵粟疏》中说"当具有者半贾而卖，亡者，取倍称之息"，没有粮食而又急需用钱的百姓，只能以成倍的利息去借贷。北宋时期，商品经济蓬勃发展，由于民间借贷利率太高，王安石变法中的"市易法"规定了商贾可以地产等抵押向市易司贷款，年利率约20%，且需5人以上相互作保，最终蜕变为政府垄断，"渔夺商人毫末之利"。明清时期，徽商、晋商的典当、票号遍天下，纵使国家明令"月利不得超过三分"，但仍不乏"倍取民息"之事。

在西方，公元前18世纪古巴比伦《汉穆拉比法典》中就出现了对借贷双方关系的记载，规定谷物贷款年利率上限为三分之一。中世纪到文艺复兴时期，民间经营高利贷的行为屡见不鲜，但受到天主教的严厉批判。随着思想启蒙和资产阶级革命，宗教和世俗对高利贷的束缚愈发放松，莎士比亚的经典剧目《威尼斯商人》就塑造了夏洛克这样一个高利贷者的形象。工业革命后，经济高速发展，但金融资源的匹配仍有欠缺[2]。

专栏3-1　麦克米伦缺口

　　1929年，为尽快摆脱经济危机，英国政府指派以麦克米伦爵士为首的金融产业委员会调研英国金融业和工商业。1931年，该委员会所提交的《麦克米伦报告》指出，在英国的金融制度中，由于金

---

① 见东汉郑玄《周礼注疏》。

② 20世纪30年代，英国金融产业委员会发布《麦克米伦报告》，指出中小企业对资金的需求数额远高于金融体系愿意提供的数额，这种资金缺口即著名的"麦克米伦缺口"。

融市场普遍存在信息不对称，而资金供给者一般是具有"经济理性"的风险规避者，他们更偏好于信誉度高而风险较小的大型企业。中小企业在筹措必需的长期资金时，尽管有担保，但仍存在融资困难，建议政府采取一系列措施拯救危机。由此，人们将金融制度中存在的对中小企业融资壁垒的现象称为"麦克米伦缺口"。"麦克米伦缺口"是市场失灵的表现，因为融资壁垒的存在，市场不能及时提供与需求相吻合的资金，也就无法达到帕累托最优。

即便是在当代，这种"缺口"仍然存在。2018 年世界银行发布的《中小微企业融资缺口：对新兴市场微型、小型和中型企业融资不足与机遇的评估》显示，全球发展中国家对正规中小微企业的融资供给规模仅能满足中小微企业融资需求的 42%。中国 5600 万中小微企业的潜在融资需求达 4.4 万亿美元，潜在融资缺口 1.9 万亿美元，缺口比重达 43.2%。由此可见，小微、涉农等普惠客群融资难、融资贵的问题，古今中外，概莫能外，无怪乎被称为"世界性难题"。

中国的普惠金融起步较晚但发展迅速，比较有代表性的有依靠线下作业的"台州模式"和完全依赖线上作业的互联网银行模式。在小微信贷领域，以台州银行、泰隆银行和民泰银行为代表的"台州模式"闻名遐迩，其扎根小微数十年，虽然规模整体有限，但盈利指标相当可观，也形成了一套独特的经营文化。如泰隆银行的"三品三表三三制"，即看人品、产品、押品，审水表、电表、海关报表，服务上对新客户三天给予明确答复、老客户三小时办结；台州银行的"三看三不看"，即不看报表看原始、不看抵押看技能、不看公司治理看家庭治理。这些"本土经验"是对于小微企业和个体工商户经营情况的高度提炼，充分凝结了基层智慧，但其局限性在于高度依赖于客户经理个人的经验判断，也离不开东南沿海商业贸易发达的特殊土壤[①]。

网商银行、微众银行等互联网银行则全然不同，它们依托自有平台（阿里巴巴、腾讯）超过 10 亿用户的数据优势，聚焦其自身生态体系内的交易数据进行场景化融资，走出一条完全线上化的路子。对互联网银行而言，借助其自有平台可以广泛触达客户，积累了大量用户数据并可获得实时数据，加之基于其科技实力的较强风控技术，形成了较为成熟的大数据风控模型。但互联网银行高度依赖于自身生态体系的交易数据，总体来看，对小额、短期的贷款管理更为有效。

对于中国数以亿计的普惠市场主体而言，要想满足它们的融资需求，还需要商业银行这支主力军。

第二节　建行数字普惠新模式

在传统印象中，大银行天然做的是大生意。20 世纪末，建行正是凭借"双大"[②]战略，奠定了其资产规模和业务结构，在国有银行商业化转型中赢得了立身之本。但市场环境并非一成不变，我国经济已由高速增长转向高质量发展阶段，过去一味"求大"的业务范式开始显露疲态。建行对此不无警觉，2018 年普惠金融战略启动大会上，建行董事长田国立就预见，"伴随着投资拉动的动能衰减和消费时代的到来，传统大型基础设施建设项目大幅减少，且可持续的增量有限。"这一论断

---

① 台州民营经济的比重占其经济总量的 97% 以上，据不完全统计，台州有 48 个产品在国际国内市场的占有率第一，中国三大日用商品交易市场之一、中国最早的小商品市场都在台州，可以称得上是全中国乃至全世界专业市场最密集的地方之一，因此区域内小微企业的数量和实力都很可观。

② 指大行业、大企业。

在今天看来已基本得到验证。

嗷待寻找新航向的金融巨轮，在看似不可逾越的海域划出了一道新的航线——启动普惠金融战略，用"双小"承接"双大"。

"双小"即小行业、小企业。在我国，中小微客群达 1.63 亿户^①，虽不起眼，但聚沙成塔，对经济的贡献很大，呈现出"五六七八九"的特征：贡献 50% 以上的税收、60% 以上的 GDP、70% 以上的技术创新、80% 以上的就业、90% 以上的市场主体。但长期以来，它们都是金融资源难以覆盖的"边缘群体"，融资难、融资贵就像套在它们头上的"紧箍咒"，严重束缚了中小微企业的发展。

这也很难归咎于金融机构，商业银行服务小微企业存在诸多痛点：一是小微企业抗风险能力弱，存在较高信用风险。根据美国《财富》杂志和全国工商联《中国民营企业发展报告》，中小企业平均存活周期为2.5 ~ 2.9 年，且缺少抵质押物，小微企业贷款不良率普遍偏高，建行 2015年、2016 年小企业贷款不良率分别为 5.98%、5.6%，远高于全行平均不良率（如图 3-1 所示）。二是小微企业因财务不规范、管理不透明等，信贷流程难以标准化，需要更多人力投入，服务成本高、审批时间长、业务效率低。三是小微信贷单笔额度低，且存款派生能力弱，服务性价比低。

图 3-1　建行普惠贷款资产质量变化情况

---

① 数据来源：《登记在册市场主体达 1.63 亿户》，《人民日报》，2022 年 10 月 12 日 01 版。

因此，当建行把普惠金融上升为全行战略，不免在市场上引起激荡。大银行做得好小企业吗？面对潮水般涌来的质疑，建行人有着自己的思考。

从政策导向看，习近平总书记指出，"要始终坚持以人民为中心的发展思想，推进普惠金融高质量发展，健全具有高度适应性、竞争力、普惠性的现代金融体系，更好满足人民群众和实体经济多样化的金融需求，切实解决贷款难贷款贵问题"[①]。2013 年，党的十八届三中全会正式提出"发展普惠金融"；2016 年，国务院印发《推进普惠金融发展规划（2016—2020）》；建行提出普惠金融战略后的次年，即 2019 年以来，《政府工作报告》持续对国有大行普惠小微贷款作出量化增速要求，且均不低于 30%（如图 3-2 所示）。因此，普惠金融"应当做"。

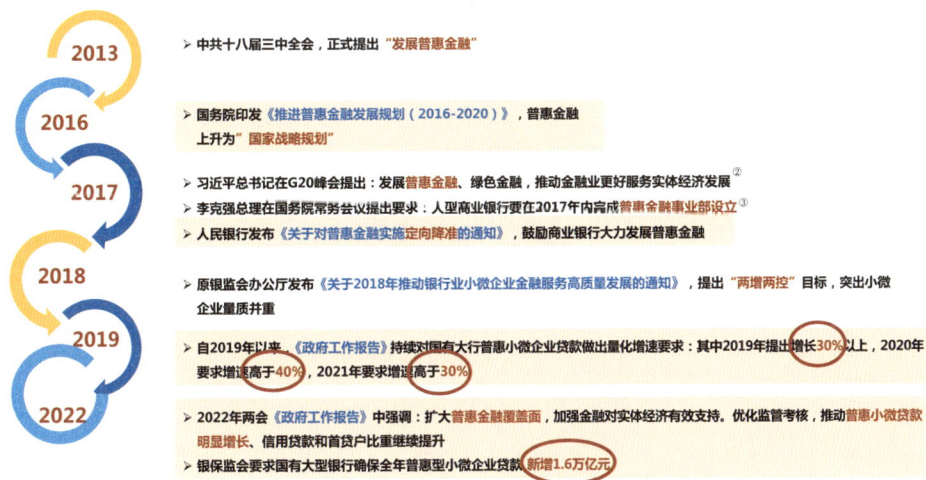

> 2013　中共十八届三中全会，正式提出"发展普惠金融"

> 2016　国务院印发《推进普惠金融发展规划（2016-2020）》，普惠金融上升为"国家战略规划"

> 2017　习近平总书记在 G20 峰会提出：发展普惠金融、绿色金融，推动金融业更好服务实体经济发展[②]
> 李克强总理在国务院常务会议提出要求：大型商业银行要在 2017 年内完成普惠金融事业部设立[③]
> 人民银行发布《关于对普惠金融实施定向降准的通知》，鼓励商业银行大力发展普惠金融

> 2018　原银监会办公厅发布《关于 2018 年推动银行业小微企业金融服务高质量发展的通知》，提出"两增两控"目标，突出小微企业量质并重

> 2019　自 2019 年以来，《政府工作报告》持续对国有大行普惠小微企业贷款做出量化增速要求：其中 2019 年提出增长 30% 以上，2020 年要求增速高于 40%，2021 年要求增速高于 30%

> 2022　2022 年两会《政府工作报告》中强调：扩大普惠金融覆盖面，加强金融对实体经济有效支持，优化监管考核，推动普惠小微贷款明显增长、信用贷款和首贷户比重继续提升
> 银保监会要求国有大型银行确保全年普惠型小微企业贷款新增 1.6 万亿元

图 3-2　关于普惠金融的政策沿革

① 《习近平主持召开中央全面深化改革委员会第二十四次会议强调：加快建设世界一流企业 加强基础学科人才培养》，新华社，2022 年 2 月 28 日。

② 《习近平在二十国集团领导人汉堡峰会上关于世界经济形势的讲话（全文）》，新华社，2017 年 7 月 8 日。

③ 《总理定出时间表：五大国有商业银行全部设立普惠金融事业部》，人民网，2017 年 7 月 16 日。

从市场需求看，市场主体总量的快速增长提供了广阔的发展空间。小微企业注册数量从 2012 年的 1100 万户上升到 2021 年的 4700 万户，个体工商户突破 1 亿户，尤其是 2016 年以来，每年新增个体户占全部市场主体新增的 60% 以上。1.5 亿户的小微市场主体背后，是一片巨大的蓝海，按 70% 小微企业有融资需求测算，潜在的客群超过 1.05 亿户（如图 3-3 所示）。反观基建和房地产领域，整体增速下降很快，2021 年基建增速仅为 0.4%，2021 年下半年房地产市场进入"冰冻期"，"土地财政"和"土地金融"势穷力蹙，也冲击了地方政府的投资配套能力，新项目供给偏弱，贷款利率一路走低。两相比较，普惠金融"值得做"。

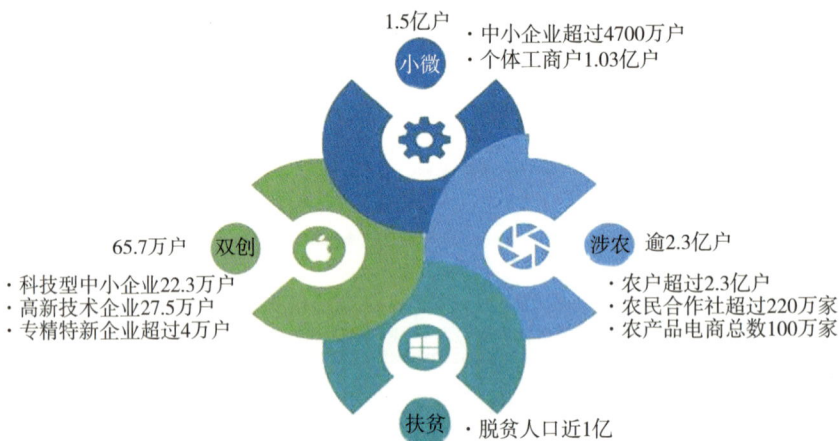

图 3-3 普惠金融市场主体结构

从能力基础看，金融科技的有效赋能推动了普惠金融供给能力的快速提升。传统金融依赖网点和客户经理"人海战术"，而小微企业等长尾客户海量、分散、需求各异，难以有效触达。大数据、云计算、人工智能等技术的日臻成熟并在金融领域广泛应用，实现对小微企业的立体式全息画像，建立主动授信模型，让过去"人工"的金融业务插上"数字化"的翅膀，得以提高效率、扩大规模和优化客户体验。"金融科技"同为"三大战略"之一，为建行探索普惠金融之路奠定技术基础，让普惠金融"做得成"。

面对中小微企业融资这样一道世界性难题，建行人选择了亮剑。这不是无知者无畏，而是基于时与势的理性思考。

罗马不是一日建成的。早在 2005 年，建行就推出了"成长之路"和"速贷通"两大产品，为有融资需求又具备抵（质）押条件的中小企业提供服务；2007 年创建了"信贷工厂"模式；2012 年，在引入美国银行评分卡技术基础上，建立独立的零售评分卡模式。但由于主要依赖企业财务数据和客户经理手工撰写授信材料，因此线下操作成本高、周期长，规模一直做不上去，不良率自然也降不下来。

2013 年，建行开始尝试以结算、金融资产、纳税等数据为基础开发大数据信贷产品；2016 年，这一系列实践统一整合为"小微快贷"系列产品，成为建行"数字普惠"模式的先声。2017 年 10 月，人民银行发布"定向降准"政策红利，当时市场普遍对此不抱期望，建行却嗅到了机遇，成为达到该最高激励目标的唯一大行，获降准 1.5 个百分点，释放的存款准备金超过 2000 亿元，带来了可观的经济利益。

2018 年 5 月 2 日，建行召开普惠金融战略启动大会，提出"数字、平台、生态、赋能"的发展理念，将金融活水引流向小微企业，建行普惠金融开启了"加速度"。借助大数据、云计算和人工智能分析，打造批量化获客、精准化画像、自动化审批、智能化风控、综合化服务的"五化"普惠金融服务新模式，开发"小微快贷""云税贷""个人经营快贷""小微善贷""交易快贷"等一系列拳头产品，通过全流程网络化、自助化操作，更大程度提高了小微企业贷款的便捷性和可获得性。

数字普惠模式何以能不靠抵押放贷款？以"云税贷"为例，建行通过与税务部门合作，关联企业纳税数据，诚信纳税信息证明了小微企业的经营能力，也佐证了其信用状况。"云税贷"以企业纳税情况为基数，让"纳税信用"与"银行信用"有机结合，从而确定贷款额度，为小微企业、个体工商户提供纯信用贷款，最高可获批 200 万元，贷款全流程只需几分钟即可完成，且按需支用，随借随还，有效契合小微企业"短、小、频、急、散"的资金需求特征，还有助于促进企业诚信经营、依法纳税。

2019 年，建行四川省分行与成都市税务局合作，在"云税贷"基础上创新推出"减税云贷"，通过减税额还原企业纳税额，进而推导授信额，同样无须担保和抵押，贷款最高额度达 300 万元。产品一经推出，很快收获好评，随之推向全省、全国。诸如此类，还有依托于国家电网用电数据的"云电贷"，关联公积金中心数据、为稳定发放工资或缴纳住房公积金的两类小微客户发放的"薪金云贷"，等等。目前，建行普惠金融信贷业务应用外部数据 40 余类，数据项 3000 余个，信用贷款余额同业最高，占到全市场的 1/3。

建行运用内外部多维数据进行客户画像，形成了智能化风控管理手段，通过关联客户征信数据、司法涉诉数据、失信执行数据、反洗钱数据等，从反欺诈、信用评分、授信管理、定价管理、贷后预警和贷后催收 6 个环节设定规则、变量和模型进行关联，由此解决制约普惠金融发展的小微企业不良率高的问题。

传统的信贷模式下，普惠客户贷款金额虽小，却和大中型客户同样要填厚厚的一沓授信申报材料，客户常常要跑好几趟，还未必办得下来，客户经理也身心俱疲。2018 年 9 月，建行开创性地推出"惠懂你"App，为普惠金融客户量身打造一站式移动金融服务平台。首创在线精准测额等功能，客户可通过手机快速预测授信额度，进行贷款申请、审批、签约、支用、还款等线上自助操作，为小微企业提供"一分钟"融资、"一站式"服务、"一价式"收费的信贷服务体验。2020 年 9 月，进一步升级推出"惠懂你"2.0 版本，以信贷融资为核心，搭载普惠客群专属产品体系，集成金融与非金融服务，独创线上股东会等功能。新冠疫情暴发后，加速释放了"惠懂你"App 线上服务效能，为客户提供全线上无接触服务，支持线上贷款延期和无还本续贷功能，助力企业复工复产。

战略启动之初，《普惠金融战略发展规划（2018—2020 年）》所编订的"123"目标，即贷款余额 1 万亿元、客户 200 万户、不良率低于 3%，均如期实现。截至 2022 年年底，建行普惠金融贷款余额 2.35 万亿元，是 2017 年的 5.6 倍，普惠金融贷款客户近 253 万户，是 2017 年的 3.5 倍。小企业不良率约 1%，资产质量稳定可控。全面落实"减费让利"政策，普惠型小微企业贷款利率从 2017 年的 6.37% 下降到 4.10%，真正做到了又"普"又"惠"，实现商业可持续。

"数字普惠"给建行带来的不只是业绩的增长。如今，建行开办普惠金融业务的网点已达 1.4 万家，占全部网点的 98.67%，挂牌普惠金融特色网点 2514 家；配置普惠专员近 2 万名，办理过普惠业务的员工近 5 万名。普惠金融战略为建行锻炼了一支过硬的客户经理队伍，基层一线员工从"不敢做、不会做、不愿做"到主动做、学着做甚至抢着做，重新找回了职业价值。

"小企业，大事业，无止境"。五年耕耘，建行用实际行动证明了普惠金融确是一项伟大的事业。普惠金融的发展已进入深水区，客户触达、首次贷款、信用不足与生态不完善等问题还不同程度存在，在当前同业竞争"千帆竞发"的背景下，这个目标颇具挑战性。星光不问赶路人，建行在普惠金融的探路之旅上，已然"斗罢艰险又出发"。

以扩面厚植客户基础。 与全国以亿计的市场主体相比，潜在的客户市场还非常广阔，尤其是产业互联网、消费互联网、优质纳税企业、涉农主体和个体工商户等客群，有望成为新的"兵家必争之地"。积极顺应消费升级趋势，支持消费新模式、新业态发展和现代流通体系建设，重点关注医疗卫生、健康养老、文化旅游等传统民生消费领域小微企业，以及在线消费、教育、娱乐、医疗等新型消费领域，把握消费产业升级新方向。积极支持制造业高质量发展，为百万创客、十万省级"专精特新"中小企业、万家"小巨人"企业及数千家单项冠军企业、隐形冠军企业、领航企业等制造业优质企业积极提供融资支持，助推"制造"向"智造"迈进。

以下沉挖潜客户需求。普惠小微客群"小而散"的特点决定了其需求的多样性，建行普惠金融模式为普惠客群从"千人一面"到"千人千面"找到了路径，还要进一步细分客群，深挖客户潜在需求。根据客群来源渠道，重点拓展纳税户、用电户、个体工商户、小微企业主、商户、房贷户、信用卡客户、供应链客群、涉农客群、科创客群等重点客群，针对客群需求特点及风险特征，精准施策，定制专属金融服务解决方案，有效连接市场需求和服务供给。同时，针对存量客户建立会员体系，实施会员制管理，为客户提供高感知、差异化的价值激励及关怀服务，做好存量挖潜和维护工作，提升客户体验和忠诚度。

以数据强化核心竞争优势。建行普惠金融的最大创新在于数字化，核心优势也在于数字化。唯有持续提升普惠金融数字化经营能力，以数据资产作为普惠金融发展的关键生产要素，方能积优势为胜势。推进数据集成建设，培育数据挖掘、连接、分析和整合土壤，全面提升普惠金融的洞察能力、决策能力和经营能力。适应数字经济发展新要求，加强数据要素全生命周期管理，激活数据要素潜能。需求响应、多维模型、风险计量等算法在业务各环节中的应用，完善模型并持续迭代，提高获客效率、创新效能和风控精度。依托深度学习、智能交互等人工智能技术，创新构建"AI+"系列，实现"AI+营销""AI+催收"等模式，打造一支永远在线的 AI 客户经理队伍。

以平台构筑全场景生态。依托"惠懂你"平台连接政务服务场景，建行普惠金融的服务触角进一步延伸。在重庆市，打造了"惠懂你"智慧税服样板间，一方面在电子税务端嵌入并实现"惠懂你"精准测额等金融功能；另一方面，在"惠懂你"App 布放办税、查询等政务功能，政务与金融"双向奔赴"，让小微企业享受到"1+1>2"的便捷服务。在吉林省，联合市场监督管理厅，在"惠懂你"服务生态中增设全新公共政务服务场景"智慧市监"，过去企业注册需要 3 天的流程，现在通过"惠懂你"App，仅需半个多小时便能完成从企业开办到银行账户预约开户的全流程。如今，企业设立登记、涉税服务、刻制公章、社保登记、公积金缴存等政务服务都可以通过"惠懂你"，全程"零见面"完成登记办理。升级后的"惠懂你"3.0，着力解决有效场景少、生态连接数量不多、活跃度不高等问题，丰富平台非金融场景，为小微企业带来从"低频、单一融资功能"向"高频、综合服务功能"跃升的用户体验。围绕企业全生命周期，纳入需求撮合、ERP、人力管理、财务管理和培训管理等功能，建设高频企业社区，让"惠懂你"真正"会懂你"。

专栏3-2　2023年"惠懂你"主要指标发展规划

1. "惠懂你"聚客引流能力显著提升。到 2023 年，实现"惠懂你"授信金额 1.2 万亿元、认证企业 800 万户、授信客户 180 万户。

2. "惠懂你"渠道占比水平显著提升。到 2023 年，"惠懂你"累计认证企业占全行小微企业结算客户数的 80%，贷款新增客户数占全行普惠贷款新增客户数的 70%。

3. "惠懂你+"生态连接程度显著提升。到 2023 年，"惠懂你"实现平台生态连接 2 万家，场景生态成为重要获客方式。

第三节 数字化风险控制体系

所有经营模式的竞争本质都是风控能力的竞争。尤其是对于中小微企业而言，其自身抗风险能力弱，缺乏有效信用记录，风险状况难以有效评估，不良率一直居高不下，严重制约着普惠金融的发展，可谓是"木桶的最短板"。建行以数字化手段创新"六位一体"风险管控体系，嵌入自研的小微企业评分卡模型和智能催收平台，守住风险防控底线，让"最短板"成为"最长板"。

"六位一体"风险管控体系

风险管控能力是普惠金融行稳致远的基础保障，是将普惠战略优势转化为持久胜势的核心支撑。近年来，建行普惠金融业务坚持"底线准入、小额分散、快速处置"原则，推进信贷业务流程"标准化、智能化、集约化"，实施风险主动管理、过程管理和预期管理，促进普惠金融业务高质量发展。

"智能化风控"通过将关键动作及管理要求纳入系统自动控制，减少人为干预，确保政策执行到位，规避操作风险和道德风险，具体内容包含企业级底线排查拒险、智能反欺诈阻断排险、场景模型选客识险、多维额度管理控险、监测预警避险、催收处置化险六个方面，简称"六位一体"风险管控体系（如图3-4所示）。

图 3-4 "六位一体"风险管控体系

企业级底线排查拒险

在全行统一风险管控管理框架下，引入行内黑名单、注吊销客户名单、失信被执行人等内外部负面清单，以及涉及核销、不良客户名单、信用卡伪冒或盗用、商户刷单等底线规则的风险扫描仪，构建底线拒绝策略体系，是贷前客户准入的第一道防火墙。

智能反欺诈阻断排险

建立"名单＋规则＋模型"的普惠业务反欺诈工具箱，通过挖掘客户信息真实性异常、经营信息异常、资金往来异常和关联关系异常等核心欺诈场景，实现对名单欺诈、高欺诈风险以及涉及实控人异常变更、相同 MAC 地址、授信后存款大幅降低、企业成立年限短、工商信息异常等典型欺诈场景的阻断，是贷前客户准入的第二道防火墙。

场景模型选客识险

改变以往靠人工经验判断层层把关、层层审批方式，通过统计方法建立小微企业评分卡模型，实现对小微企业偿债能力和偿债意愿的全面批量评价，为审批决策提供可量化参考。依托业务场景逐步形成"通用＋专属"评分卡模型体系，包括小微企业、个体工商户核心客群和依托税务、电力、供应链、农户等场景的模型组合体系，并持续跟踪和推动优化。

多维额度管理控险

一方面，结合主要授信依据，基于客户经营情况和真实用款需求进行额度测算，并充分考虑避开数据造假、养流水等欺诈行为，形成包含金融资产、房贷、纳税、结算等指标在内的综合测算模型。另一方面，进行单户授信总量控制。明确按照产品额度上限、人企合一模型、零售客户风险限额等进行多层级限额机控，将"企业主名下其他企业在建行无授信额度"作为"小微快贷"新增准入条件，避免过度授信；将资金违规流向拦截等纳入支用环节系统自动控制，有效避免贷款资金违规挪用。

监测预警避险

开发全行级"监测大脑"可视化监测视图，覆盖机构、产品等维度的常态化监测机制，构建包含不良、逾期等指标的固定报表、可视化视图等的监测工具体系，支持各机构及时察觉潜在风险异动。同时，依托预警平台，实现对客户风险的早发现、早预防、早处置，据统计，平均提前预判风险时间为 8.5 个月。2022 年 6 月，成都市某冷冻食品经营部触发预警，显示"经营异常—注销吊销或停业"，经上门核查，情况属实，该客户确已吊销停业，客户经理立即开展催收工作，及时回收贷款，有效防止该笔贷款形成不良。

催收处置化险

优化催收策略，提高催收效率。利用催收评分卡模型对不同风险等级客户进行智能催收策略安排，合理运用短信、电话、上门等催收方式，减轻基层负担，提高回收比率；设置流程公证、强制执行等手段强化追偿动作，通过贷前设置"网络赋强公证"一键操作，加密固化证据链，支持高效取证，保障建行权益；持续优化不良处置出口。上线自动化核销功能，效率较原方式获得较大提升，成功发行全国首单对公普惠金融类不良资产支持证券，进一步提高不良处置效率，实现不良快速出清，畅通出口。

评分卡：评出风险分出优劣

下载"惠懂你"App，注册认证申请不到 5 分钟，150 万元授信金额就到账了。看到眼前这一幕，广东顺德诚塑材料有限公司的企业主曹先生惊叹不已。这笔纯信用"小微快贷"背后，离不开普惠金融智慧风控体系下，以评分卡模型为代表的风控工具的建立与应用。

目前，针对普惠业务客户多、金额小、效率要求高的特点，建行构建出以线上业务风险排查系统（RSD）、风险模型管理组件（RMD）和全面风险监控预警平台（RAD）为代表的"3R 体系"，开发了系列评分卡工具，搭建了一套"名单 + 规则 + 模型"的反欺诈工具体系，全面融入普惠业务贷前、贷中、贷后多个业务环节，为业务快速发展提供了核心风控支持。

评分卡作为普惠业务风控工具箱的重要组成部分，一方面，降低了客户风险评估成本，提高了获客效率；另一方面，较好地解决了信息不对称问题，有效降低了风险。

融入业务流程

评分卡是利用统计学原理或专家经验，通过挖掘借款人的基本属性、征信记录、交易行为等信息，找出历史上蕴藏在复杂数据中的反映借款人风险特征和预期信贷表现的规律，提炼成预测模型，以评分的形式综合评估及预测借款人未来的信用表现。根据评分卡模型运用阶段的不同，一般可以分为：在贷前阶段对新贷款申请进行筛选并判断其违约风险的申请评分卡，在贷中阶段对审批通过的贷款客户进行覆盖整个贷款周期管理的行为评分卡，在贷后阶段对审批通过的贷款客户进行管理的催收评分卡。

一个标准的评分卡模型，至少需包含三个基本方面的内容，即入模变量名称、变量取值和取值对应的分数。对单个客户的特征变量得分求和，可以得到该客户的申请评分卡得分结果。在小微快贷应用中，一般通过确定阈值设定策略，申请评分卡得分高于阈值则自动通过，低于阈值则人工审批或自动拒绝。阈值越高，则通过率越低、不良率越低；阈值越低，则通过率越高、不良率越高。综合考虑业务需求，确定相应的阈值，可以实现平衡自动审批通过率和贷款不良率的目标。

评分卡在普惠业务的应用中具有 5 大特点：（1）客观性。评分卡以实际业务数据作为支撑，基于大数据分析算法拟合客户得分。（2）一致性。评分卡对所有的客户都是一样的评价标准。（3）准确性。评分卡在事前有数据支撑、事后有数据验证，通过的贷款不良率满足预期。（4）全面性。通过多维度指标，评分卡和规则组合可以拟合分析更多维度的特征。（5）效率性。评分卡能够实现秒批秒贷，大幅减少客户的等待时间，节约人工审批的人力成本。

2012 年，建行研发第一代零售小微评分卡。2018 年，建行自主研发第二代零售小微申请评分卡。目前，普惠业务评分卡体系逐渐丰富和成熟，已形成由零售小微申请评分卡（2021 版）、个体工商户经营快贷评分卡、抵押快贷申请评分卡、小微行为评分卡、交易快贷评分卡、云税贷专家评分卡、云电贷专家评分卡等构成的第三代评分卡体系。

牢牢守住风险底线

随着建行普惠业务进入新发展阶段，新客群和新场景不断丰富，评分卡体系也在进一步提高适应性与精细化水平，持续快速优化迭代。

评分卡的原理并不复杂，一般包括数据分析、变量筛选、模型构建等步骤，很多软件也都有成熟的程序包。但构建一个符合业务需求的评分卡并不容易，需要风险管理与业务发展相促相融、相促相长、共同成长的良性生态。

项目研发团队要结合实际情况进行分析，确定合适的建模样本。对于创新业务，样本的选择挑战更大，要创新性地探寻合理的可替代样本。模型研发必须从建模与模型运用角度综合考虑，而不能简单采用机器自动化结果，这既需要项目团队的反复沟通，又需要项目团队多年的经验积累。模型还要进行全生命周期管理，有效控制模型风险，才能取得好的效果。

评分卡与其他工具的组合使用，有效助力了小微快贷新模式的快速健康发展。自普惠战略实施至2022年6月末，评分卡模型累计为241.86万客户完成线上贷款风险评价并发放贷款，累计发放贷款笔数601.75万笔，累计发放贷款金额3.47万亿元。

2022年上半年，零售小微评分卡（2021版）、云税贷专家评分卡（2021版）成功上线，进行全行推广应用。上线以来，模型各项指标均达到预定目标，进一步支持了普惠业务的客户风险评价与业务发展。

RCP：扎紧两端的"糖果"

"大零售"是国内外先进同业已提出并应用的概念，包括个人信贷、信用卡、小企业信贷。建行大零售（以下简称"零售"）贷款已超 10 万亿元，占境内分行贷款的半壁江山，对风险管控能力提出很高要求。其中，加强非不良客户到逾期催收管理是实践零售信用风险管理"糖果理论"①的必要之举，也是稳定资产质量的关键环节。一直以来，银行零售非不良客户催收管理主要存在三大难点：一是条线"烟囱"持续存在，缺乏企业级的顶层设计与规划；二是信息共享不充分、策略迭代不敏捷；三是催收智能化不足，过度依赖人工电话催收。

2019 年，建行把零售信贷催收作为数字化风控新打法的积极实践，搭建了"大零售智能催收平台"（简称"RCP"）。历时三年，先后研发并验证了 30 余个催收模型，把 RCP 逐步打造为一个具有前瞻通用业务逻辑、聚合系统解决方案、支持闭环优化迭代的企业级零售催收平台（如图 3-5 所示）。

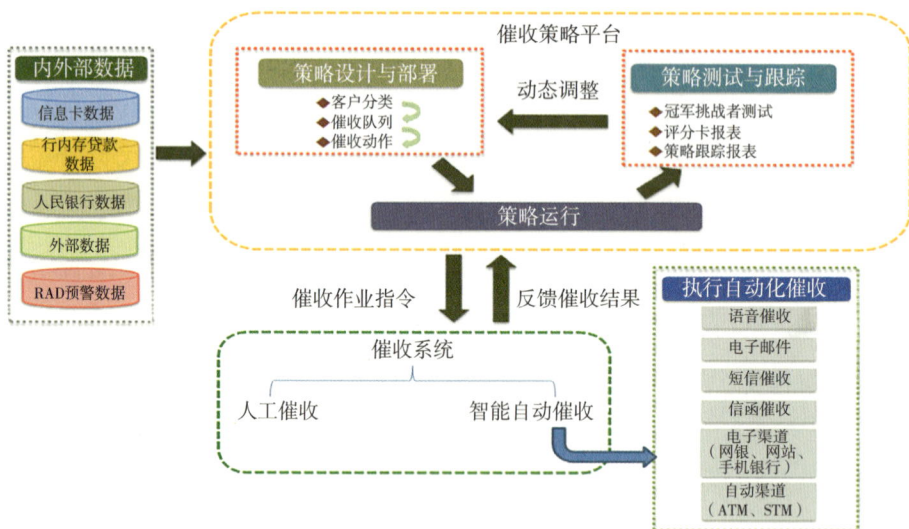

图 3-5　大零售智能催收平台

---

①　"糖果理论"是指以糖果两头扎紧的外形，比喻零售信用风险管理要在贷款流程的两头（即贷前和贷后）做好风险管控，保障资产质量。

以业务中台为目标，实现跨条线信息互联与共享

将原有涉及小企业、个人信贷及信用卡业务的 7 个催收系统 / 模块进行整合，统一部署于 RCP，构建企业级大零售催收策略体系，打破了各部门的系统、数据"烟囱"，让信息和数据流动起来，改变了传统业务条线各自搭台、各自唱戏的催收模式，从各条线"自扫门前雪"转变为"以客户为中心的全行一盘棋"。

跨条线、跨产品的共债客户统一催收体系实现 24 万户共债客户统一催收全覆盖，极大地减少了重复性、同质性开发。共债客户企业级催收模式已申报国家专利。

以数据为关键生产要素，建立大零售催收数字化工具

客户风险分层，从"单变量划分"到"多变量区分"，实现经营数字化。对催收客户风险判断，从主要依靠逾期天数单一维度转变为多维数据构建催收模型，在小微企业和个贷领域首次搭建 10 个逾期智能催收评分模型，描绘催收客户风险画像，实现风险科学分层。

催收策略匹配，从"经验判断"到"大数据驱动"，实现决策精准化。改变了以前主要依靠专家经验制定催收策略的情况，基于大数据，根据客户风险等级，精准匹配差异化催收策略，实现精细投放催收资源、提高催收回收效益。

以科技为核心生产工具，推进大零售催收智能化管理

构建催收策略评价体系，实现催收策略闭环动态优化。改变原有催收方式的策略制定实施后，对于效果难以判断的状况，统筹考虑收益、成本、客户体验三个维度，构建业内首创的催收策略评价模型，实现策

略自动化评价功能。

从逾期管理向到期管理延伸，实现高风险个贷客户智能预催收。改变了过去主要依靠分行人工开展个贷客户到期前电话提醒的状况，通过构建个贷预催收模型，识别逾期概率高的客户，在到期前，总行统一开展智能外呼，既科学合理匹配催收资源，又可大大减轻分行外呼工作量，实现了催收动作从分行到总行、从人工手动到智能自动的转变，助力基层减负，减少逾期暴露，稳定资产质量。小微快贷预催收模型已开发完成，后续开展分行试点。

拓展自动化催收触达渠道，提升触达效率，节约催收成本。以往催收触达渠道以人工外呼、短信为主，而微信、网上银行、手机银行、智能机器人等自动化客户触达渠道具有成本低、灵活度高的优势，通过拓展自动化催收触达渠道应用场景，实现全方位多点触达，有力提升催收触达率和覆盖面，降低催收成本。

催收流程和工具更加人性化、智能化。实现了手机催收信息 App 录入，便于开展移动上门催收，减轻基层工作人员负担；优化信用卡催收流程，实现信用卡催收协商还款等业务由跨系统操作、线下审批转为线上申请、受理、审批、实施等一体化流程，有效规范业务操作，提高业务效率。

第四节 "惠懂你"

2020 年 8 月 13 日，中国人民银行党委书记、银保监会主席郭树清接受人民日报、中央电视台等媒体联合专访时说："以建行为例，一个针对小微企业的'惠懂你'产品，可以精准获取企业交易记录、营业状况、信用情况等信息，3 分钟的时间基本可以决定是否放贷，不良率控制在 1% 以下。借助科技手段，大型银行就有条件把利率降下来，把费用减掉，而且规模扩大。""惠懂你"App 究竟是怎样一款产品，被郭树清主席亲自"带货"？刚刚面世的"惠懂你"3.0 版本又有着怎样的创新和突破呢？

专栏3-3　关于"惠懂你"

"惠懂你"App 是建行面向小微企业和个体工商户等普惠客群量身打造的综合化生态型服务平台。

平台从客户需求和体验出发，提供贷款额度测算、贷款申请、还款、续贷等融资服务，做到"惠企"；创新丰富账户结算、投资理财、网点服务等金融服务；发挥建行聚合内外部各方资源作用，部署财务管理、法律服务和快递物流等综合化服务，做好"助企"，打造一站式服务体验。

自 2018 年 9 月上线以来，"惠懂你"累计迭代 90 个版本、682 项功能，成为全行 B 端获客引流的重要支撑。面对当前社会数字化转型浪潮与同业普惠平台白热化竞争格局，2022 年，建行创新迭代"惠懂你"3.0 版本，立足融资、成长和生态"三条主线"，全面构建平台化生态体系，努力为用户带来"更懂你"的服务（如图 3-6 所示）。

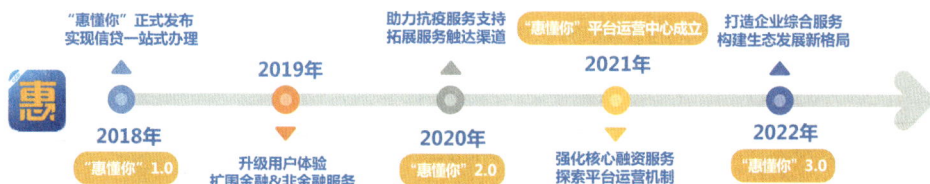

图 3-6　"惠懂你"发展历程

做强看家本领，打造更优体验

自创立伊始，"惠懂你"便致力打造小微企业"一分钟"融资、"一站式"服务、"一价式"收费的综合融资平台。如何持续打磨信贷融资核心能力，始终是"惠懂你"前进中需要面对的问题。

"惠懂你"3.0版本中，信贷核心功能得到进一步拓展，信贷融资服务由原有的8项扩围至目前的26项。从基础功能服务扩展至信贷融资全流程，为客户推出进度查询、明细查询、额度管理等高频信贷服务以及客户便利性要求较高的结清证明、贷款合同等资料证明服务。

"建行（还）能贷给我多少钱"是每一个"惠懂你"用户最关心的问题。"惠懂你"围绕新老用户的痛点和体验，通过线上线下协同，创新再造了信贷流程。

对于新用户，"惠懂你"摒弃了"办业务先开户"传统银行思维方式，用户可以在不提交任何资料、不发起贷款申请的情况下，在线免费测算贷款额度，确认有意向再进行贷款申请或预约开户。在自动化审批、自助化简单操作基础上，进一步实现了"快、易、简、便"的更优体验。

"惠懂你"不但努力了解新用户，更加珍视老用户。"惠懂你"创新快捷提额功能，集成"全国通用类＋地方特色类"超过40项全量额度提升项，客户可一键获取最高可提升额度，形成可申办产品"组合包"。同时推出产品推荐服务，针对小微企业、个人经营者、农户、科创企业和进出口企业5类客群进行标签化识别，以客户视角呈现总、分行各个系列产品，实现差异化、智能化产品组合推荐。

帮助客户成功申请贷款只是开始，为客户提供全流程服务是更高追求。"惠懂你"打造流程提示服务，围绕客户信贷周期全流程，提示客户相关业务操作，帮助客户顺畅使用平台相关服务。

小微企业成长需要什么，"惠懂你"就做什么

俗话说"金杯银杯不如用户的口碑"，根据统计，"惠懂你"App在用户中的最长裂变传播层级达到12层，单户邀请客户最高达到58户。"惠懂你"关注并帮助着小微企业的成长，与此同时，千千万万个小微企业也以一传十、十传百的速度助推着"惠懂你"发展。截至2022年年末，"惠懂你"累计访问量达2.1亿次，注册用户超过1700万户，下载量超过2600万户（如图3-7所示）。

图3-7 "惠懂你"综合金融服务

不断激增的客户使用量背后，蕴含着"惠懂你"的经营宗旨，小微企业成长需要什么，"惠懂你"就做什么。

"惠懂你"以小微企业金融需求为导向，由低频的融资服务延伸至高频的综合金融服务，激活用户金融活跃度，聚焦企业成长。"惠懂你"3.0版本为用户提供了定制化深度服务，有效增强用户黏性和认

同。一是创新财富视图功能，上线存款、负债和投资视图，在同业第一个打造覆盖小微企业和小微企业主的"B+C、资产+负债、收入+支出"的全景视图。二是拓展综合金融服务，契合小微企业成长需求，新增账户管理、电子对账、我要收款、我要代发、理财、基金、保险等金融服务。三是创新数字移动支付，迭代完善数字人民币对公钱包开立、转账、对账等服务，拓展对公钱包贷款发放和支付场景。四是建立用户分层分类管理体系，实现"用户—客户"的精细化进阶经营。

把"一锤子买卖"变成"一揽子服务"

"惠懂你"从核心融资服务向生态场景服务扩围，做到"跳出金融做金融"，将提供传统信贷融资服务的"一锤子买卖"努力拓展为助力企业发展的"一揽子服务"。

在此背景下，"惠懂你"开发团队通过实地走访和问卷调查，发现超过40%的小微企业主表示对财税服务有需求，有78.57%的小微企业主渴望获得更多人脉拓展的渠道。"缺管理""缺人脉"已经成为小微企业主的群体性痛点。

"惠懂你"3.0版本瞄准了小微企业发展中的一系列痛点和难点，努力聚合多方资源，延展生态线，以优质生态服务场景化流量为"留量"，形成反哺金融能力。优选财务服务、涉税服务、进销存、物流快递、法律服务、差旅服务、办公空间、会展服务、培训服务、信息咨询十大服务品类，开展互联网场景共建，并通过免费试用、特享价格等方式将这些市场服务转化为权益，进一步加深用户与平台的联系（如图3-8所示）。

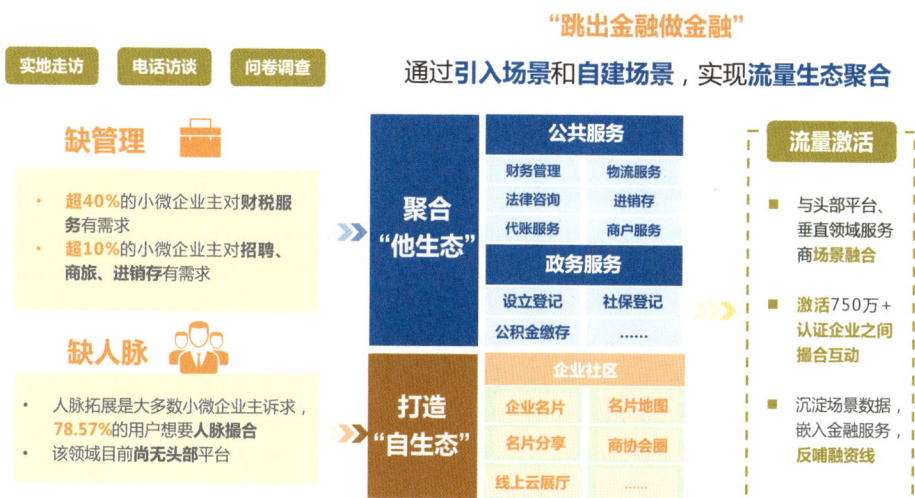

"跳出金融做金融"

通过引入场景和自建场景，实现流量生态聚合

| 实地走访 | 电话访谈 | 问卷调查 |

缺管理
- **超40%**的小微企业主对**财税服务**有需求
- **超10%**的小微企业主对**招聘、商旅、进销存**有需求

缺人脉
- 人脉拓展是大多数小微企业主诉求，**78.57%**的用户想要**人脉撮合**
- 该领域目前**尚无头部**平台

聚合"他生态"

公共服务
财务管理	物流服务
法律咨询	进销存
代账服务	商户服务

政务服务
| 设立登记 | 社保登记 |
| 公积金缴存 | …… |

打造"自生态"

企业社区
企业名片	名片地图
名片分享	商协会圈
线上云展厅	

流量激活
- 与头部平台、垂直领域服务商场景融合
- 激活**750万+认证企业之间撮合互动**
- 沉淀场景数据，嵌入金融服务，**反哺融资线**

图 3-8　"惠懂你"生态聚合示意图

根据梅特卡夫定律，随着用户的增加，网络的价值将呈现非线性爆发式增长，用户之间将建立起更深层的连接。这就是平台的力量，这也是"惠懂你"前进的方向。为方便小微企业主拓展人脉，为给每一位普通的用户打开更多可能，"惠懂你"融合打造自有生态，建立基于企业名片的社群服务，为小微企业主提供定制名片、名片地图、每日问候等服务，帮助用户实现人脉拓展，让小微企业更容易找到生意，帮助用户实现更多可能。

"惠懂你"逐步形成生态效应，吸引了众多企业服务商。顺丰、京东物流、中创万顺、中小企业协会调解中心入驻"惠懂你"，更多的细分领域头部服务商也已在商业洽谈的过程中。依托海量的活跃用户，"惠懂你"在与各行业"大咖"的合作谈判中充满了信心，"惠懂你"将通过"招商大会"建立"服务广场"，充分发挥平台网络外部性，全力打造 B 端用户的"拼多多"，形成"更多用户—更低价格"的正向循环，切实为小微企业让利，为实体经济赋能。

2019 年 1 月 4 日，时任中共中央政治局常委、国务院总理李克强到建设银行考察，专门听取并了解建设银行在服务小微企业方面的贷款规模、成本和便利性等相关情况，对建设银行瞄准小微企业融资难点、运用"互联网+"等创新模式、增加小微企业贷款和降低融资成本予以肯定。同时，对"惠懂你"提出了"有关部门要请第三方进行评估，切实可行要向全国复制推广"的指示精神，给予"惠懂你"高度评价和认可。

第五节 小微指数

为更好服务中小微企业，读懂普惠金融市场的运行逻辑，探求内在规律，2018年，建行与新华社中国经济信息社联合开展普惠金融指数研究工作，并于同年10月面向市场发布"建行·新华普惠金融小微指数"（以下简称"小微指数"），成为市场首个从行业和各省区域维度刻画普惠金融服务水平和小微企业发展状况的综合性指数，被央视评价为中国普惠金融运行状况的"晴雨表"和"指南针"，相关研究成果向社会和广大同业发布共享。

何为"小微指数"

小微指数以小微企业服务主体为切入点，从普惠金融的供给方和需求方视角出发，运用大数据分析技术，统筹客观数据和主观问卷调查信息，从微观层面刻画普惠金融市场小微企业的运行态势与发展状况，反映中国金融体系为小微企业提供方便快捷、价格合理的基础金融服务的能力和水平。

"4+3+2"的指数体系

四大子指数：构建融资指数、服务指数、发展指数和营商指数四大体系。从供给方角度反映中国金融体系为小微企业提供普惠金融服务的能力、水平和效果；从需求方角度反映小微企业自身发展状况和所处营商环境，全方位刻画小微企业普惠金融运行全貌，为解决小微企业融资难、融资贵问题提供客观真实的数据参考，助力国家实体经济发展（如图 3-9 所示）。

融资指数下设需求、供给、价格、效率和风险五个子指标，分别刻画企业对资金的需求程度、金融机构对企业融资的供给情况、企业融资的成本情况、企业获得融资服务的时间效率情况和市场小微企业贷款不良情况。

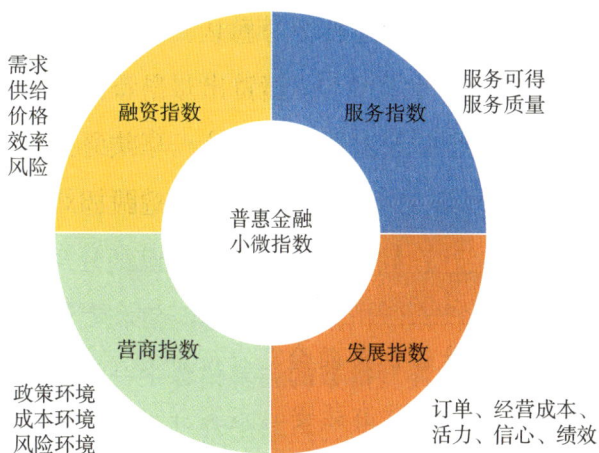

图 3-9 小微指数体系

服务指数下设服务可得和服务质量两个指标，用来刻画金融机构对小微企业提供普惠金融服务的水平及能力，客观反映企业对于该金融机构的满意程度。

发展指数通过订单、经营成本、活力、信心、绩效五个维度考察小微企业的自身发展运行情况。

营商指数重点从政策环境、风险环境及成本环境角度考察小微企业发展运行的营商环境。

三大底层数据源支撑。 小微指数的四大子指数由 132 项底层指标构成，其数据支撑主要来源于三大方面：一是调研数据，建行一方面依托自身强大的客源优势以及渠道平台资源，通过建行"惠懂你"App 面向行内小微企业及个体工商户客户发放电子问卷；另一方面，通过与西南财经大学专业调研团队合作，以电话访问的方式对行外小微企业和个体工商户进行调研，每期行内行外调研回收有效问卷数量在 4000~5000 份。二是商业银行普惠业务数据，以建行普惠贷款等方面数据为基础，并以人民银行、银保监会等监管机构公布的宏观数据作为补充。三是外部采买的第三方机构数据，包括互联网电商平台数据、创投机构数据、新三板企业运营数据等外部市场普惠金融相关数据。

两大展示维度。 依托丰富的调研样本数量，小微指数可以实现从行业和区域两大维度进行展示，其中行业维度可以细分至国民经济行业门类，并对批零、制造、租赁服务、建筑和交通运输等小微企业数量占比较大的行业进行重点关注；同时，区域维度可以细分至全国各省份，并重点关注江苏、浙江、广东、山东、河北等经济和资源大省，区域颗粒度是小微指数相比市场同类型指数的主要优势之一。

较为广泛的市场影响力和应用场景

新华社中国经济信息社作为国家级信息中心、国家高端智库，在小微指数的宣传推广方面发挥了重要的作用。自 2018 年 10 月第一期小微指数结果发布以来，目前已经连续发布 17 期成果，指数电子版报告在互联网累计阅读量超过 8500 万次。小微指数按季度发布，除在新华财经客户端、中国经济信息官方微信首发外，于指数发布当晚在北京人民广播电台进行报道，同时包括人民网、中新网等央级媒体，经济参考报、金融时报、中国证券报等财经媒体，新浪、腾讯、凤凰和搜狐等综合门户网站在内的 50 家媒体公司对小微指数结果进行解读和转载。

小微指数结果广泛地应用于市场监测、决策支持和学术研究等方面。小微指数季度成果向国务院发展研究中心、人民银行、银保监会、国家发改委、工信部、国家统计局等政府部门报送并被持续关注，为国家普惠金融相关政策制定、产业规划等提供积极的参考。同时，指数结果被众多高校科研院所的专家和学者应用于普惠金融领域的学术研究中。

小微指数为普惠金融市场主体提供了稳定有效的资讯来源。小微指数在新华财经等外部平台布放专栏，并在建行"惠懂你"App、"企业综合服务系统"开辟指数专区，服务客户及时了解普惠当前的发展趋势，把握市场脉搏。

小微指数"观市场"

小微指数发布已连续四年，反映出市场怎样的变化？银行业发力普惠，成效如何？为更加直观展示小微指数，特简要摘取小微指数最新的研究成果，以飨读者。

供给方面：普惠贷款规模快速增长，融资供给指数持续上升

2018 年以来，市场加大了普惠金融支持力度，普惠型小微企业贷款规模高速增长。2018 年至 2020 年，普惠小微贷款增幅分别为 15.2%、

23.1% 和 30.3%，增速不断提高。2021 年年末，普惠小微企业贷款 ① 余额 19.1 万亿元，当年新增 4.13 万亿元，增速 24.9%。

小微融资供给指数整体呈现上升趋势，尤其在 2020 年新冠疫情暴发以后，供给指数快速上升。截至 2022 年一季度，融资供给指数为 192.56 点，较 2021 年四季度上升 7.79 点，较 2015 年基期（100点）增长了近一倍，全面反映了近年来我国对普惠金融信贷支持的力度，也刻画了市场普惠金融贷款规模的迅速增长（如图 3-10 所示）。

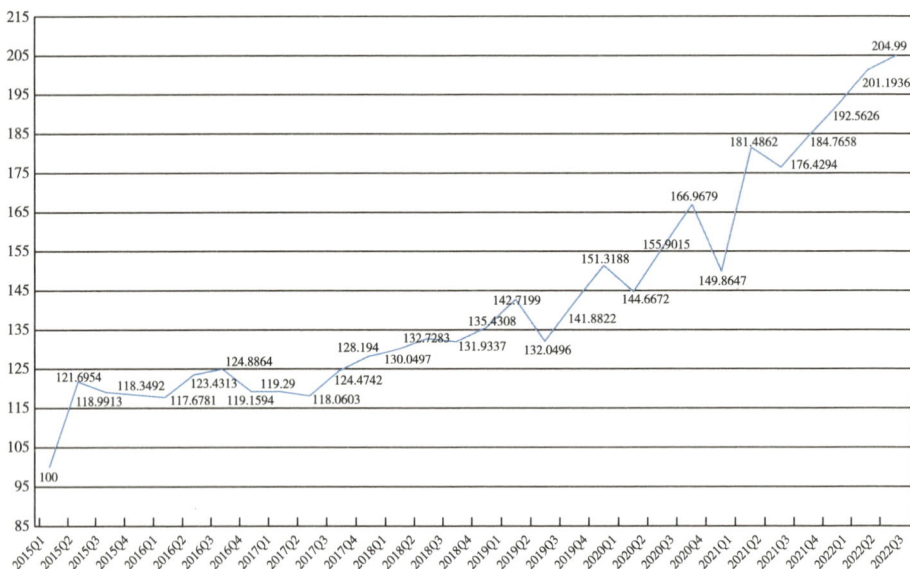

图 3-10　小微指数——融资供给指数走势图

成本方面：减费让利成效显著，融资价格指数稳定下降

小微企业融资价格指数已连续 15 个季度下降，2022 年一季度下降至 78.05 点，较 2021 年四季度继续下降 0.71 点，较 2015 年二季度最高点下降了 31.09 点（如图 3-11 所示）。

价格指数中包含的企业融资成本不仅限于贷款利息价格，还包括各

---

① 单户授信总额 1000 万元及以下。

金融机构不同融资渠道来源的利息支出价格，以及各类费用支出价格，价格指数的持续下降表明大部分小微企业融资成本在"减费让利"政策下得到有效控制。

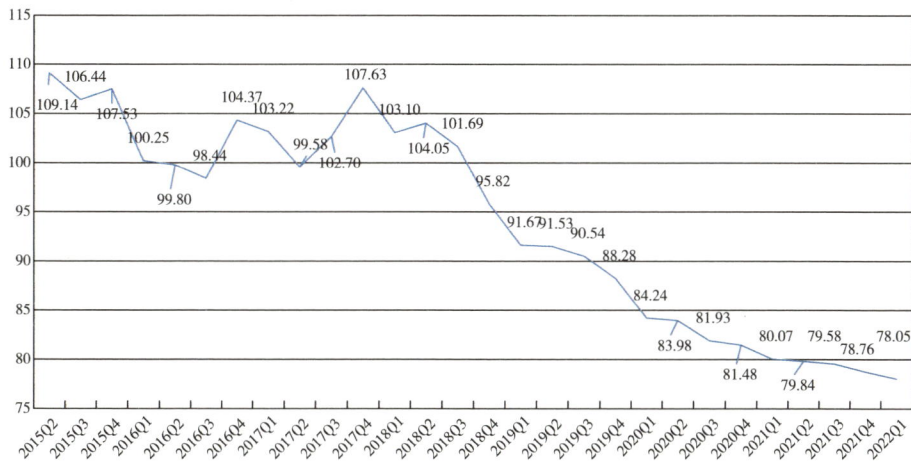

图 3-11 小微指数——融资价格指数走势图

从市场利率实际情况看，2019—2020 年贷款市场报价利率（LPR）经历 4 次下调。2021 年，监管部门要求商业银行疏通内部利率传导机制，根据 LPR 走势来合理确定小微企业贷款利率，确保 2021 年新发放普惠型小微企业贷款利率在上年基础上继续保持平稳态势。2021 年 12 月，企业贷款平均利率为 4.57%；而全年企业贷款平均利率为 4.61%，是改革开放 40 多年来最低水平。

新发放普惠小微贷款利率明显下降，带动融资价格的降低。从 2018 年到 2021 年，我国新发放的普惠型小微企业贷款利率逐期下降，2019 年全年为 6.7%，较 2018 年下降 0.64%；2020 年全年为 5.88%，较 2019 年下降 0.82%，在新冠疫情背景下，金融机构让利 1.5 万亿元，使得降幅高于 2019 年降幅。该下降趋势在 2021 年仍在保持，2021 年一季度为 5.6%，低于 2020 年全年的 5.88%。

需求方面：疫情传导影响显著，融资需求指数波动加大

从融资需求指数整体表现来看，在疫情以前，小微企业信贷需求整体呈上升趋势，企业有序生产，扩大经营规模，资金投入增加，融资需求旺盛。在 2019 年四季度至 2020 年二季度，企业生产经营受到疫情影响，各产业链的小微企业面临着上游企业账期缩短、下游货款拖欠等资金问题，小微企业存在大量资金缺口，企业信贷需求激增，同期融资需求指数由 112.82 点迅速增长至 152.22 点，增幅超过 30%，创历史新高。随着疫情防控常态化和企业复产复工，市场运营逐渐恢复，企业信贷需求不断下降至 2021 年四季度的 114.62 点，基本恢复到疫情前水平。但在 2022 年一季度，国内疫情出现反弹，企业生产受阻，导致 2022 年一季度融资需求指数再次快速上升至 129.54 点（如图 3-12 所示）。

可以看出，在疫情的影响下，小微企业融资的需求呈现较大波动，也刻画出小微企业在市场中所处的弱势地位和对突发事件较差的抗风险能力。

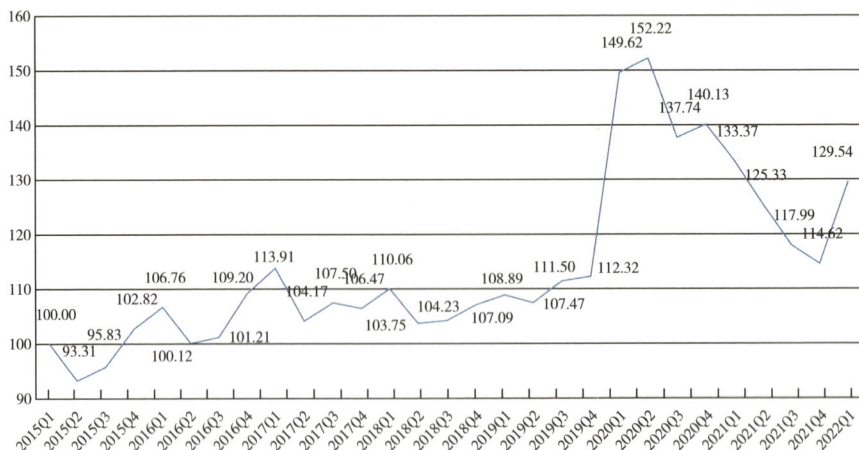

图 3-12　小微指数——融资需求指数走势图

此外，近三年小微指数调研问卷结果显示，小微企业信贷需求呈现明显的季节性规律，第一季度为普遍资金需求最高点，此后将下降，从波动较大到逐渐平稳。而当问及其融资的最主要目的时，大部分客户依然选择"为满足日常运营流动资金的需求"，其次是"扩大规模、新购置固定资产的需求"。

服务可得性：商业银行成为普惠金融服务主力军，市场满意度不断提升

大型商业银行、股份制商业银行、城市商业银行、农村金融机构是我国普惠金融服务的四大提供者，其中，大型商业银行作为我国金融体系的支柱，是货币政策传导的主渠道，在降低普惠服务成本、提升服务质效方面具有明显的优势，有利于推动"普"和"惠"的可持续发展。

从贡献比例来看，我国大型商业银行对普惠金融业务的贡献比例最高，约为35.92%；从2019年一季度到2022年一季度，大型商业银行是唯一的贡献比例止增长的参与者，平均每年贡献比例增长4.18%。此外，由于农村金融机构数量众多、分散各地，因此贡献比例仅次于大型商业银行，约占比31.05%。

从服务指数结果看，服务可得指数整体呈现上升趋势，截至2022年一季度，可得指数为189.65点，较基期（100点）增长89.65点，增长接近一倍，表明金融机构对小微企业的服务覆盖面显著拓宽，对小微企业等普惠金融市场主体的服务能力不断增强（如图3-13所示）。

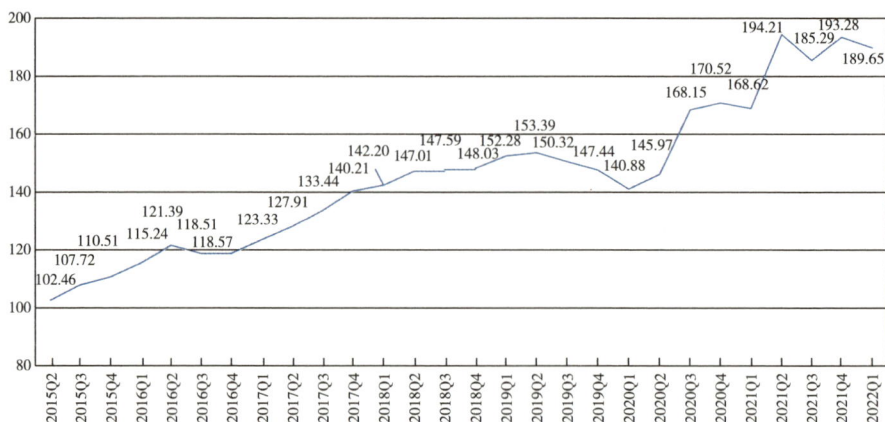

图 3-13　服务指数——可得指数走势图

服务质量指数稳定提升，金融机构服务满意度提升。从 2016 年第四季度开始，小微服务质量指数持续上升，截至 2022 年三季度，升至 118.67 点，较最低点 2016 年四季度提升了 25.81 点，增幅 28%，表明金融机构为小微企业提供普惠金融服务得到市场大部分客户的认可，质量水平不断上升（如图 3-14 所示）。

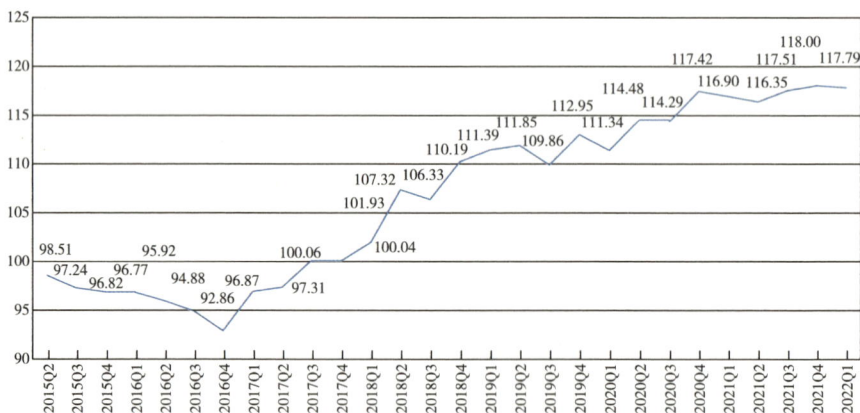

图 3-14　服务指数——质量指数走势图

专栏3-4　"普惠金融—景气指数"

2022年，为进一步适应小微企业市场发展变化，更加全面地刻画市场总体态势，建行与新华社中国经济信息社再度"启程"，并联合中国中小企业协会，依托各自在数据、研究、品牌等方面的优势，在"小微指数"的基础上，共同研发推出"普惠金融—景气指数"。

"普惠金融—景气指数"立足于宏观视角，从小微企业融资景气和经营景气两方面综合反映普惠金融服务小微企业发展的景气程度，按月发布可以更好地适应当前快速变化的市场状况，切实展现小微企业的生存发展态势，为政府、银行等社会各界服务支持小微企业发展提供科学依据。2022年，多地疫情反复，对经济社会发展带来较大影响。依托试运营的"普惠金融—景气指数"，对小微企业运行态势进行预判，对存在的问题困难进行分析，并提出多项针对性政策建议，获得了高层的重视，有效推动助企纾困系列政策落地实施。随着"普惠金融—景气指数"的正式发布和运行，感知小微企业冷暖将更加敏感、更具前瞻性，银行、政府等市场主体服务小微企业也将更加有针对性和预见性。

第四章

乡村振兴：
从专注"守城"
到服务下乡

　　2022 年 7 月，农业农村部发布 2021 年金融支农八大创新模式与十大典型案例，建行黑龙江省分行"农业大数据＋金融"、河北省分行"裕农通"乡村振兴综合服务平台分别入选。同年，在人民银行和银保监会对银行 2021 年度服务乡村振兴工作成效综合考核评估中，建行被评为最高档次"优秀档"。

　　作为一家非农字号的金融机构，建行传统业务阵地主要在城市，在广大农村地区鲜见网点，是如何在短时间打破行业认知，把涉农金融业务做出特色、获得农业农村部和监管部门认可的呢？

　　本章讲述的正是建行依托数字化打法，从专注"守城"到服务下乡的转型故事。民族要复兴，乡村必振兴。历史迈入新的发展阶段，服务乡村振兴，既是服务"国之大者"的重要体现，也是建行开拓金融蓝海的必然要求。金融服务乡村振兴大有可为，也必将大有作为。

　　习近平同志在宁德工作期间曾提出，"靠山吃山唱山歌，靠海吃海念海经"①。我国幅员辽阔，山水林田湖草等农业资源禀赋差异巨大。以最核心的农业生产要素——农地为例，东北黑土地沃野千里，黑龙江耕地占全国 1/9，人均耕地面积是全国的 4.2 倍；贵州却是"八山一水一分田"，山地和丘陵面积占比高达 92.5%；河南的耕地占到全省面积的一半，西藏耕地面积占比却仅有 0.21%。服务乡村振兴，最重要的是因地制宜，结合当地人口分布、产业特色创新金融产品，而没有放之四海

---

　　① 《第一观察 | 这件大事，总书记扭住不放》，新华社客户端，2021 年 5 月 12 日。

而皆准的模式和标准。

因此，本章与其他章节的行文有所不同，除了第一节介绍建行服务乡村振兴的总体思路和"打法"让读者有个"轮廓感"外，重点是分行案例。第二节、第三节分别介绍黑龙江省分行、山东省分行立足区域禀赋开展的数字化服务乡村振兴探索；第四节总结湖南省湘潭市分行在打造"裕农通"服务点中的所得所思，反映银行基层的认识和思考。

第一节　服务下乡的创新"打法"

我国自古以农立国，"三农"问题始终是关系国计民生的战略基点。国家政权的基础在农村，我国现在有近 6 亿农民在农村，还有 2.93 亿农民工。粮食安全的根基在农村，我国用不到世界 10% 的耕地养活了近 21% 的人口，"牢牢把饭碗端在自己手里"无比重要。历史文化的根脉在农村，在漫长的历史长河中，中华民族创造了源远流长、辉煌灿烂的农耕文明，孕育了优秀的传统文化，这是我们坚持文化自信、传承民族文化的精神宝库。产业兴旺的根系在农村，我国有 1881 个县及县级市，有 69 万余个行政村，一县一特、一村一品，构成了产业发展的基石。乡愁情愫的根源在农村，城镇化率从新中国成立初期的 10% 快速增长到现在的超过 60%，无数"新市民"从农村走进城市。红色金融的"根魂"也在农村。早在大革命时期，我们党就提出解决广大农民资金短缺的金融主张；新民主主义革命时期，一批工农银行随着红色政权的建立而建立，有力支持了革命根据地的经济建设。

早期的建行对农村并不陌生。20 世纪 50 年代至 80 年代财政拨款和专业银行时期，建行人的足迹遍及郊野，被称为"帐篷银行"或"马背银行"。20 世纪 90 年代，四大国有银行进行了以"工行下乡、农行进城、中行上岸、建行破墙"为标志的商业化改革，建行打破专业银行桎梏，在农村广布物理网点，但受制于管理半径大，风险控制难，大部分农村网点在商业上不可持续。21 世纪初，在上市过程中，建行收缩了部分县域机构。也因此，建行一度被认为是一家专注服务城市建设的银行。

助力脱贫攻坚是建行重返农村的序曲。在脱贫攻坚实践中，建行深刻认识到服务"三农"是国有大行义不容辞的责任，看到了蕴藏在广袤乡村的巨大商机，涌现出一批熟悉农村、了解农业、懂得农民的专业人才，锻造了服务"三农"的实战能力。

党的十九大作出实施乡村振兴战略的重大决策部署，吹响了乡村振兴的号角。2018 年中央一号文件提出：普惠金融重点要放在乡村。2019 年中央经济工作会议提出：引导大银行服务重心下沉。2021 年中央一号文件提出：鼓励银行业金融机构建立服务乡村振兴的内设机构。为响应国家号召，2019 年，建行在同业中首家成立乡村振兴金融部，并在一级分行中设立相应部门或团队。从专注"守城"到服务"下乡"，建行躬身入局，没有重拾人海战术，而是借金融科技之力重塑农村金融投送能力，以"裕农通"为重要抓手，着力优化线上服务渠道、共建线下服务点，蹚出了一条新金融服务乡村振兴的新路子。

把银行窗口开到村口

只有离农村更近、与农民更亲，才能让金融服务下沉到田间地头、贴近农民需求。但是过去在农村广布网点的模式已被证明成本收入比无法支撑自身经营，如何才能既把网点开到农民家门口又实现商业可持续？建行探索了下沉服务重心、助力乡村振兴的新渠道、新模式——通过数字技术设立"裕农通"普惠金融服务点。

专栏4-1　"裕农通"普惠金融服务点

"裕农通"普惠金融服务点是建行为更好地解决农村地区金融服务痛点，提升农村地区普惠金融服务能力，运用互联网思维，创新设立的普惠金融服务平台。通过与村"两委"、小卖部、医务室、供销社等合作，运用既有的场地布放银行终端设备，村民足不出村就可以享受"存贷汇缴投"一站式基础金融服务和社保、医保、惠民惠农补贴、民生缴费等非金融服务。

一身苗服，一口乡音，杨五玉老人在湖南省花垣县十八洞村建行"裕农通"服务点，刚刚办完了领取养老金的业务。十八洞村作为"精准扶贫"首倡地，尽管产业大道代替了过去的泥泞小道，但村民日常存取款、交水电费等仍要去镇上来回奔波，十分不便。有了建行"裕农通"服务点，村上像杨五玉一样的老人们可以不用跋山涉水取养老金了。

从天山南北到江浙水乡，从西南边陲到东北雪巅，都可以看到"裕农通"的身影。伊犁哈萨克自治州伊宁县英塔木镇阿合塔木村地处偏远，以往每到缴纳社保时，社保专干都要挨家挨户上门收缴，再去县税务局现场对账，耗时耗力，还会因未及时缴费影响村民正常就医。自从阿合塔木村设立"裕农通"服务点以来，10天之内，缴费超过500人次，缴费金额突破15万元，仅用33天，全村社保费用收缴完成率达到98%。

"裕农通"服务点打通金融资源和服务下乡的"最后一公里"，成为农民身边"带着泥土气息"的银行。截至2022年10月末，建行共建设"裕农通"服务点48万个，服务农户超过5000万户，累计交易3.3

亿笔；在 355 个建行无服务网点县域中，有 226 个县域设立 2.1 万个"裕农通"服务点。

为更大限度提升服务便利化程度，建行还把"裕农通"从线下搬到线上，依托手机 App、智慧大屏等渠道，集合全流程线上贷款等金融服务，政务、缴费等非金融服务和"乡情圈"社交功能，搭建起以"金融服务＋智慧村务＋便民服务＋电子商务"为主要内容的"裕农通"乡村振兴综合服务平台。该平台由 8 个子系统构成，通过联通智慧政务[①]、农资供应、农产品供销、数字农业、乡村治理等多方面大数据和功能，聚合涉农生态场景，农民可通过手机在线上获取"卖、贷、缴、找、看、办"等各项金融和非金融服务，让手机成为农民的"新农具"。截至 2022 年 10 月末，"裕农通"App 在建行所有一级分行上线，注册用户 420 万户，线上累计发放贷款 185 亿元。

引金融活水入广袤乡村

农业讲究时令节气，资金周转亦有季节性。谷雨前后，春耕时节，正值作物施肥追肥关键期，是资金使用高峰期。河北巨鹿县的柴会稳种了 7 亩小麦、20 多亩金银花，可是买化肥的钱迟迟没有着落。正巧，建行巨鹿支行在村里推介"裕农快贷"系列产品，其中有一款产品叫"土地遥感农户贷"，是专为名下土地已在农业部门确权、征信良好的农户设计推出的信用贷款。客户经理得知柴会稳的情况，手把手教她进行线上申请，在手机上点一点，贷款就到账了。

就这样，柴会稳成为建行"裕农快贷"卫星遥感应用项目贷款全国第一人。通过卫星遥感技术，银行能准确识别农户土地位置、面积，准

---

① 建行与政府合作搭建的数字政务平台。

确测算贷款需求，还能跟踪了解农作物生长情况和病虫害等信息，提高贷后管理水平。柴会稳没抵押没担保就贷到了款，解了燃眉之急，实现年收入 20 多万元，在金银花田里种出了"金银"。

能这么快从建行贷到急用钱，是包括柴会稳在内的很多农户从前想都不敢想的事。长期以来，金融资源在城乡间分布严重失衡，农村地区成为金融之水难以有效灌溉的"荒漠"。究其原因，主要是农村信用缺失。其实，农民不缺信用，缺的是金融机构发现信用的机制和能力。建行运用大数据和金融科技，在内部数据积累基础上，引入农业土地确权、农业补贴、农业保险等多维外部数据，构建新的审批和风控模型，打造服务农户信贷需求的线上贷款产品"裕农快贷"，以数字技术不断探索信用量化和变现的方法路径。上线两年，针对农户的线上"裕农快贷"和线下"裕农贷"产品余额超过 1000 亿元，年增长超过 5 倍。农民贷款变得更容易、更便宜。

面对涉农一、二、三产业日趋融合的新变局，建行结合地区资源禀赋，在多地推出"智慧农业产业链生态场景"金融服务模式，深化粮食安全、奶业振兴、肉牛产业、水果产业、蔬菜产业、花卉产业六大涉农产业链综合化金融服务，开展农产品生产、加工、流通、销售等全链条数据采集、溯源追踪和智能分析，为产业链条上的涉农主体提供信贷、结算、现金管理等综合金融服务，构建具有当地特色的农业产业链金融服务体系。

内蒙古地处世界黄金奶源带，是我国奶业主产区，国人每喝 5 杯奶，就有 1 杯来自内蒙古。2021 年全区奶牛存栏 143.4 万头、牛奶产量 673 万吨，均居全国首位，奶业全产业链价值超过 2000 亿元。建行内蒙古分行根据区奶业振兴规划和行业发展趋势，搭建涵盖土地承包户、种植户、养殖户、牛奶生产企业，以及物流、销售各环节的智能平台，为奶业全产业链提供综合金融服务。

在种植环节，打通政府相关部门土地、草场确权数据，上线以承包土地／草场经营权为抵押的"地押云贷"，向合作社、家庭农场、农户等农业经营主体提供"裕农快贷"。在养殖环节，通过在奶牛体内植入芯片进行数据实时收集和智能分析，让生物奶牛变为"数字奶牛"，据此创新"奶牛抵押贷款"，把"动产"转换成为"不动产"，解决养殖环节缺乏抵押资产的融资难题。在加工及销售环节，与产业链核心企业合作，依托交易数据上线"E乳通""蒙牛贷"，为产业链上下游小微企业提供方便快捷的线上融资服务。

截至2022年三季度，建行涉农贷款余额近3万亿元，沿着数字技术新修的"水利工程"，金融"活水"正越来越多地注入田间阡陌（见表4-1）。

表4-1 近五年建行涉农贷款增长情况表

报告期	比年初新增（亿元）	余额（亿元）	增速（%）
2022年9月末	4800	29211	18.61
2021年12月末	3866	24658	18.59
2020年12月末	2806	20889	15.52
2019年12月末	504	18125	2.86
2018年12月末	202	17647	1.16

以"裕农通+"助力乡村治理

在城乡融合发展大背景下，农村社会结构不断变化，开放程度不断提高，传统治理体系面临挑战。建行发挥"裕农通"线下服务点贴近农民、线上平台功能丰富的特点，联合地方政府结合实际创新"裕农通+"服务模式，以期助力推进乡村治理体系和治理能力现代化。

重庆地区共有残障人员170万，持证残障人员90万，其中68%居住在农村地区。为了帮助这一弱势群体，建行重庆市分行经过与残联和政府部门的探讨与梳理，对办理残疾证的业务流程进行优化再造，将年审申请、政府审核、领取证件等环节全部迁移至线上，偏远乡村的残障人员可到当地建行"裕农通"服务点或"裕农通"公众号上传申领残疾证资料，待政府返回预审结果后，到指定医院鉴定并回传结果即可。原本耗时1~3个月不等的残疾证年审事项，现在只需不到10天就可以完成。

为助力"五级书记抓乡村振兴"，建行河北省分行一方面邀请村"两委"成员担任金融顾问，通过"裕农通+村委会+金融顾问"模式，让"裕农通"综合服务事项直达基层的同时，锁定基层党建工作成效突出的行政村，由村"两委"向建行推荐贷款人白名单，发现村民信用；另一方面，通过平台集合推动"六大服务（智慧政务、农资服务、农户信贷、金融服务、技术培训、政策宣传）进乡村"，从解决政府痛点的角度出发，为"五级书记"提供工作抓手和解决方案。

近年来，国家监管部门、农业部门陆续出台一系列关于加强农村集体资金、资产、资源管理的政策文件，要求实现农村集体三资的规范管理、有效监管和全面公开，打造"阳光村务"，这为金融赋能村集体经济组织迎来了新机遇。建行湖南省分行通过"裕农通+民生服务+阳光村务"，在实现全省2.4万多个村"裕农通"全覆盖的基础上，融合智慧政务与农村三资业务，把"裕农通"嵌入湖南数字政务体系，纳入基层政务服务，基本实现乡村高频场景"全省通办"；与湖南省农业农村厅共同搭建"三资监管、产权交易、乡村产业大数据信息服务"三大平台，致力解决乡村信息采集、企业监测等治理难题，提升村"两委"履职能力，纾解基层政府管理堵点。

乡村治理能效的提升，离不开村民整体素质的提高。建行通过开办

"裕农学堂"，聚合高校、农业科研机构、创新企业等资源，面向产业带头人、农户、扶贫干部、返乡创业人群整合开发契合农村实需的"金智惠民"课程，把专业培训送到田间地头。面对农民务农地点分散、集中学习较为困难的实际情况，还探索创建"裕农广播站"，让农民在田间劳作时，可以顺便收听"三农"、医疗、消防、法律等方面知识宣传。

通过建设"裕农通"线上线下综合服务平台，设计"裕农快贷"系列信贷产品和打造"裕农学堂"教育品牌，再加上开发服务农民社交、消费扶贫、乡村流通的"裕农朋友圈""裕农优品""裕农市场"等板块，建行初步构建了一个独具特色、有辨识度的裕农服务体系（见图 4-1），为服务乡村振兴找门道。

图 4-1　建行裕农服务体系示意图

第二节　数字农业的"龙江样板"

黑龙江农业资源禀赋突出，是国家粮食安全的"压舱石"，林业、畜牧地位也举足轻重。前文提到，建行黑龙江省分行"农业大数据＋金融"入选了农业农村部 2021 年金融支农八大创新模式，该模式主要是依托金融科技和大数据技术构建新的审批和风控模型，打通"数字资源—数据资产—信用资产"转化路径，批量为农民增信授信。以信贷业务为核心，黑龙江省分行将金融服务向涉农全产业链延展深化，打造"数字农业"等产业服务平台，形成产业供应链金融服务体系，助力涉农一、二、三产业融合发展，支持各类涉农主体发展壮大，成为建行服务"三农"的"龙江样板"。

黑龙江数字农业以"农业大数据＋政务大数据＋金融大数据"为核心建设数据驱动、融合发展、联创共享的数字农业新生态。目前已搭建 3 大类 10 大平台贯通农业产业链和主要场景。如图 4-2 所示，数字农业现已建成"13456"农业产业互联网平台：协助政府打造 1 个监管体系（政府要对农业生产全链条情况有精确掌握），建立政府端、主体端、消费端 3 个产业互联网服务入口（可以理解为客户端操作界面），依托农业生产要素供需、初级农产品收储、初级农产品及大宗农产品交易、农产品销售 4 大市场（可以理解为各类农产品从地里到家里的过程），联通并服务农资经营、农业生产、农产品收储、农产品加工销售、商业零售 5 类涉农生产经营主体，实现生产、经营、收储、销售、政务、金融 6 类服务与农业产业链条的融合与衔接。此外，黑龙江省分行运用平台思维打造"初级农产品交易平台"（立足打掉粮贩子利用信息不对称压低粮食收购价格的空间，同时植入结算功能）、产业供应链供销服务平台（加工企业 ERP 系统等）、B2B 及 B2C 电子商务平台等，致力于解决粮食收储难、销售难和农产品优质优价、质量安全等问题。黑龙江省分行因此实现了粮食种植业各领域数据源的有效打通，并形成了获取、积累、培育数据的新渠道，为实施金融产品创新奠定基础。

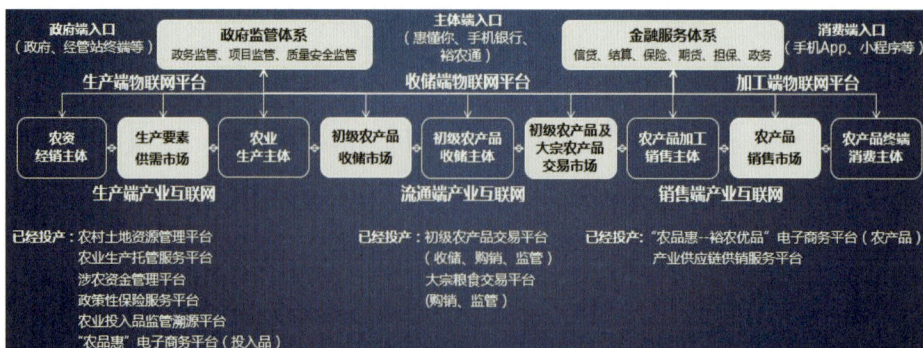

图 4-2 "数字农业"产业服务平台架构

专栏4-2　黑龙江农业生产托管服务

　　黑龙江省拥有耕地 2.394 亿亩，占全国耕地总面积的 11.8%。近年来，在政府的引导下，全省逐步推动农业社会化服务（生产托管）资源共享、优势互补、风险共担，促进农业产业体系、生产体系、经营体系有机融合，加快实现了农业社会化服务提档升级。经过连续 3 年的发展，2020 年黑龙江已有 4000 万亩土地实现托管，全省农业社会化服务主体达 1.79 万个，其中规模经营 3000 亩以上的农业社会化服务主体近 8000 个。按年收入 1200 元 / 亩测算，产值达到 480 亿元左右。

　　在黑龙江省农业农村厅的指导下，建行黑龙江省分行与省农业投资集团共同开发建设了可供政府、农业社会化服务主体、农户、经纪人、银行保险金融机构共同使用的"农业生产托管服务系统"。农户等经营主体在不流转土地经营权的条件下，可将农业生产"耕、种、防、收"等作业环节，全部或部分委托给农户及组织主体经营。借助"农业生产托管服务系统"，生产托管供需双方和政府可以实现以下服务需求：一是实现农业社会化服务（生产托管）主体信息录入、线上快捷签订托管协议、手机 App 订单支付、农户人脸识别身份验证等服务功能，让农户足不出户享受到"随时、随地、随需"

的 24 小时在线的农业生产托管服务。二是实现在线签订服务合同与线上审批放贷的无缝对接，农户与服务主体签订农业生产托管服务合同后，可向建行申请线上生产托管贷款，定向支付生产托管服务费，解决了传统融资方式材料多、时效低的问题。三是满足政府对农业社会化服务（生产托管）主体资金使用的监管需求。建行为服务主体开通监管账户，服务主体经政府监管部门授权后，方可使用账户资金，有效保障了农户权益和银行信贷资金流向的安全，解决了农户与托管服务组织的互信问题。

通过构建"全要素"整合平台，建立"规范化"服务流程，打造"一条龙"服务模式，提供产前、产中、产后规范化、社会化服务与管理。截至 2022 年 6 月末，"农业生产托管服务系统"中的托管土地为 314 万亩，签约农户为 2313 户，农业社会化服务主体为 843 户。依托农业生产托管的补贴、保险、农机、订单等信息，黑龙江省分行创新 3 款线上信贷产品，其中为农户发放的土地托管贷累计投放 500 余万元；托管云贷（小微版、集体版）试点投放 5 笔，授信 293 万元；拓展对公结算及监管易账户 843 户。

初步形成了系统的金融解决方案

一个系统的金融解决方案包括三个基本维度：产品设计能力或服务供给能力（"药方"）、对社会痛点的针对性（"疗效"、标本兼治）和正外部性（没有或极少产生"副作用"）。

产品

黑龙江省分行通过细分涉农主体，初步形成了精准性好、匹配度高、覆盖面广、操作简单（全部为线上产品）的线上惠农贷款体系。产品体系涵盖"土地+""监管+""订单+"3大创新模式，覆盖农资购销、粮食种植、特色农业、农产品供应等8大涉农领域，内含10个产品维度，服务12类涉农主体，20余款创新产品，覆盖"信用+抵押+担保""自种+托管""经营+消费"等涉农信贷领域。

痛点

过去农民不仅融资难（费神），而且融资贵（费钱）、融资慢（费时）、融资麻烦（费事），要找人找门路（费心）、低三下四（没尊严）。分行对症下药，努力做到"四省一有"。省钱，年化利率低至4%上下，并可根据农业生产周期"先授信后支用""随借随还""按日计息"，每年仅需支出7~9个月的利息；省时，手机操作"分分钟贷到手""随借随还"，大幅缩短了贷款时限；省事，申领流程线上操作，彻底告别以往线下办理的繁杂手续；省心、有尊严，"信用说了算"，不需要托关系、找门路，融资难的"费神"也就迎刃而解了，推动农村营商环境的改善。

农村地区金融乱象一直屡禁不绝，带来一系列社会问题。比如个别地区农民贷款要收"好处费"；不法分子利用农民缺少信用保护意识的机会，许以高利或诱导胁迫套取农民信用，获得贷款并挪作他用。这些乱象的根源在于农民缺少正规、优质的金融供给，建行在黑龙江的探索，扩大有效供给，培育良好乡风，有助于构建健康的乡村信用体系。

生态

黑龙江省分行不做"独行侠"，而是坚持开放共享的新金融理念，响应黑龙江省委省政府号召、监管部门要求，将农贷经验复制推广到省内9家银行机构。建行发挥"鲶鱼效应"，一定程度上纾解了银行同业对建行挺进农村市场的焦虑和抵制，有助于良好金融生态的形成。

初步形成了可持续的发展模式

涉农金融服务想要实现商业可持续，必须打败三个"拦路虎"。一是规模难以上量。"大国小农"是我国的基本国情、农情。人多地少、部分地区耕地零散，客观形成了人均、户均土地经营规模小的现象，"小经济"形态特点决定了农户贷款很难扩面上量。二是风险不好控制。农民融资难，难就难在风险不好控制，过去部分大银行纷纷从农村市场上撤出机构，就是源于对服务"三农"的"有心无力"。三是成本难以覆盖。商业银行不能赔钱赚吆喝，长期做亏本买卖。如果无法确保规模上量、风险可控，经营效益也就无从谈起。黑龙江省分行的实践较好地解决了以上问题。

规模上量

2018 年至 2022 年，黑龙江省分行线上涉农生产经营贷款累计惠及全省 6647 家新型农业经营主体和 47 万名农户，总投放金额达到 582.2 亿元。按客群分类，新型农业主体累计投放 88.9 亿元，个人农户累计投放 493.3 亿元。按担保方式分类，抵押类累计投放 139.71 亿元，信用类累计投放 429.1 亿元，保证类累计投放 13.39 亿元。2022 年，全省备春耕贷款共发放 239.1 亿元，其中垦区、农村市场分别约为 62.34 亿元及 176.76 亿元。

风险可控

投放的线上贷款不良率基本在 1% 左右，且不良形成主要是自然灾害（2019 年洪水、2020 年台风、三年疫情）、借款人家庭或人身变故等不可抗力因素使然。实际上，真正种地的农民非常朴实，贷款就是用于种地，即使是偶发性因素导致收入来源断绝，他们也会想方设法还钱，否则以后在村子里很难做人。建行的贷款优惠、便利，他们更加珍惜，也为持续扩面上量创造了条件。

效益可观

数字农业项下贷款产品成本低、经济资本占用少，贷款收益较为可观。2020 年，黑龙江省分行农户贷款利息收入 3.57 亿元，占各类贷款利息收入 13.09%，占个人类贷款利息收入 36.35%，成为新的收入增长极。2021 年农贷业务利息收入超过 5 亿元，经济增加值超过 1 亿元，实现可持续增长。与此同时，黑龙江省分行农贷业务引入近 20 万个人客户，农民虽然资产不多，但存款沉淀性好，成本较低，溢出效应逐步体现。

以数字农业为基础，黑龙江省分行进一步把服务触角延伸到林草、畜牧等涉农领域和企业经营、乡村建设等服务领域，将数字农业升级成"智慧乡村"，构建"3+3+1+N"服务乡村振兴新格局（"数字农业""数字林草""数字畜牧"三大产业综合服务体系 + "数字北大荒""数字农投""数字供销"三类龙头企业综合服务体系 + 乡村振兴综合服务平台 + 城乡一体化综合服务）。

经验与启示

黑龙江数字农业成功的背后，离不开创业的精神和科学的方法。农贷投放期从隆冬到初春，黑龙江地域广袤、天气极寒，分行员工爬冰卧雪从城里走进田间，靠的不仅是物质奖励，还有干事创业的热情、想为

"三农"出份力的初心。

各地农业部门有大量的沉淀数据，各个地区的农民多少年来形成的行为数据具有高度稳定性，区域农业产业链条的运转也有其规律性特征。黑龙江省分行组织人员深入乡村广泛开展"田野调查"，与种粮户吃饭聊天，了解农民心声，掌握农业实情，坚定了进军乡村的信心决心。黑龙江省分行多次拜访政府部门，收集和筛选多维度数据作为给农民增信的标准，为后续给农民农户和新型农业经营主体"精准画像"奠定了基础。通过调研和摸索，黑龙江省分行总结发现，信用的关键是"找到人、找准人、找好人"。第一步确定哪里有痛点，哪些痛点的体量和痛感足够大，哪些痛点可能有能力解决；第二步建立负面清单，总结先前贷款不良户的共性特点，形成第一层级的筛选标准，逐步完善风控模型；第三步找准守信"好人"的共性特征和个性诉求，设法把"好人"装进服务范围。

第三节　寿光的蔬菜智慧管理平台

走进寿光地界，满目大棚，一望无际，阳光之下，如同一片浩瀚的海洋，波光粼粼。实际上，寿北濒临渤海，是大片盐碱地，东西则进入山区丘陵地带，只有寿南60万亩平原适合种植蔬菜。而就这块巴掌大的土地，蔬菜年产量450万吨，年交易量900万吨，年产值110亿元。用寿光人的话说："今天从大棚里摘下一根黄瓜，明天就会出现在北京、上海的餐桌上。"这里已经被国务院命名为"中国蔬菜之乡"。

在我国，蔬菜是除粮食作物外栽培面积最广、产值最高的作物。根据农业农村部数据，我国蔬菜种植面积达3亿亩，年产量超过7亿吨，人均占有量超过 500 公斤，居世界第一位。近些年，各地积极发展设施农业，培育壮大蔬菜产业，形成了具有突出优势的产业集群，山东寿光就是其中的典型代表。为解决寿光蔬菜生产、交易及监管等各个环节政府与蔬菜种植户普遍关注的痛点、难点和堵点，建行山东省分行与寿光市委市政府合作建设了"寿光蔬菜智慧管理服务平台"，将建行金融和非金融服务有机嵌入蔬菜产业的各个环节，为农业智慧化管理提供了可参考的"齐鲁样板"。

"蔬菜之乡"的"难解之痛"

1989 年 8 月，寿光三元朱村 17 户农民砍掉 20 多亩快要成熟的玉米，从东北引进蔬菜大棚种植技术，县委书记拍着胸脯向他们保证：损失县里补偿，政治责任他来承担。随后，政府出资建设了县乡两级蔬菜基地，并建起全国最大的蔬菜集散地、亚洲最大的农产品批发市场，目的是做大、做强蔬菜产业，带动农民脱贫致富。

在寿光没有卖不出去的菜，也没有买不到的菜。寿光人把蔬菜做成了当地龙头支柱产业，蔬菜大棚从当初靠"晒太阳过冬"的第一代，发展到现在能用手机远程遥控，具有自动卷帘、自动喷灌、夜间补光功能的第七代。寿光市场上一棵白菜的价格发生变动，就能影响国内市场白菜的定价，甚至能左右韩国泡菜的产量。在别处为"空心村"烦恼的时候，寿光却是全国为数不多的人口净流入县级市之一，乡村盖满了二层、三层小洋楼，"开着轿车种菜"成了当地一景。

寿光靠种菜种成了"全国百强县"，但政府却遇到了"难解之痛"。一是交易方式落后，纠纷不断。菜农大多是五六十岁的老人，记性不好，因为是手工记账，这个大爷说少过了一次磅，那个大娘说少给了一次钱，有理说不清。购销渠道分散，菜农权益难以保证。二是菜农要自己联系菜商，自己结算款项，经常遇到合作社压低菜价、电子地磅不准、收菜商拖欠菜款，也没有办法解决。三是大棚需要更新，但缺少资金。新式大棚每年收入 50 多万元，普通大棚才 10 多万元，可建新大棚要投入 50 多万元，众多菜农资金不足。四是管理手段落后，整体效率偏低。由于蔬菜交易各环节未有效串联，生产、销售、管理各自为战，对市场缺乏分析掌控，政府难以作出科学决策。

这些痛点难点，涉及全市 6.8 万户菜农，700 多家合作社及村、乡镇、县各级政府管理部门，一面是引领国内农业产业化经营的"寿光模式"，另一面是落后的传统农业管理手段，急需一个农业智慧化综合解决方案。

寻找服务菜农突破口

当寿光市政府为农业管理现代化寻找解决方案时，180 公里外的建行山东省分行正在为服务乡村振兴战略在齐鲁大地落地寻找突破口。从 2020 年 5 月开始，山东省分行在寿光就农业智慧化管理开展调研，尝试以建行金融科技优势，介入当地龙头支柱产业，寻求可推广、可复制的特色服务乡村振兴智慧模式。

为使全分行员工熟悉"三农"，2020 年 7 月，山东省分行开展"百村万户"乡村大调研，组织全辖 16 个二级分行、34 个机关党支部开展大规模调研活动，并将寿光作为调研重点，深入田间地头，收集农户需求，了解农企实际情况，挖掘数据背后信息，为破解乡村金融服务难题寻求方向。

2020 年 8 月初，在充分摸清蔬菜产业链特点的基础上（见图 4-3），针对"寿光模式"的痛点和难点，山东省分行决定与寿光市政府携手打造"寿光蔬菜智慧管理服务平台"，共同推动"寿光模式"转型升级。

	种植端	加工流通端	销售端	消费端
主要场景	农资购买 雇佣人工 技术指导服务 生产托管服务 土地流转 蔬菜种植施建设	蔬菜收购 蔬菜加工 仓储冷链 物流服务	蔬菜交易 渠道管理 营销活动 物流配送 市场监管 商户管理 订单管理	日常采购 宣传促销 点餐送餐
经营主体	农户 专业合作社 蔬菜企业	加工企业 蔬菜收购商 仓储物流企业 农产品产地集散中心	农产品批发交易市场 农贸市场 市场商户 超市 电商平台 社区蔬菜销售店 惠民蔬菜直供点	超市 电商平台 外卖平台
上下游关联方	农资公司(门店) 种子公司 农业生产托管组织 雇工(职工) 蔬菜收购商	蔬菜生产者(菜农、合作社等) 分拣包装配送 质量检验 农贸市场、超市等零售终端	蔬菜生产者(菜农、合作社等) 农产品产地集散中心 餐饮店 消费者 政府监管部门	餐饮商户 消费者
客户需求	缺资金：需要便捷优惠的信贷融资； 缺信息：需要持续稳定的市场信息； 缺渠道：需要建立有效撮合机制和 稳定的销售渠道； 缺技术：需要"农技下乡"	需要资金支持及时向蔬菜生产方 付款，缩短账期提高回款效率； 订单交易、仓储物流信息需要先 进数字化管理工具	缺数据：商户管理缺乏有效数据 支撑，政府主管部门加强少数据； 对质量安全、价格监管不到位； 商户资金需求大，传统金融手续 繁琐，授信较困难以介入	生鲜因期限难， 宣传推广成本高； 同业竞争激烈，引流 获客较难

图 4-3 蔬菜产业链全景视图

"建行方案"得到了当地政府高度认可，政府下文成立寿光市蔬菜智慧管理服务平台建设工作领导小组，全力配合平台建设。山东省分行历时 1 个月，完成了蔬菜数据采集、指标体系整合、平台开发测试等任务，构建起以大数据分析为核心、物联网应用为关键，集智慧农业、大棚管理、远程监控、电子商务、信用评价、交易撮合、产品溯源、质量监管、金融服务等多项功能于一体的"1+2+N"的智慧蔬菜生态体系。"寿光蔬菜智慧管理服务平台"于 2020 年 9 月 10 日正式上线运行。

"1+2+N"智慧蔬菜生态体系

"寿光蔬菜智慧管理服务平台"采用"1+2+N"的总体框架，即构建"1"个蔬菜智慧管理服务平台，搭建大数据平台和物联网平台"2"个基础支撑服务平台，部署"N"个服务应用。

"大数据平台"接入当地人口、农企、农村、市场、大棚、农资六大数据库，整合蔬菜产业链上 1000 余万条信息流，涵盖大棚数据 14.55 万条，通过对农企农民"画像"，对蔬菜种植精准定位，勾勒出寿光农业地理资源"一张图"、蔬菜产业全景"一张表"。

"物联网平台"运用物联网技术，建立远程监控、传感和控制系统，实时采集大棚土壤、湿度、温度、光照、二氧化碳等数据信息，监控蔬菜生长环境，处置各类报警信息，实现蔬菜园区智能化管控。

除此之外，平台一期上线了"智慧农场""蔬菜交易终端系统""蔬菜追溯展示系统"等应用，推动农业静态数据和动态数据统一管理。

"智慧农场"基于全国蔬菜质量标准中心种植模型，立体展示园区分布、大棚数量、种植面积、蔬菜长势、用水用电等具体情况，智能控制农机农具，精准调配生长套餐，实现蔬菜标准化生产和精细化管理。农户通过手机就能远程遥控浇水、喷药。

"蔬菜交易终端系统"为蔬菜交易市场统一配置"智慧秤"，实时采集蔬菜品种、数量价格、出货流向、回款状态等交易信息，实现产地数据与需求信息交换共享。利用交易终端微信小程序，农户可随时随地查看交易信息，及时调整经营策略。

专栏4-3　"蔬菜交易终端系统"

"蔬菜交易终端系统"是平台的核心系统。它由一卡通、LED 显示屏、电子地磅等设备组成，安装在蔬菜合作社。菜农一般都是开着拖拉机来卖菜，过完磅，划一下卡，LED 显示屏就会显示蔬菜品种、数量价格、出货流向、回款状态等情况，并形成电子记账本，同时将数据传送到后台数据库。寿光市各级农业农村管理部门能即时统计出每个农户、合作社的交易数据，对蔬菜品种、交易数量、交易价格以及农户和合作社的交易情况了如指掌。

"蔬菜追溯展示系统"基于"智慧农场"生产数据和"蔬菜交易终端系统"交易数据，全面展示蔬菜生产概况，全程记录市场交易流程，实现从生产端到消费端的可视化追溯。消费者通过扫描蔬菜上所附二维码，能准确查询蔬菜品种、生长大棚、种植情况、药肥使用、采摘日期、质量检验等信息，确保吃上放心菜。

平台上的金融功能

寿光蔬菜智慧管理服务平台不仅实现了蔬菜产业的智能管理，更汇集了蔬菜产业链上的各类数据，有利于建行进行整合与挖掘后对各经营主体高精度画像，量身定做金融产品。

山东省分行根据大棚种植户融资"期限短、额度小、时效快"的特点，依托裕农快贷平台，在涉农大数据支撑基础上，推出了"蔬菜大棚快贷"产品，符合准入条件的客户可通过线上渠道自助完成贷款申请、支用和还款等流程操作。同时，山东省分行充分发挥建行在基础设施领域的传统优势，支持"寿光市智慧农业科技园项目"建设，已授信3亿元，并投放2.59亿元大棚建设专项贷款，用于建设高标准智能温室和蔬菜大棚。

合作社是寿光本地菜的主要销售渠道，蔬菜收购本钱大，很多专业合作社一天周转资金好几万元，一个月就要过百万元。智慧蔬菜平台上线"我要贷款"功能，面向蔬菜合作社和大棚种植户推出"菜农惠"等产品，针对性解决蔬菜合作社资金结算难题，并为大棚种植户提供资金支持。山东省分行还将安装蔬菜交易终端的合作社择优发展为"裕农通"业主，使合作社也成为建行在农村的根据地。寿光有3000多农资经销商，也是蔬菜产业链上重要一环，针对这部分客户需求，平台上线"我要收单"板块，商户在线提交申请材料，通过审核后即可下载并使用二维码收单。

随着对蔬菜产业链的不断渗透，平台也不断更迭升级，将更多的建行元素嵌入蔬菜板块，为整个产业链参与方提供更多的金融服务。平台上线两年半，累计采集数据 5.16 亿条，注册用户 1.15 万户，沉淀资金 2.29 亿元，贷款余额超过 3 亿元。

第四节 "裕农通"的湘潭样本

"裕农通"作为建行服务乡村振兴的创新模式，已覆盖全国 80% 的行政村，网撒得很宽了，但是各地发展并不均衡。"裕农通"到底有多大的干头？能不能成为建行助力乡村振兴的有力抓手？一些人仍然心存疑虑。建行湖南省湘潭市分行近两年来集中发力"裕农通"，带动业务发展在当地同业中保持领先。通过解剖这只"麻雀"，可以看到基层银行的认识和思考。

"裕农通"的实用价值

有人担心"裕农通"的实用性不强，认为农村人口日渐稀少，且随着手机银行的普及，农民群众并没有很多的线下金融需求。实际上，湘潭市分行共有"裕农通"服务点 1380 个，2021 年交易笔数达到 116 万笔，每个服务点一年累计服务约 1000 人次。实地走访发现，当地农村青壮年外出务工虽多，但大多数并没有完全融入城市，他们的根在家乡。留守在农村的大多是老年人和儿童，农村手机银行的使用并不普遍。农民参与非法集资、受到金融诈骗等也屡有发生，对正规、现代的金融需求是现实存在的。总体上金融服务需求属于低频事项，但某个关键时点或特殊场景下的需求满足却可以"救急"甚至"救命"。作为一种轻资产的服务渠道和业务模式，"裕农通"能够在功能复用、成本可控的情况下实现对广大农民的基础性金融服务，也使建行走进乡村、融入农村、开发农村市场有了基本的依托。

"裕农通"在湖南省做出了影响力，省委主要领导专门批示，要求"裕农通"全面进驻村党群服务中心或政务服务中心、纳入基层政务服务体系。按照湖南省分行的统一部署，湘潭市分行与湘潭市及所辖湘乡市、韶山市、湘潭县三个县级政府签订了乡村振兴战略合作协议，由当地党委、政府下发专门文件，对"裕农通"入驻村委作出统一安排。新的服务终端增加了智慧政务、湖湘农事功能，上线 27 项公共查询事项，提供"一站式"乡村公共服务。通过进一步充实服务功能，仅 2022 年 1—5 月，分行"裕农通"交易笔数同比增长 137.5%。

"裕农通"的实际效益

湘潭市分行的"裕农通"实效，从个人存款这一核心指标的增长可见一斑。从增量看，2015 年至 2019 年增长均在 20 亿元以下，2020 年、2021 年分别增到 36.6 亿元和 35.9 亿元。从增速看，2015 年至 2019 年，年增长率一直在 10% 上下浮动，2020 年达到 17.6%，2021 年达到 14.2%。从市场占比看，2019 年四行占比[①]32.30%，2020 年达 50.1%，

---

① 即在工农中建四家银行的总量中占比。

2021 年达 62.9%。三家所辖县域支行近三年平均增速是分行平均增速的 1.5 倍以上。此外，"裕农通"还打通 G 端连接，占据农村资金和其他资源的流量入口，带动了公司业务、机构业务的协同发展。2021 年，湘潭市分行以第一名的优异成绩荣获湖南省分行"2021 年个人金融业务先进分行"。

湘潭样本不是一个孤立的"点"，而是湖南省分行"面"上情况的缩影。建行在湖南持续领先同业 16 年，但过去主要是城市业务领先，近年来通过做实"裕农通"，实现了县域、乡村竞争力明显提升。2020 年，湖南省分行县域个人存款新增首次突破 200 亿元，达 215.6 亿元，同比多增 80.6 亿元，新增四行占比达到 37.68%，赶超农业银行，排名四行第一。2022 年进一步扩大领先优势，截至 2022 年 5 月末，湖南省分行县域个人存款 2171.9 亿元；新增 179.2 亿元，是上年同期的 1.24 倍。乡村金融沉淀的资金中活期占比达到 59%，带动湖南省分行个人存款付息率控制在 1.8% 以内。

与此同时，湖南省分行农村集体经济组织账户 2.5 万户，实现 137 个县区级农村集体产权管理信息平台签约全覆盖；累计带动拓展手机银行客户 571 万户、信用卡 236 万张、分期业务超过 342.43 亿元。从投入上看，分行 2021 年投入约 2 亿元，大致相当于一家分行办公大楼的装修成本，但从产生的效益看，仅"裕农通"沉淀的存款就相当于增设一个二级分行。

乡村金融事业是真正"粗衣短褐"的事业。"裕农通"点多面广，运营管理艰辛繁杂。湘潭市分行算了一笔账，从开业前的选址设点、业主考察、装修设计到开业后的日常管理、运营督导、培训组织，平均每个服务点耗时不少于 10 个工作日。湘潭市分行现有 1590 个服务点，耗时在 15900 个工作日以上。现有乡村金融中心定岗 2 人、各县域支行团队定岗 3~5 人的配置不敷使用，只能"全民皆兵"，组成 12 个"支帮促"工作组接力"下乡"。2021 年，湘潭市分行召开乡村金融专题会议 12 场、团队会议 36 场，共计对接各县乡政府 70 余次，走访村主任、村支书 890 人次。金融服务乡村振兴没有捷径可走，只有这种脚踏实地、攻坚克难的实干精神，方能找到解题之道。

第五章

科创金融：
不看"砖头"看专利

在英国伦敦科学博物馆，第一层展出的就是瓦特改良的蒸汽机，它见证了第一次工业革命为人类生活带来的变革。但瓦特的创业史并非一帆风顺，依靠发行股票才得以接续因资金缺乏而屡次中断的研发生产①。蒸汽机艰难的问世之路，反映出科技对金融服务的渴求。时至今日，科学技术更加深刻地影响着中国这个崛起大国的全面复兴和每个平民百姓的衣食起居。

2021 年 11 月 15 日，看似平淡的一天，北京证券交易所（以下简称"北交所"）正式开市。作为中国第三家全国性证券交易所，北交所的诞生不仅意味着中国内地资本市场从此形成了上海、深圳、北京三足鼎立、南北呼应之势，更重要的意义在于它矢志为"专精特新"中小企业打通连接资本市场的渠道。

资本市场会是中小科创企业融资的"自古华山一条道"吗？银行在"大科学时代"该如何找到自己的服务空间和用武之地呢？ 2021 年 10 月，建行印发"科技企业创新能力评价体系（以下简称'科创评价'）全行应用推广方案"，这是建行科创金融业务创新由"点"到"面"的突破，从"盆景"到"风景"的蝶变。

本章将介绍建行如何赋值科创企业创新能力，打造科创企业"全周期"服务体系的基本逻辑。第一节详细介绍建行"科创评价体系"是什么、有什么效果。第二节介绍建行科创金融服务体系中助力初创企业发

① 杨露：《科技与金融，变革时代的完美遇见》，载《南风窗》2019 年 3 月 25 日。

展壮大的"创业者港湾"。第三节以建行子公司建信信托为例，讲述秉承"不看'砖头'看专利"经营理念的股权投资公司如何成为建行发挥集团优势推动科创的新力量。

第一节　"技术流"

"第一次看到'知本'能变资本时，被惊喜到了。"说这话的是广州本土服务器品牌企业五舟科技的负责人谢高辉，在工业和信息化部公布的《关于第三批专精特新"小巨人"企业名单的公示》中，五舟科技名列其中。

随着国家信息化创新体系推广进入最重要阶段，算力行业出现了"技术驱动"和"国产化政策"两个风口，五舟科技从 2018 年开始实施国产化战略。自主可控的国产服务器市场空间很大，今后 10 年国内各行业服务器替换量接近 250 万台，整体市场容量超过 2500 亿元。理想很丰满，现实很艰难。逐步实现国产化需要大量资金，五舟科技更新的一整套数字化系统费用高昂，谢高辉辗转多家金融机构获得的融资规模均不能满足企业经营的需求，项目即将停滞。

2019 年，建行广州天河支行上门服务，将企业的一项专利权质押为 1500 万元授信，为企业发展"贷"来了甘霖。一年后，新冠疫情来袭，为缓解疫情影响下企业的资金压力，建行又接受五舟科技的一项专利权质押，将授信额度提高至 3000 万元，蓬勃生长的科创企业重燃希望。

这个故事的背后是科技金融的新逻辑，是建行的"技术流"科创评价体系。现代金融的核心是信用，"科创评价"通过将知识产权转化为信用，聚焦的是中小科创企业仅凭财务指标难以获得银行融资的痛点，力图通过科技创新实现金融资源高效配置。

信用评价的第四张表

300年来，银行业一直沿用的是英格兰银行的"资金流"评价体系，依赖资产负债表、利润表和现金流量表，信用评估主要看的是"砖头"，即以固定资产抵押担保。

然而，科创企业存在轻资产、重智力，长周期、慢回报，差异大、金额大，需求广、专业性强等特点。受制于可抵押资产不足，传统信贷模式往往很难满足其融资需求。在现有商业银行的风控模型下，能获得的银行纯信用额度有限。科创企业迫切需要银行提供定制化、差异化的金融支持和全生命周期的综合服务。

对于银行支持技术创新的使命和作用，创新理论大师约瑟夫·熊彼特寄予厚望，他认为，运营良好的银行，可以通过发现最有可能成功实施产品创新和工艺创新的企业，为其提供资金，激励其技术创新；银行具有信用创造的能力，正是这种创造能力，推动了经济的快速稳定发展。[1]然而，在现实中，传统银行对科技创新的支持始终乏力，第一道难关就是该如何评估科技创新？该如何赋值技术？

"科创评价"聚焦的就是这个世纪难题。

什么是"科创评价"？建行的定义是，在遵循信贷管理规律的前提下，围绕科技企业知识产权这一核心创新要素，运用大数据等技术手段，以一系列量化指标评价企业的持续创新能力，并对创新能力强、有市场潜力的企业给予差别化增信支持，解决中小科技企业仅凭财务指标难以获取银行融资的困境。

---

① 约瑟夫·熊彼特，王永胜译：《经济发展理论》，立信会计出版社2017年版。

"科创评价"将技术流、能力流、政策流等软实力指标纳入企业授信额度测评体系中（见图5-1），分析知识产权的质量和价值。同时，还兼顾考察企业科技研发团队实力、企业所处行业前景和政府的政策支持等更广阔的维度，包括科技创新成果总含量、发明专利密集度，研发投入稳定性等10多项可量化指标，实现了评价体系由"点"到"面"的升级。

"科创评价"改变了以财务评价为主的传统模式，采用"看专利"的"技术流"，将"科技创新"作为企业的核心资源要素纳入信用评价，突破依靠资产负债表、利润表和现金流量表"三张表"的评价体系，为商业银行提供"第四张表"——科技创新表。

通过批量获取国家各部委发布的10余类科技企业名录信息，以及400余项、1600多万条知识产权信息，信用评价的"第四张表"帮助建行从海量数据中挖掘企业持续创新能力，在科技企业中精准识别"白天鹅"，也使企业有了与银行打交道的"资本"，通过知识产权在金融领域的"信用化"和"数字化"，只需凭借自有的核心专利做质押，就可以轻松获得贷款，让知识产权转化成借贷资本，从而破解融资难题。

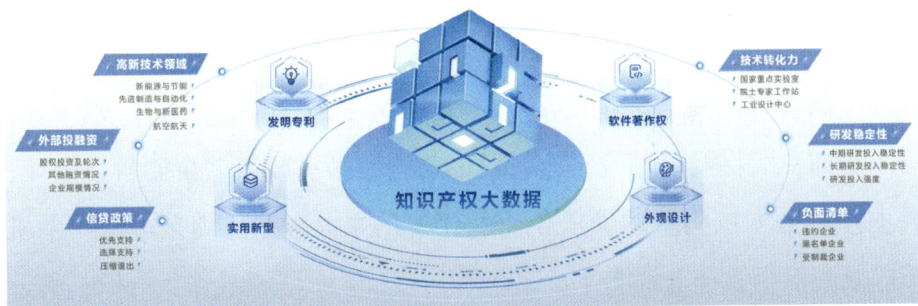

图5-1 "技术流"评价体系中知识产权大数据类型

2017年，建行建立了科创企业"技术流"数字化智能系统1.0平台，将评价结果转化为核心参数自动嵌入科技信贷贷前、贷中和贷后全流程（见图5-2）。2022年，建行优化"技术流"科创评价流程、模型、应用等功能，一季度上线"科创评价"3.0版本，实现科技企业数据"一键获取"、中小科技企业"一秒增信"和科技企业线上引流和差别化流程管控、自动生成报告等功能；二季度上线"科创评价"4.0版本，将评价范围拓宽至科技型中小企业、"专精特新"企业等重点客群；四季度上线"科创评价"5.0版本进一步丰富评价维度，将科技企业是否获得外部融资、融资轮次以及企业的规模等要素纳入评价体系，实现对科技企业的全面、精准画像。

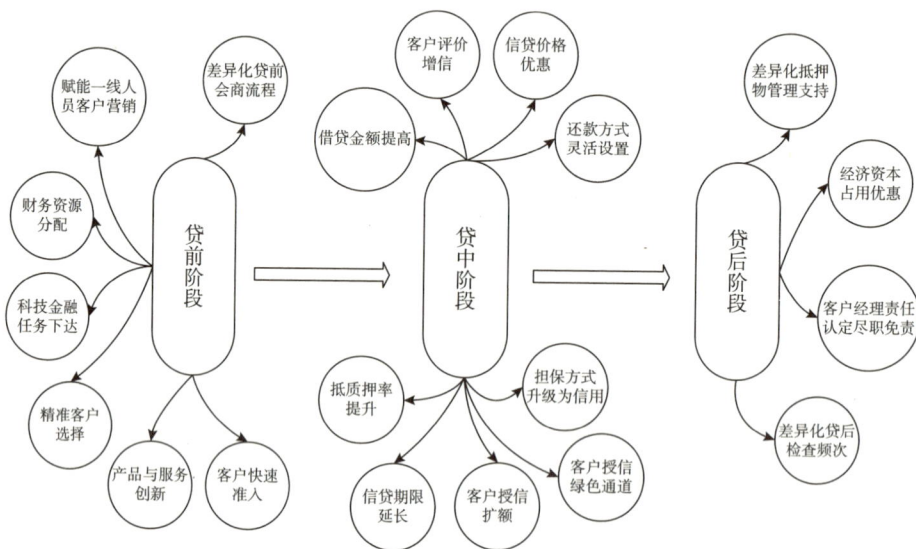

图 5-2 基于"技术流"的科创信贷服务全流程

目前，"科创评价"已覆盖全国67万家各类政府名单制科技企业，并向基层分支机构主动推送企业的评价结果，客户经理在电脑、手机App或微信企业号上就能"一键查询"。

根据评价结果，"技术流"平台将科创企业划分为T1—T10共10个等级（见图5-3）。其中，T1代表最高等级，表示企业科技创新能力卓越；T10代表最低等级，表示企业的科技创新能力弱或不可评估。根据企业等级的不同，"技术流"平台自动推送差异化科技信贷支持政策，为创新能力强、有市场前景的科技企业开通"VIP通道"，优先受理、优先审批、优先放款，实现以"科技创新实力"配置科技信贷资源，提升服务科创企业的效率和精准性。

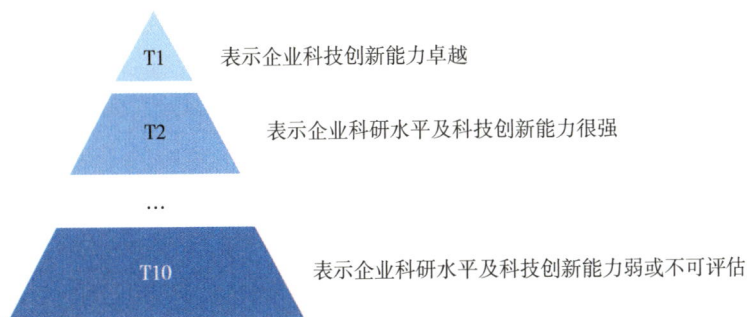

T1　表示企业科技创新能力卓越

T2　表示企业科研水平及科技创新能力很强

...

T10　表示企业科研水平及科技创新能力弱或不可评估

图5-3　科创企业"技术流"等级塔

建行以金融科技为依托，积极探索从传统银行向创新银行的转型路径。如今，一部设备就能连接起客户和银行，原本复杂的审批、抵押、授信等业务能在线上快速完成。基层网点也具备了精准信贷评估能力，涌现出一批金融业务能手，将银行与企业更紧密地联系在一起。

在将无形的知识产权"折现"为有形的资金背后，是"科创筑梦师"们帮助科技企业用专利成就梦想的努力。

"科创评价"将等客户"找上门"变为敞开怀抱把客户"引进门"。基于评价结果和企业财务指标，创新能力强的中小型科技企业自动获得增信"加分"，满足产品制度、信贷政策等准入标准。

从"一锤子"买卖到"一揽子"服务，"科创评价"为科创企业打开大门，也陪伴它们一路成长。按照科技企业在初创期、成长期、成熟期风险各不相同的特点，建行推出适合各个发展阶段、风险可控的新产品，提供撮合、投行、信贷、结算等"一揽子"金融服务。

科技金融作为建行服务实体经济的战略新方向，决定了其产品服务和模式需要不断推陈出新。近年来，建行更加立体全面地对科技企业进行测评与定位，在"技术流"的基础上，还推出了政策流、技术流、能力流和资金流等"多流合一"的专属评价体系，以此汇集成一张更加精准的企业"科技报表"。截至2022年年底，建行已为7.7万家科技企业提供了贷款服务。

专栏5-1　科创人才"能力流"综合评价体系

何为科技创新人才？这一直是商业银行在科技金融服务推进过程中无法精准量化评价的问题。建行创立"科创人才'能力流'综合评价体系"，依托自动化信息系统，对科创人才的行为数据和科技创新成果数据进行收集与梳理，在此基础上对其科技创新能力与潜力进行自动化综合评级，让科创评价由"科创企业"渗透到"科创个人"。

"能力流"主要从知识产权与专业论文成果、学历与学科背景指标、专家身份指标、科技成果产业化经历、科技创新及科创大赛获奖指标、政府及相关机构科创人才库标签、政府科创人才补贴等多个维度测评个人的科技创新能力。

作为"技术流"的重要补充和完善信用评价体系的创新举措，"能力流"有以下几个特点。

一是从服务KB到服务KB+KT。"技术流"评价的是科创企业（KB: Knowledge-based Business），"能力流"服务的是科创人才（KT: Knowledge-based Talent 或 KC: Knowledge-based Customer），科技金融的服务范围不断扩大。

二是不看AUM看KUM。不同于全球通行百年的商业银行个人AUM（Assets Under Management，指"资产总量"）计量体系，"能力流"专门评价科创人才的 KUM（Knowledge Under Management，指"知产总量"），根据科创人才创新能力与潜力的不同，分为 K1-K10 共 10 个等级，服务能力不断提升。

三是把 KVIP 纳入 VIP。建行依托金融科技，自动筛选出科创人才，并对科创人才提供差异化服务。线下，在网点叫号机上试点科创人才专属优先排队叫号和 VIP 服务，即 KVIP；线上，在"建行生活"App 中投放"科创人才"专属权益券，深化服务连接。

评价企业的"技术流"和评价个人的"能力流"融合汇聚，形成了逐步完整的科技创新主体评价体系。

"技术流"的溢出效应

2020 年年初，国务院办公厅印发了《关于推广第三批支持创新相关改革举措的通知》，提出在全国 8 个改单试验区域内推广 20 项举措，其中就有"技术流"的身影。

2021 年上半年，建行在湖北、上海、江苏、深圳等 10 家一级分行试点推广"科创评价"。

建行湖北省分行与武汉市科技局以及 8 家科技企业孵化器签署《科技金融战略合作协议》，共同促进科技成果转化和产业延伸。

建行上海市分行在"科创评价"基础上推动产品创新。"建知贷"将企业的知识产权化"智"为"资"；"上市贷"聚焦服务上市库中的培育企业；"研发贷"以匹配研发周期的专项产品满足企业项目研发的资金需求。

建行江苏省分行运用"科创评价"梳理辖内高新技术企业分布，形成"百户优质科技企业行动方案"。以"预授信"制度为抓手，主动授信、提前介入，批量化对接科技企业金融需求，制定综合金融服务方案。

2021年8月，《新闻联播》播报了建行湖南省分行的试点情况，"建行只上门一次，贷款就办下来了"，"科创评价"解决了科技企业轻资产、抵押物少的融资难题。央视对此的评价是："支持创新企业要有创新的金融政策"，建行的做法"让知识产权从轻飘飘的纸张变成了沉甸甸的信用"。

"科创评价"不仅使银行支持科创和先进制造业有据可依、有的放矢，还积极引导金融资源"精准滴灌"绿色低碳、小微企业、乡村振兴等领域，逐渐涵养创新创业的"雨林生态"。

在化石能源无处不在、成本低廉的背景下，依靠科技创新持续降低"绿色溢价"，才能让绿色低碳技术真正走入千家万户。

作为国内高科技新能源公司的重要代表，中航锂电是目前全球动力电池装车量增速最快的企业之一，也是我国动力电池"三巨头"之一。在服务中航锂电"6GW动力锂电池新建项目"时，江苏省分行根据企业的"科创评价"结果，自动为企业"增信"，以更具竞争力的服务方案在同业中取得优势，试点期间已向客户投放1.54亿元，帮助企业项目建成投产。

金融资源的可得性，是影响社会贫富差距的重要因素。科技与金融的深度结合，为金融的普惠化提供了契机。通过技术平台开放和金融下沉，更多人平等地获取金融资源，获得创业致富的机会。

"科创评价"实现的转变之一，是通过自动评价、批量获客，将业务模式由一对一服务单个科技企业，转变为搭建科技金融的平台生态。半导体高端装备制造企业源卓光电科技有限公司主营激光直接成像光刻机设备，对主要产品拥有完整的自主知识产权，技术可以应用于半导体制程、3D打印以及微纳加工领域，持续创新能力较强。苏州分行在试点"科创评价"过程中，为客户新增供应链授信额度3000万元。考虑到公司与链条企业合作紧密，分行发挥建行供应链产品优势，配套支持了26户链条企业，累计新增投放5600余万元。

党的二十大提出，要全面推进乡村振兴，加快建设农业强国。强化农业科技和装备支持，建设智慧农业，提高农业现代化水平，是乡村振兴战略的重要组成部分。

近年来，随着农业人口减少、劳动力成本攀升，农业无人机的替代效应凸显，行业发展迅猛。主攻农业无人机的广州极飞科技有限公司（以下简称"极飞科技"）是一家构建"无人化"农业生态系统的智慧农业科技企业，近年来在无人农业领域表现抢眼，具有市场领先地位。2020年，建行广东省分行经过"技术流"评估和调查研判，认为极飞科技创新能力强劲，符合国家战略发展方向。为支持公司上市，分行主动授信1亿元经营周转额度，并补充公司核心知识产权质押，化"智"为资，建行也因此成为极飞科技上市进程中最重要的合作银行。

"科创评价"只是起点，这些年，建行逐步构建起金融支持科创企业"全周期"的服务体系，以信贷支持、"投贷联动"等帮助企业度过初创期、步入发展期、走向成熟期，不仅做一家愿意放贷的银行，更成为了解科创企业的朋友，与科研院校、风投机构、技术人才、加速器和孵化器等合作，进一步发挥关系网络效应，为企业打造熟悉新业务的"朋友圈"。

建行的一小步，可能是行业的一大步

现代社会的一个重要特征就是以金融信贷体系作为经济的基础设施，银行业信贷模式的有效与否关系到整个社会的资金流动和配置。当前，全球产业发展和科学研究都在迈向"大科学"时代。科技创新与国家意志、民族利益的联系更加紧密。"大科学"意味着大量的资金投入和配置，因此，金融行业亟须在全国范围内建立起一套针对科技企业的授信评价专属体系。"科创评价"自推出以来就备受关注。

中国银保监会、国家知识产权局和国家科技评估中心等充分肯定了"技术流"评价体系为知识产权金融、科技企业融资提供的全新思路。

中国知识产权发展联盟金融服务专业委员会主任段志强曾多次到广东进行知识产权融资调研。他表示，"技术流"评价体系解决了知识产权在金融领域的"信用化""数字化"问题，有机补充了传统的"资金流"评价模式，有效解决了知识产权评估难这个贷款审批和质押融资的瓶颈。

与建行"一楼之隔"的北交所开市后，建行带着"技术流"礼包上门，协助北交所搭建科创企业评价体系和评价模型。在北交所开市当月上市的 81 家企业中，70 户是建行客户，其中具有"科创评价"等级的客户 47 户。"技术流"帮助它们打通资本市场融资的渠道。

"科创评价"为政府部门提供了评价企业创新能力的新方式，协助政府完善有关科技企业的奖励、补贴标准。科技部等十部委组织开展科技成果评价改革试点工作，建行是 55 家试点单位之一，也是唯一一家参与试点的银行业金融机构。通过试点工作，建行在不断完善自身"科创评价"体系的同时，成为国家建立科技成果评价机制的实战场地。

"技术流"对传统金融模式、行业信用基础和组织结构都在形成或快或慢的解构重组。这看似建行创新的一小步，却可能是引发行业变革的一大步。从长远来看，科技金融将对未来社会的发展产生更大影响。

第二节 创业者港湾

深圳是全国创新创业和股权投资最活跃的地区之一，华为、腾讯的成功更带动了这里的欣欣向荣，电子信息、半导体、生物医药等高科技产业在这片沃土扎根生长，科创企业千帆竞发、百舸争流，航船远行不仅需要资金作为燃料动力，更需要综合补给、避风停靠的港湾。

2020年"双十一"，坚果投影仪在天猫平台销售额突破2.8亿元，连续四年蝉联投影仪类目榜首。打造出坚果这一"国货之光"品牌的是深圳火乐科技发展有限公司（以下简称"火乐科技"）。多年来，火乐科技不断攻坚投影技术，打破国外垄断，实现了光机和镜头的自主研发，旗下的坚果智能投影仪成为视听浪潮的"引风者"。

建行见证了火乐科技的成长。2019年，火乐科技获得建行科技创业贷2000万元。2021年5月，建行通过旗下子公司建银国际追加2200万元股权投资，同时，为其上线了商城消费分期业务，全面开启数字货币场景合作。

"对火乐来说，融资的渠道有很多，但真正提供创业服务的不多，建行'创业者港湾'的价值就在这里。"火乐科技创始人胡震宇感慨道。

"创业者港湾"针对传统金融供给与中小科创企业需求错配的痛点，率先在深圳打造科创企业综合孵化模式，培育优质科创企业，致力于发现下一个华为、腾讯。"科创评价"的发布，进一步助力"创业者港湾"

成为它们的加油站和停靠点。

银行怎样看懂走进"独角兽"

一直以来，PE、VC 等创投机构是为初创型科创企业提供金融支持的"主力军"。然而，创投机构数量太少，可能"力不从心"。同时，创投投资价格高且追求即期高额回报，会过早稀释创始人股权，影响创始团队的经营和决策效率。相比于创投机构，银行提供的资金不存在股权稀释问题，但在传统贷款模式下，很难为初创者提供满足其发展需求的综合服务。

这一问题归根结底在于传统金融供给模式与其需求之间存在错配，要实现突破，就要解决好横亘在银行和"独角兽"之间的难题。

相比于基建行业、制造业、传统贸易和消费等银行擅长服务的领域，科技企业的技术路线、行业前景和发展阶段各不相同，创业者的经历背景更是千差万别，银行对创业者"读不懂"，对企业成长规律"看不透"。如何跨越行业障碍，摆脱"旧认知"、拥抱"新思维"，是银行服务科创面临的挑战。

对于科创企业而言，它们的难题则是"贷不了""拿不到"。银行传统的贷款模式及评价指标往往基于财务指标或者抵押物，而创业公司大多是轻资产运营，作为企业最大资本的核心技术和关键人才无法"变现"，短期财务报表难以体现长期价值盈利。

一方面，"独角兽"企业引领行业创新，潜力巨大；另一方面，它们相比于成熟企业需要更长的成长周期，渴望长期、稳定的资金支持，这样才能心无旁骛地专注于技术攻坚与企业经营。然而，传统金融机构的贷款期限大多为一年，到期要先"过桥"再续期。对中小科创企业而言，贷款期限的错配使得信贷资金"不好用"也"用不好"。

"长期稳定"同样也是银行业的诉求。银行为企业提供的贷款性质是债权，收益是利息，但中小科创企业实现收益最大化的主要方式是上市。银行承担了较高风险提供贷款，挖掘企业未来价值，却分享不了企业长远的成长收益。

往更深处看，传统金融供给解决的是资金端的难题，事实上，中小科创企业在人才、客户、渠道、税务、法律、办公场地、上下游连通等众多"端口"都存在迫切需求。

创新孵化模式

面对"独角兽"的难题，建行体会到，创业企业需要的不是单一金融工具，而是全新的科创企业综合孵化模式。

作为改革前沿和开放之窗，深圳有全国最好的科技创新氛围和"双区"驱动的政策优势，具备类似硅谷的科技产业聚集环境。建行深圳市分行成为建行支持中小科创企业的"破局者"，率先设立"创业者港湾"，培育"金融 + 孵化 + 产业 + 辅导"的综合生态，努力解决传统金融服务与科创企业发展需求错配的问题。

纳德光学是一家主营信息显示和视觉成像开发设计的高新技术企业，拥有 40 余项相关专利，旗下的 AR/VR 智能眼镜已成为头戴显示领域的代表品牌。2020 年，由于自有资金有限，纳德光学眼看"双十一"临近，却不能大规模扩产备货，也无力投入资金加大营销力度。

纳德光学借助"创业者港湾"拓展了科创企业的"朋友圈"。经"创业者港湾"合作方香港科技大学引荐，仅用一周时间，纳德光学就收到了建行的 500 万元"孵化云贷"纯信用贷款。

通过与政府部门、知名创投、核心企业、科研院校和孵化机构等平台合作，"创业者港湾"为中小科创企业打造了"平台中的平台"，与创投、核心企业共同筛选项目，邀请专家学者参与项目评判，解决行业认知问题，从源头上保障客户质量，也提升了建行对于科创行业的研究和服务能力。

"港湾"不仅要做避风停靠的平台，也是加油蓄力的站点。建行采用"科创评价"提出基于企业团队背景、产品市场受欢迎度、创投投资逻辑、拥有专业技术含量的"四位一体"的评价标准以及十一大定贷模式，让"入湾"企业无形的技术成果得以转化为有形的信贷资金。同时，发放贷款最长为"3+3"年，企业不仅可获得建行3年期贷款支持，到期后还可以无还本续贷3年，避免股权被过早、过多稀释，解决企业融资周期较长和传统贷款逐年续期之间的错配问题。目前，已有近900家企业获得深圳市分行"创业者港湾"的3年期贷款支持。

"创业者港湾"不仅投资企业的想法，也孵化它们的梦想。驻扎着腾讯、阿里和百度的深圳市南山区，是科技产业的大规模集聚地，也是科创人才的高密度集中区。2019年9月，建行在这一科技中心建立的孵化基地正式运营，与国际著名孵化器公司PNP联合提供企业加速服务，为被投企业提供开放式、多元化、共享型办公场地，并依托建行研修中心为创业者提供线上、线下免费共享平台，携手合作机构在路演活动、政策宣讲、产业对接等方面加大对中小科创企业支持力度。

一系列综合孵化服务涵盖金融赋能、科技赋能、产业赋能和教育赋能，不仅满足中小科创企业在人才、研发、办公场地、客户资源、管理能力提升、上下游连通乃至创业者个人业务等全方位的需求，也将建行"创业者港湾"孵化空间品牌化，形成多区域、立体化的辐射效应。

"创业者港湾"的深圳实践

"创业者港湾"的探索为科创金融的建行实践提供了样本。

提到银行服务实体经济，大家总会想到信贷。实际上，单纯给企业做一笔融资贷款，已经不能满足中小科创企业的需求。在此背景下，投贷联动（由银行发放贷款，子公司配合完成投资）成为银行为科创企业提供综合服务的重要模式。其中，一个重要机制是选择权贷款，即银行向企业放贷时，附加一定数额的股权认购期权，在约定的行权期限内，可指定第三方按约定价格认购公司股权。这不仅满足了"入湾"企业多元需求，也让建行掌握了在贷款亏损与股权收益中进行分配的"主动权"，使风险与收益对等起来。

深圳云天励飞技术股份有限公司（以下简称"云天励飞"）就是一家得到投贷联动支持的"独角兽"企业，其创始人陈宁是佐治亚理工学院电子工程博士，获评"深圳经济特区建立 40 周年创新创业人物和先进模范人物"。基于云天励飞在 AI 关键技术上的突破和对芯片、视觉、机器学习等跨界创新的引领，建行给予企业 8000 万元贷款，建银国际跟进投资 5000 万元，实现了对科创企业"股＋债"全方位资金支持。

2021 年 8 月 6 日，云天励飞首发过会，成为"创业者港湾"首家投贷联动成功过会企业。目前，其产品方案广泛应用于平安城市、智慧商业、无人机（船、车）、机器人和智能制造等领域。

以选择权贷款为代表的投贷联动不仅要突破银行原有的信贷文化，以全新的视角看待科创企业，还需要银行与投资子公司或第三方企业的全程密切配合。这需要创新的魄力，更需要技术的底气。

投贷联动的背后，隐藏着"科技＋资本"的财富管理内循环链条。一端是大量优质科创企业和科技项目，另一端是商业银行客户不断升级的财富管理和股权投资需求，当科创企业与投资客户相遇，银行将从"bank"回归"bench"，形成开放式、联动化财富管理平台，激发出科技活力。

深圳市分行介绍，自创立以来，"创业者港湾"业务规模已相当于硅谷银行20年的体量，服务中小科创企业超过2900家，信贷余额超过201亿元，签署认股权协议企业累计超过1900户，其中首贷企业占比近30%，获得创投机构投资的企业占比近30%，以信用方式定贷企业占比超过60%。近三年有上市计划的企业80余家，2022年至2023年拟上市企业共计50余家，已向证监会提交辅导备案的企业20余家。

第三节　信托"破圈"赋能科技创新

当国有资本遇到科技创新，当股权投资碰见科创企业，将碰撞出怎样的火花？

建信信托是建行投资控股的非银行金融机构，也成为建行发挥集团优势推动科技创新的新生力量。自2014年聚焦服务科技创新以来，高科技创新领域的股权投资始终是建信信托最重要的业务方向之一，通过直接投资或设立基金支持的科创企业约260家，涉及众多细分行业科技龙头和隐形冠军，投资规模近300亿元，并累计带动大型央企、地方国企等各类国有资金约70亿元，公司年度新设项目里的科创企业占比逾80%。

在建信信托内部，在能不能生存和发展的高度认识科技创新早已成为共识。针对尖端科技公司的股权投资以及与其共历成长，是国有银行系出身的建信信托希望走通并不断探索的那条路。

探索者

2016 年，冀鸣和另一位创始人刘伟基一起创办了博顿光电，专门研发高端离子源及离子束设备，用时 4 年实现了从 0 到 1 的突破，完成了国内高端离子源产业化的拓荒，并成为产业细分领域的隐形冠军。离子束主要应用于精密微细加工方面，很多科技制造都需要离子束的参与。高端离子束技术和市场则长期被国外企业垄断，要想打破桎梏，实现高水平自立自强，不再承受"卡脖子"之痛，中国需要很多博顿光电这样的公司。

彼时，在众多投资机构中，建信信托远远谈不上耳熟能详。博顿光电原本以为建信信托投资的都是轮次较靠后的项目，因此一开始并没把它作为重点争取对象。后来经过沟通和接触，博顿光电发现，建信信托在尽职调查时甚至接触了他们尚未开拓的行业头部客户，建信信托虽然进入得晚，却是推动最快的。

关于建信信托当时的投资细节，冀鸣仍记忆犹新。他说博顿光电之所以也看中建信信托，在于对方对公司团队的包容和认可，这是最重要的。此外，建信信托还非常乐于与团队聊行业趋势和业务规划，在公司发展节奏上，也没有施加压力，这让博顿光电团队原有的担心一扫而光。

2021 年 11 月，经过谈判、尽职调查之后，双方完成了投资交割。建信信托以数千万元成为博顿光电 A+ 轮投资者。一家初创科技公司和一家银行系 PE 机构，就这样把命运捆绑在了一起。

通过试水博顿光电，建信信托坚定地走上了助力科创的主干道，在回顾这一趟艰辛但意义非凡的拓荒之旅时，当时的项目组经常引述历史学家布尔斯廷诠释"探索者"的一段话，"身处两个永恒——逝去的往昔和未知的将来——之间，我们从未停止追寻自己所处的位置和方向感"。

核心"投资策略"

做投资就像参演一部舞台剧，演员们有主角配角之分，更有台前幕后之别。有的人距离舞台太远，有的人捞不到中意的角色。在创投市场，同样如此。

建信信托员工们有一个形象的比喻，如果把投资比作在国家大剧院演出，那么建信信托在相当一段时期内都是处于南五环，"距离中心很远"。你只能时不时翻翻报纸，看看国家大剧院在演什么戏，看看又有谁投资了什么热门公司，看看他们赚了多少钱。

投资到底是投什么？这是全世界资本都在思考的本质问题。有的投资家认为投资是投人，有的认为是投"风口"，有的认为是投"未来"。

建信信托相信，科技自立自强应当成为投资的"风向标"。随着技术盈利、科学家盈利时代的来临，科技创新的投资成为一级市场、一级半市场的主线，让台下十年功的建信信托，终于有了登上舞台的机会。

科创企业前期资金投入大，融资需求旺盛，然而，因为技术没有完全转化为财务报表上的资金流或不具备足够的抵押财产，容易受到投资机构的冷落。但建信信托做投资看重的并不只是财务数据，还有企业未来的价值创造能力。

秉承着这样的投资理念，建信信托把手里的支票投向了关键核心技术和众多"卡脖子"领域，帮助企业开拓市场、寻找资金。即使这些被投企业的规模很小甚至拿不到什么订单，有的只是科研成果和专利，但建信信托在它们还不是明星项目时就投下了信任票。

在具体的投资策略上，建信信托偏好硬科技型企业，其股权投资的标的圈定在 9 个细分赛道，包括新能源、新材料、通信、计算机、高端装备制造、电子等，并画出每个赛道完整的行业地图，摸排上下游各个环节。

主营智能化物流机器人的快仓智能，就切身感受到这种"国家队"资本扶持的力量。"有了资本催化剂，整个行业和市场都一下子提速了。"快仓智能 CFO 谢璇说，如果快仓智能从一开始仅凭自己发展，那现在很可能仍停留在 2018 年的水平，没办法做到如今这么大的体量。2021 年，快仓智能全年累计新签订单 7.2 亿元，同比增长 80%。

投资科技企业，助力科技自立自强，是建信信托义不容辞的使命，也是其核心的"投资策略"。建信信托开始在"无人区"点亮一座座灯塔。只要那些被投企业能够发出光亮，他们就一定可以让这条人迹罕至的路热闹起来。

与科创企业共生共荣

信托业属于传统金融行业，但它又是传统金融行业的"鲶鱼"。信托牌照灵活，可以横跨货币市场、资本市场和实体经济三个市场，被行业称为"金融百货公司"。甄别并抓住投资的方向，就如同挑选货架上的商品。

工业革命以来的历史表明，金融是技术进步转化为现实生产力的助推器。科技创新始于技术，成于资本，是近百年来全球科技创新的一个突出特征。

基于这样的逻辑，建信信托坚持"让科技和资本共舞"的理念，看准科技创新方向，不赶潮流"赚快钱"，坚持沉淀做"耐心"资本，成为企业的"伴跑者""连接者""合作者"，赋能企业长远发展、携手创造价值，在一个尖端创新公司与金融公司共生共荣的时代即将到来的节点上，作出了正确的选择。

2022年年初，建信信托完成了一笔对轴承保持架公司的交割。高端轴承是高端装备制造中关键的零部件，而保持架又是轴承最核心的部件，堪比心脏，在轴承四大部件中附加值最高、制作工艺最难。这家位于大连的保持架公司已创办了几十年，从一个简单的作坊起步，如今已成为全球多家轴承集团的核心供应商。

当建信信托挖掘到这家企业时，发现其从未做过融资，股权结构也非常简单，在一个家族带领下独自发展。建信信托随即与对方展开沟通，表示资本市场和产业方可以帮助其实现更大的梦想。最终，诚恳的态度打动了原本"执拗"的公司创始人，建信信托成为其第一个外部投资人。对方也坦陈，这个行业不可能只依靠一个家族的投入而发展壮大，需要外部资本的加持。

在完成投资之后，建信信托做的第二件事便是将其引荐给中国中车。这意味着，一家原本只依靠自己力量发展的家族企业，通过资本方的介入，不仅获得进一步扩张的资金，而且拓展了可应用的产业场景，乃至为国内轴承行业的发展奠定了更好的基础。

这家公司就是瑞谷科技，2020年被评为国家级专精特新"小巨人"，2021年荣获制造业单项冠军。

产业的发展需要金融支持。资金的配置就像是指挥棒，指向哪个产业，哪个产业可能就会加速发展。相比于每一笔融资的估值高低，更重要的是资本和科技的"双向奔赴"和共同成长。

建信信托选择了科技创新，科技创新也没有辜负建信信托。在支持国家战略新兴产业发展壮大的同时，建信信托在科技领域的投资也收获了丰厚的回报。投资的科创企业中，近40家公司已成功上市，还有20余家正在上市进程中，投资企业的估值也有了显著的增长。

第二部分

第二发展曲线

英国著名管理大师查尔斯·汉迪曾说，当你知道该走向何处时，你往往已经没有机会走了。在数字化、网络化、智能化转型变革大潮中，建行在传统第一发展曲线之外探寻和构建第二发展曲线，跨过"看不见的鸿沟"。G端连接、B端赋能、C端突围……通过多方位多领域的开创性实践，第二发展曲线的轮廓已经越来越清晰。

新旧技术迭代、新旧范式更替、新旧动能转换，意味着传统金融组织形态的解构、传统组织边界的打破，这些变化将带来"非线性"的进步。英国著名管理大师查尔斯·汉迪（Charles Handy）提出企业发展的"第二曲线"理论。他认为，如果以一条曲线反映企业增长轨迹，那么经过观察总结得出的规律是：任何一条增长曲线都会先到达顶点再归于平缓、下降甚至消失；保持企业持续增长的秘诀在于，在第一曲线消失之前，开始一条新的增长曲线（见图 D-1）。

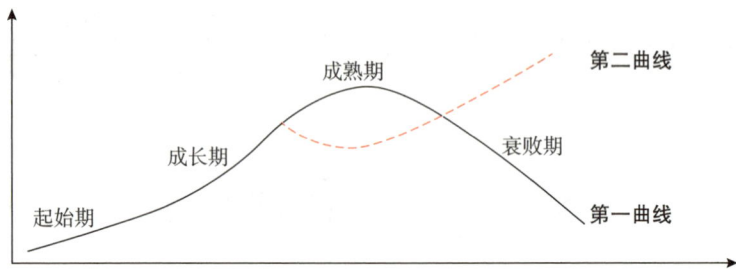

图 D-1　企业增长曲线

在数字化、网络化、智能化转型变革大潮中，面对无法预知的挑战者和新进入者、无法预判的变化和新生事物，大银行逐渐产生危机感和紧迫感。当下银行业长期依赖的基建业务和房地产业务发展已颇感乏力。建行于 2019 年年初就正式提出开启第二发展曲线，那时第一发展曲线仍"蒸蒸日上"，盈利和价值增长都还不错，可以说还处于"舒适区"。但建行已然预见到，在不远的将来，第一发展曲线终将触顶并进入拐点，而等到过了拐点再开启第二发展曲线就为时已晚。必须在传统第一发展曲线之外另辟蹊径，探寻和构建第二发展曲线。否则，跨不过"看不见的鸿沟"，就摆脱不了被"降维打击"的宿命。建行"三大战略"的先行探索和新金融行动的一系列开创性实践，实际上就是其跳出第一发展曲线，以第二发展曲线重塑新的价值创造体系，打造新增长引擎的努力。

第二发展曲线给建行带来从观念、体制、机制、政策到业务操作层面的深刻变化。最突出的变化体现在两个思维的转变：一是"痛点思维"。一切社会"痛点"皆是机会，找准了"痛点"拿出金融解决方案，社会和公众自然会给予银行丰厚回馈。二是"生态思维"。建行"因'建'而生"，长期以来助力建设大量公路、铁路、桥梁等基础设施，推动了工业化、城镇化进程；未来聚焦对美好生活的追求，帮助政府、企业和百姓建设新型基础设施，包括智慧城市、数字政务、企业信息化系统、便民服务平台等，把金融服务如"甜水"般渗入社会生产、生活之中，让人民生活变得更加便捷、舒适和美好。

在构建第二发展曲线的具体实践中，建行着力从 G 端、B 端和 C 端三个维度开启转型和重构，重新定义新时代金融的功能，找到银行新的角色定位。

——G 端连接：助力社会治理，成为国家信赖的金融重器。现代金融与 G 端（政府端）关联度越来越大。一方面，依托政府部门提供的公共产品、公共服务，银行得以更好地服务客户、拓展业务、防控风险。如"信用中国"建设的推进，海量公共数据和银行数据得以连接，使建行普惠金融实现高质量跨越式发展。其中最典型的当数"云税贷"，借助税务部门小微企业纳税数据的"富矿"，成为建行普惠金融批量、快速、精准获客的主打业务。

另一方面，大型银行提供的基础金融产品和服务，就内在特征而言，具有准公共产品的属性；就外在功能而言，与国家和社会治理涉及的诸多公共产品、公共服务具有密切关联。作为国有大行，建行自觉承担起助力提供公共产品、优化公共服务的责任，依托或复用银行的物理和线上渠道、金融技术和信息系统等，帮助政府部门提供成本更低、效果更优的公共产品和公共服务方案。各级建行与政府部门开展深度合作，涉及行业管理、城市和社区服务、乡村治理等方方面面。例如，住房租赁管理平台帮助各级住建部门提升行业管理信息化水平；"互联网＋政务服务"平台助力云南打造"一部手机办事通"的便民高效政务模式；通过劳动者港湾建设，营造社区出入相友、守望相助的和谐氛围；通过"裕农通＋"平台，帮助政府将"三农"补贴、助农惠农措施等高效精准落实到位；通过药品溯源码平台，让老百姓买上放心药。银行和G端深度互联合作，既拓展金融服务的广度和深度，又有力促进社会治理体系和治理能力现代化。

——B端赋能：营造共生共荣生态，做企业全生命周期伙伴。当前B端（企业端）市场已呈过度竞争状态，需要跳出固有的格局，转向建立伙伴式的新型银企关系。罗伯特·C.默顿（Robert C. Merton）指出，现代金融有六大功能，传统银行业务主要集中于支付清算、资金融通、金融资源配置这三大功能，而防范和化解风险、改善资源配置效率、降低交易成本这三项功能并没有完全提供给客户。

数字化浪潮之下，所有传统产业都将重新来过。银行可以在其中帮助搭建平台、梳理产业链、提高生产力。金融的创造性支持在中国产业升级、新旧动能转换过程中不仅不可或缺，而且将起到基础性作用。

为此，建行着力为B端客户搭建平台，最大限度对客户开放，营建共享共荣生态。助力企业加快数字化转型升级，通过开放建行公有云、共享风险管理技术等，帮助企业优化再造经营管理模式，实现降本增效；打造"建融智合"综合服务平台，帮助上下游企业找投资、找技术、找服务、找项目，真正从"资端"转向"智端"，成为企业全生命周期的综合服务顾问。依托开放平台，全网式联结供应商、经销商和消费者，以数字化"三流合一"（资金流、物流、信息流）和集成化金融服务，推动传统产业链升级再造和客群协同发展。

——C端突围：植根普罗大众，做百姓身边有温度的银行。互联网金融的快速发展，使得传统银行在C端（个人客户端）支付场景中逐步被边缘化。银行事实上成了"第三方"，逐步被"后台化"，与C端客户的衣食住行日渐疏离。当前，消费已成为我国经济增长的主要引擎，C端消费形态正在发生深刻变化，从过去主要满足基本生活需求，转向对新的生活方式、新的服务体验的追求。如果银行仍停留于过去的认知，固守传统基于收入、职业等刻板要素的C端客户画像和粗放服务模式，那么必然离客户越来越远。

凯文·凯利（Kevin Kelly）认为，未来金融将会成为一种生活方式。银行服务要深度融入客户生活，实现功能浮现，同时使C端用户从单纯金融消费者转变成为金融产品的设计者和金融活动的参与者。为此，建行通过C端突围实现价值转向，依托大数据洞察C端消费特征和真实需求，打造全行生态场景经营平台、开放性数字支付平台、互联网化产品创新能力和数字化营销体系，使银行服务能打破时空界限直达客户。

建行运用互联网思维打造服务百姓日常生活的一站式平台——"建行生活"，正是其服务C端的标志性产品。目前，"建行生活"已覆盖衣食住行等民生场景，用户数量突破亿级；为30多万家入驻商户提供免费"网店"，帮助其零成本引流获客、提升销量，日均交易达到百万单、日交易额达到 1 亿元；承接发放超过 200 个城市总计 30 多亿元的政府消费券，拉动消费近百亿元。"建行生活"作为银行系的生活服务平台，想要在"群狼环伺"的互联网消费平台市场中撕开一道口子，即使在建行内部也并非全无异议，而"建行生活"越战越勇，用市场表现来证明自身的价值，成为我们观察建行 C 端突围的绝佳样本。

"第二发展曲线"部分，重点阐述了建行培育第二发展曲线，在 G 端连接、B 端赋能、C 端突围等方面的探索。

第六章

连接G端：智慧政务

所谓 G 端，指的是政府端（Government），在建行的业务体系中，通常将机构类业务称为 G 端业务。G 端业务因其资金沉淀量大、稳定性强，被视为银行对公负债业务的"压舱石"（以建行为例，机构类存款占全部对公存款余额超 50%）。"集中力量办大事"是中国特色社会主义制度的显著优势，我国各级政府在促进社会经济发展和保障国计民生中承担着更大的责任，与此对应，银行 G 端业务的高质量发展对撬动 B 端和 C 端业务发挥着重要作用。

进入数字政府建设加速推进的新阶段，仅仅依靠传统金融服务已难以满足政府机构及社会各方对全面提升治理体系和治理能力的需求，只有另辟蹊径才能柳暗花明。建行踏寻的这一条"蹊径"就是智慧政务战略。抓住数字政府建设战略机遇期，建行与各地政府携手共建、同向而行，用温柔的金融"手术刀"助力解决政务堵点、社会难点和民生痛点，不断探索助力国家治理体系和治理能力现代化与自身高质量发展二者相融共进的"建行路径"。

专栏6-1　建行智慧政务战略

智慧政务以满足人民对美好生活的需要为宗旨，坚持新发展理念，发挥金融科技、业务资源和体制机制等优势，为各级政府提供全事项、全流程、全覆盖、全场景应用的政务服务综合解决方案，赋能政府机构、法人、自然人等不同主体的行政审批线上线下一体化、民生支付电子化、行业应用智能化、城市服务数字化，助力国家治理体系和治理能力现代化，实现"优政、惠民、兴企"和建设"数字中国"的愿景目标（见图6-1）。

本章第一节介绍数字治理的新趋势，主要包括国家战略政策、政府业态变革、新型政银关系和建行优势；第二节介绍服务G端客户的新路径，主要包括建行智慧政务三个发展阶段和以优政、兴企、惠民

图6-1　建行智慧政务品牌标志

为主线的服务路径；第三节介绍G端经营的新打法，主要包括G端"第二曲线"的新打法和四个场景化经营支柱；第四节以"解剖麻雀"的方式，由面及点介绍智慧政务纵深推进的新成果——辽宁"阳光三务"平台。

第一节　数字治理的新趋势

建行推出智慧政务，一方面是服务国家战略的需要，另一方面也有应对政务服务变革的考量，并在实践中找到了入局政务的信心和勇气。

数字政府建设的热潮

2021年，我国数字经济规模达到45.5万亿元，较"十三五"初期增长超过一倍，同比名义增长16.2%，占GDP比重近四成（39.8%）。

虽然美国在数字经济规模上仍然具有绝对优势（98.17 万亿元），但中国数字经济发展速度更快，增速全球第一。特别是近三年，在阻击新冠疫情以及常态化防控中，数字经济作为国民经济"稳定器"和"加速器"的作用更加凸显[①]。

数字经济的高速发展离不开数字治理的保驾护航，党中央、国务院高度重视政府治理体系和治理能力现代化建设。党的十九大提出了建设"数字中国"的国家战略，以推行电子政务、建设智慧城市等为抓手，以数据集中和共享为途径，运用大数据提升国家治理现代化水平，推进政府管理和社会治理模式创新。"十四五"规划纲要再次提出，要"迎接数字时代""加快建设数字经济、数字社会、数字政府，以数字化转型整体驱动生产方式、生活方式和治理方式的变革"（见图 6-2）。2022年 6 月，国务院印发了《关于加强数字政府建设的指导意见》，我国数字政府建设进入创新发展新阶段。

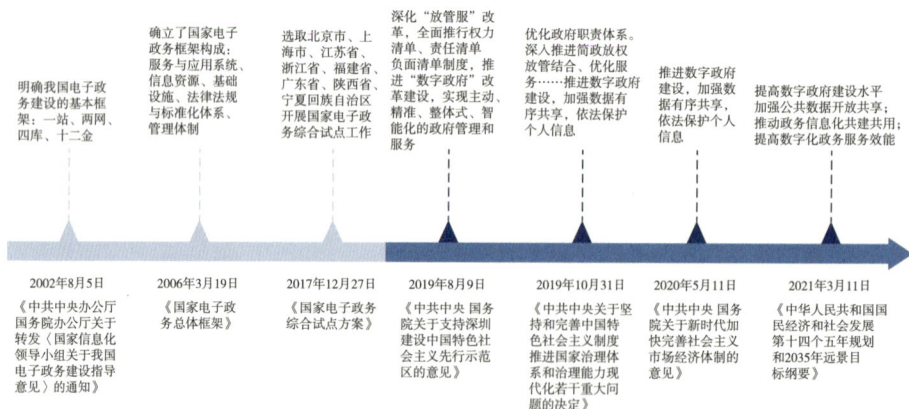

明确我国电子政务建设的基本框架：一站、两网、四库、十二金

确立了国家电子政务框架构成：服务与应用系统、信息资源、基础设施、法律法规与标准化体系、管理体制

选取北京市、上海市、江苏省、浙江省、福建省、广东省、陕西省、宁夏回族自治区开展国家电子政务综合试点工作

深化"放管服"改革，全面推行权力清单、责任清单、负面清单制度，推进"数字政府"改革建设，实现主动、精准、整体式、智能化的政府管理和服务

优化政府职责体系。深入推进简政放权放管结合、优化服务……推进数字政府建设，加强数据有序共享，依法保护个人信息

推进数字政府建设，加强数据有序共享，依法保护个人信息

提高数字政府建设水平加强公共数据开放共享；推动政务信息共建共用；提高数字化政务服务效能

2002年8月5日
《中共中央办公厅国务院办公厅关于转发〈国家信息化领导小组关于我国电子政务建设指导意见〉的通知》

2006年3月19日
《国家电子政务总体框架》

2017年12月27日
《国家电子政务综合试点方案》

2019年8月9日
《中共中央 国务院关于支持深圳建设中国特色社会主义先行示范区的意见》

2019年10月31日
《中共中央关于坚持和完善中国特色社会主义制度 推进国家治理体系和治理能力现代化若干重大问题的决定》

2020年5月11日
《中共中央 国务院关于新时代加快完善社会主义市场经济体制的意见》

2021年3月11日
《中华人民共和国国民经济和社会发展第十四个五年规划和2035年远景目标纲要》

图 6-2 中央层面陆续出台相关政策[②]

在国家战略的引领下，各地政府围绕"管"和"服"，纷纷推出各自的线上政务服务平台，探索构建整体高效的政府运行体系、优质便

---

① 数据来源：中国信通院《中国数字经济发展白皮书（2022）》。
② 数据来源：国脉互联公司报告。

捷的普惠服务体系、公平公正的执法监管体系和全域智慧的协同治理体系，提高数字化政务服务效能。在 2022 年各省（区、市）人民政府工作报告中，"一网通办""跨省通办""一件事一次办""证照分离""免申即享"等热词频出，数字政府建设成为大势所趋。

随着社会对政务服务的需求层次不断升级，传统的治理理念和方式与现代化生产和生活之间的摩擦不断加大，催生了一系列类似"证明我妈是我妈"的矛盾和问题。数字政府建设的逐步深化使政务领域业态发生了深刻变革。

——从价值维度上看，政务事项办理由"以职能部门各自管理职责为中心"的管理思维，转变为"服务百姓办事省时省力"的服务思维，从群众和企业切实需求出发，让政务服务和公共服务更易得、更便捷。以"开办餐厅"为例，原来餐厅经营者要往返于多个职能管理部门办理工商许可、卫生许可、排污许可等一系列证照，现在通过主题化事项办理线上即可完成，大幅精简了申报材料，缩短了办理流程。

——从功能维度上看，政府通过数字化转型驱动精细化治理、筑牢制度基础、营造数字生态等方式，不断丰富和提升数字治理工具的功能。聚焦组织体系重构、服务流程优化、数据互联互通，加强多元主体协调联动，以政务服务内在的变革带动社会治理外在的提升。如前两年上线的个人所得税 App，让个税可以随时申报，一举打破时间和空间的限制，实现了"随时办""指尖办"和"不见面审批"。

政务服务的变局

政府治理体系和治理能力现代化推动着数字政府加速更新迭代，在其组织结构、管理方式、服务内容、监管行为等全面数字化的过程中，也改变着银行服务 G 端客户的传统模式。

以社保业务为例，目前我国老龄化速度逐年加快，老龄化程度超过中高收入经济体平均水平，应对人口老龄化已上升为国家战略。老龄化趋势的加速，使社保资金由收入归集转为支出保障，原有归集产生的资金沉淀，改由税务征缴直接入库。2019 年，建行 12 个省级分行的收入专户上千亿元资金面临无收入零余额的压力。以前归集到专户，各家银行争夺的是市场份额，现在不仅专户资金已经直接进入市场投资运营，部分存入银行的份额也按照服务的质量重新分配，社保业务的重心已逐步由专户归集向 B 端和 C 端账户承接转移。

要适应政府数字化转型的新业态，银行就必须要跳出金融，摒弃固有的思维模式，真正站在 G 端客户的角度为其提供数字化建设和咨询服务，帮助政府找准痛点、解决问题，并在其中掌握资金动向、寻求合作机会，寻找跳回金融的创新之路。

入局政务的建行优势

近年来，建行在全国范围内广泛参与各地智慧政务建设，在与头部互联网企业激烈的市场竞争中渐入佳境，成为政府服务领域"国家队"的代表，收获了社会各界特别是各地政府越来越多的正面反馈。实际上，建行躬身入局智慧政务有着自身独特的优势。

品牌优势

国有大行拥有与生俱来的品牌优势。建行自 2017 年开启新金融行动以来，从提出"服务大多数人而不仅是少数人"的新金融理念，到开放全国 1.4 万多个营业网点建立服务户外劳动者的"劳动者港湾"，到"裕农通"服务平台在全国乡村布局，再到助力政府推动智慧政务建设，新金融的服务边界持续延展，展现"大行担当"的社会形象，与各级政府为老百姓"办实事、解难题"的初衷不谋而合。

技术优势

建行自身在金融科技和数字化浪潮中加快转型，成为政府信息化建设领域中可信赖的合作伙伴。在七年磨一剑的"新一代核心系统"建设过程中，建行锤炼了自身企业级一体化核心系统建设的能力，积累了系统建设经验，设立了国有大行中首家金融科技子公司，运用人工智能、人脸识别、区块链等前沿技术，为各级政府信息化建设提供有力的技术支撑（见图6-3）。

让百姓刷脸能办事
基于人脸识别、活体检测技术实现用户实名认证及实人检测，让老百姓安全、快速地完成"我就是我"的证明过程

让百姓办事像网购
根据用户标签、用户行为、地理位置、事项关联等条件为每个用户推送不同服务清单，每个人看到的信息都是自己想要的内容

让百姓办事零跑腿
基于区块链技术搭建电子证照系统及数据共享平台，支撑"数据跑路"，推进百姓办事"零跑腿"，提升服务效率和用户体验

让百姓开口能办事
基于语音识别、语音合成、自然语言理解等技术，允许客户以语音方式表达业务需求，通过语音即可完成如公积金查询等办事操作

让百姓24小时易办事
利用大数据和人工智能技术提供7天×24小时在线查询和咨询服务，快速理解、准确定位客户问题，帮助客户快速获取信息

让管理服务更智慧
整合治理政务服务大数据，深化共享和利用，让政府精准掌握民生关注、社会热点和痛点，提升决策科学性及预测预警精准性

人脸识别　语音导航　千人千面　政务服务　智能客服　区块链　大数据

图6-3　金融科技助力政务服务

专业优势

政务事项办理流程标准化始终是智慧政务建设的最大痛点之一。建行在服务数字政府建设过程中已提供超过330万条政务事项和700万项实施清单的标准化梳理，形成了政务梳理的方法论和工具箱。在政务事项梳理及标准化方面的经验可以让建行为政府提供专业的咨询服务，成为政府的"智库"。同时，无论企业还是个人，在政务事项办理过程中

往往都会产生多样化的金融需求，建行可以提供从基础的线上缴费、资金划拨流转到综合化的金融产品等"一揽子"金融服务，并将其无感嵌入政务办理的过程中，建立"政务服务＋公共服务＋金融服务"有机融合的生态体系，丰富政务业务内涵。

渠道优势

纵深广布的建行网点和覆盖面积更广、下沉层级更深的 STM、"裕农通"服务点等基层网络，是帮助政府构建智慧政务生态系统的重要补充力量。目前，建行已经把 1.4 万个网点建成百姓身边的政务办事大厅，为百姓提供了家门口的综合服务。从天山南北到江浙水乡，从西南边陲到东北雪嶂，建行共建"裕农通"服务点 48 万个，覆盖全国 80%的乡镇及行政村，已然成为扎根乡村的金融基础设施。

安全优势

企业级信息安全能力是保障政务数据安全的基础。建行信息系统安全级别达到等级保护四级，即非军事信息安全最高等级。在公安部组织的网络攻防演习中，防守零失分，攻击队获得央企第一名。从物理、网络、数据、系统到应用提供全领域的安全管理与监控，可以满足不同应用场景的安全需求，解决各级政务系统对于数据安全的后顾之忧。

第二节　服务 G 端的新路径

一路走来，建行智慧政务历经三年三蝶变，走过了科技驱动、数据驱动和场景驱动三个发展阶段（见图6-4）。

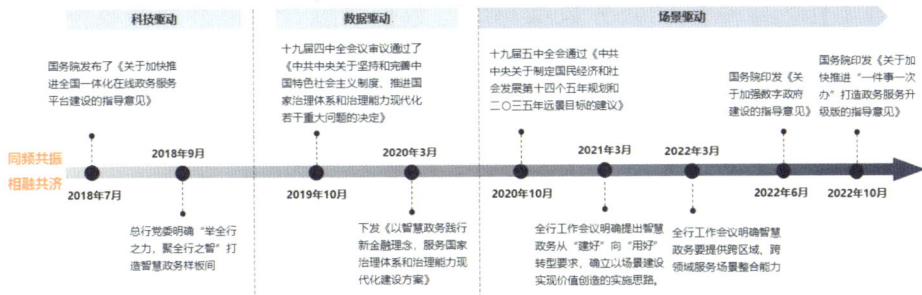

图6-4 三个阶段发展路线图

第一阶段以科技为核心驱动，助力政务平台的搭建。2018年7月，国务院发布了《关于加快推进全国一体化在线政务服务平台建设的指导意见》，提出深入推进"放管服"改革，加快推进全国一体化在线政务服务平台建设要求。同年9月，建行以参与云南"互联网＋政务服务"建设为契机，打造了云南省级智慧政务样板间。2019年1月，云南"一部手机办事通"上线；同年，建行将智慧政务确立为全行战略，明确"四年三步走①"的实施规划以及6个方面19项重点任务，以云南智慧政务为样板，智慧政务开始向全行层面推进。围绕线下政务服务线上化，重点打造移动端手机App、PC端门户网站等政务服务基础设施，建行智慧政务平台建设从云南开始逐步在全国推广，为后续不断提升智慧政务内涵奠定了基础。

第二阶段以数据为核心驱动，深化政银之间的有机融合。党的十九届四中全会明确了推进国家治理体系和治理能力现代化的战略任务。为落实全会精神，建行提出以智慧政务服务国家治理体系和治理能力现代化的总体目标和层次化推进的深化举措，明确了实现五个"全覆盖"的阶段性目标和因地制宜分类推进策略；同年，建行成立智慧政务战略专

---

① 指从2019年年初到2022年：第一步，到2019年年底，建立智慧政务服务领域的同业领先优势；第二步，到2020年年底，形成平台经营优势；第三步，到2022年年底，通过实施智慧政务提升第一曲线，推动第二曲线发展。

家咨询委员会，开展了智慧政务大数据绿树工程和数字力赋能智慧政务专题工作，重点推动政务数据与金融数据的融合，持续加强政务数据的应用探索，以数据驱动智慧政务拓维升级。政务服务数据与金融服务数据的融合建模和应用创新，产生了新领域的发展机遇。数据标准化同时带动了业务的标准化，引领业务梳理向更加细粒度、精细化的层级发展，传统业务领域焕发了新的生机，海量的政务数据带动机构业务开启了政银融合共治的新阶段。

第三阶段以场景为核心驱动，由"建好"向"用好"转型。存量博弈中银行同质化的服务"内卷"愈演愈烈，"金融脱媒"加剧，传统路径已难获增量。于非金融场景中"迂回"嵌入金融服务，以"开放银行"的模式敏捷响应、高效满足特定场景中的用户需求，场景驱动成为"破局"的关键。2021年，建行智慧政务以"用好平台年"为发展主题，重点推进十项主要任务（一套体系、二项重点、三大能力、四类场景）；深度参与国家平台"跨省通办"支撑系统业务与技术标准制定，应国办电子政务办和中共中央党校（国家行政学院）电子政务研究中心要求，结合建行实践提交多份专题研究报告，形成《关于加强"数字政府"建设指导意见的建议稿》。围绕政务事项梳理能力提升、政务数据的分析和应用、政务类资金拨付和监管等内容，加强智慧政务向各民生场景的拓展延伸。

应时之变，三年笃行。助力各级政府数字政府建设，主动融入服务国家战略实施和发展是国有银行天然的应尽之责。通过三个阶段的发展历程可以看到，建行智慧政务与国家数字政府建设同向同域。建行秉承"共建、共治、共享"的新金融理念，围绕数字治理咨询、政务数据治理、政银服务融合等领域的现代化治理能力建设，一条与数字政府转型相融共进，与机构业务发展紧密相连，致力于优政、兴企、惠民的新路径越走越宽（见图6-5）。

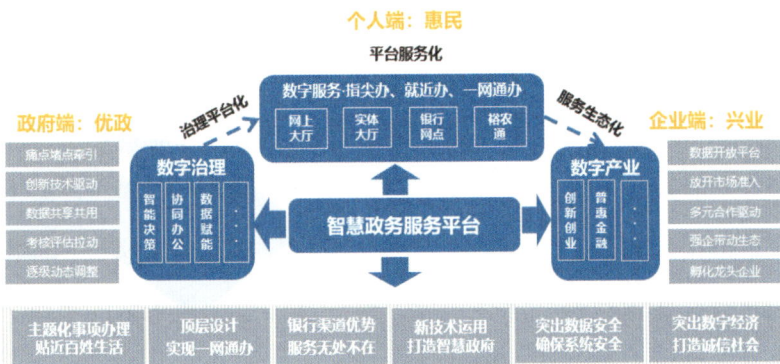

图 6-5　建行智慧政务服务体系

优政——赋能基层治理

2022 年年初，新冠疫情在全国各地多点散发，常态化疫情防控对基层治理能力提出了严峻挑战。在山西，建行在"三晋通"（见图 6-6）平台推出"退热药品销售登记信息系统"，实现全省药品零售企业退热药品销售信息实时上传、及时跟踪、有效分析和精准推送，一举解决纸质登记错误率高、数据汇总效率低、老百姓买药费时费力的痛点，为流调提供了及时准确的信息保障。

图 6-6　"三晋通"App 界面

这样赋能基层治理、为基层减负的例子还有很多。埋头填表、多头报表、急报催报是基层最头疼的问题之一，"上面千条线，下面一根针"，填表报表占据了很大一部分精力。建行助力政府重塑数据上报流程、建立数据共享机制，打破基层考核中的"表格主义""台账主义"，简化表单填报，逐步解决表格多、多头报、数据不共享这一长期困扰基层的老问题，实现数据一体化集成，解放基层干部被束缚的手脚，每名社工每月平均可以节省约 30 小时。

建行智慧政务通过平台创新基层智慧治理，为基层减负赋能，自上而下打通政务服务"最后一公里"，推动政务服务向基层下沉，提升网格化治理效能，以轻量级的移动端和银行网点物理渠道将政务服务与金融服务落地到国家和省、市、县、乡、村五级政府末梢。除了省、市级平台，在协助推动"数字乡村"建设发展中，建行由智慧政务向智慧村务延伸覆盖，打造了智慧村务综合服务平台。通过数字化服务场景搭建，整合农村信息资源，规范农村事务管理流程，从村委会、村集体、村干部、村民等多维度用户视角出发，采用标准化流程实现村务综合服务，缩小城乡"数字鸿沟"，助力实现乡村基本公共服务均等化、乡村治理体系和治理能力现代化。

目前，建行已为"一办一会两区域"（电子政务办公室国家政务服务平台、银保监会平台，以及京津冀区域和西南五省份），以及 14 省份、13 市搭建"互联网＋政务""互联网＋监管"平台或应用场景，平台注册用户总量达 2.3 亿，办件量超过 30 亿笔。根据《省级政府和重点城市一体化政务服务能力调查评估报告（2022）》，建行参建智慧政务的省（区、市），政务服务能力得以提升和保持的比例超过 90%，其中重庆、河北、山东、江苏 4 省（市）评价达到最高评级。在公布的典型案例中，河北依托建行渠道，建设"政务服务一公里服务圈"，实现行政村政务服务直达，群众常办事项不用出村，就近即可办理；陕西通过政银合作，与建行共建"秦务员"线上线下一体化服务网络，形成了贯通省、市、县、乡、村五级联动服务体系；江苏共享银行网点渠道办政务，构建全省政务服务一张网……

兴企——优化营商环境

我国是世界第一大出口国。对于千千万万进出口企业来说，曾经饱受流程冗长、填报烦琐的外汇业务困扰，因流程不熟或要求不统一等问题，"弹簧门""随机门"和多次反复办理的情况时有发生，一定程度上阻碍了外贸窗口期企业的快速发展。针对这一痛点，建行与国家口岸办合作，把预约开户、跨境收付汇、贸易融资统一归集到海关"单一窗口"，一站式办理海关、检疫、金融等事务，让通关更顺畅。如今，进出口企业以往在银行和海关之间反复的"折返跑"成为历史，企业办事"最多跑一次""不见面审批""一网通办"等美好畅想在智慧政务的加持下逐步变成现实。

新产业、新业态、新经济的蓬勃发展和市场主体数量的井喷式增长，给政府治理带来了新的严峻挑战。类似的"难言之痛"还有很多，这些"痛点"问题得不到解决，将从根本上制约我国经济高质量发展。针对市场主体对改善营商环境的迫切需求，建行智慧政务平台着力破解企业和群众反映强烈的办事难、办事慢、办事繁等问题，为各级政府搭建全事项、全流程、全场景应用的政务综合性服务平台，实现行政审批电子化、民生支付数字化、行业应用智能化、城市服务综合化、线上线下一体化等功能，让"办事不求人、审批不见面、最多跑一次"成为现实，助力激发各类市场主体活力。依托智慧政务建设，把过去管理"过多""过死"的事项精简下来，把应该由市场机制决定的事情交还市场，让企业办事减环节、减材料、减时间、减跑动，用政府权力的"减法"

换取了市场活力和创新力的"加法"（见图6-7）。

<table>
<tr><td>专栏6-2　　"渝快办"赋能营商环境再优化</td></tr>
</table>

　　建行助力重庆市打造的"渝快办"平台，将世界银行营商环境评价体系中6项涉及政务服务的功能全部接入，推动政府服务能力持续提升。开办企业由8.5天压缩至1天，最快2小时；社会投资小型低风险项目工程建设审批由45个流程、190天缩减为10个流程、37.5天审批办结；电子证照应用场景大幅拓展，将原有的4类电子证照增加至21类，电子证照数量从1000万增加至1.2亿。

　　开办企业是优化营商环境考核的一项重要指标。依托"渝快办"，营业执照、刻制印章、申领发票、员工参保登记、银行预约开户、单位公积金账户设立等全部开办企业流程实现"掌上办""指尖办"。紧盯企业主体准入难的"堵点""痛点"，多策并举化解开办企业"急难愁盼"。

　　一是解决便利性不足问题。通过"渝快办"，证明材料用手机即可即拍即传，为创业者们提供便利的开办企业服务。二是解决安全性不强问题。通过"渝快办"手机号码、身份证、人脸识别等四级实名认证体系，遏制冒用他人身份信息办理登记违法行为。三是解决部门协同不够问题。通过区块链技术进一步整合开办企业涉及的市场监管部门办理营业执照、公安部门刻制印章、税务部门申领发票、人力社保部门员工参保登记等多个办事环节，全流程、全链条优化再造。四是解决电子证照运用不充分问题。企业可通过"渝快办"快捷下载电子营业执照和电子印章。通过注册扫描二维码实现证照出示、系统登录、年度报告、公积金办理、银行开户等场景应用，实现开办企业和电子证照应用无缝衔接。

图 6-7 建行网点中的行政审批自助一体机

营商环境的改善是多维度、立体化的过程，建行助力各级政府从事项管理、主题梳理、信用体系和实时监管等四个方面进行了初步探索。

——事项性管理"一单清"。智慧政务不是简单地将线下事项搬到线上，而是通过对政务服务事项进行流程再造，优化办事程序，精简审批材料，提升要件复用率和审批效率，变以往繁复的流程为一次性办结。

——主题化办理"一站式"。智慧政务从企业办事的视角出发，将联系紧密、互为前后关系的事项串联成主题，按照生态圈链、一站式理念梳理办事主题。通过"主题化""套餐式"服务，提高企业办事、信息流通效率，降低办事成本，推动政府改革红利变现，转化成激发市场活力和社会创造力的驱动引擎。

——信用体系"全覆盖"。为助力完善诚信建设长效机制、健全覆盖全社会的征信体系，建行迈出将政务数据和银行征信数据有机融合的创造性一步，打造线上信用平台，助力政府构建覆盖企业和个人、城市和乡村的全社会信用体系。在河北，建行以智慧政务平台为载体助力构建全省社会信用体系，建成了省、市、县、乡、村五级一体化的信用平台，创新农村集体经济组织评分卡业务模式，探索信用交易方式的标准化路径。

——约束权力"+监管"。聚焦规范监管、精准监管、联合监管、监管全覆盖和对监管的"监管"，建行联合政府打造"互联网+监管"平台，优化监管环境，助力政府解决监管工作力量不足、联合监管协同难度大、监管工作预见性不高、对监管的监督不到位等问题。

除了为企业提供更便捷更优质的服务体验，司法维权渠道的畅通和司法服务的高效供给同样是构成营商环境的重要一环。建行协助重庆市高级人民法院，探索以"系统搭建+审理规则创新"为核心的数字金融纠纷一体化解决机制，有效破解了目前线上普惠金融贷款普遍存在的诉讼受理难、举证难、执行难等诸多问题。通过银院共同搭建易诉讼平台、云上共享法庭等方式，实现普惠贷款诉讼全线上智能化、批量化、流程化管理闭环，畅通诉讼时间长、司法成本高等堵点。整体诉讼时间由420天压缩至120天，服务效能提升超过4倍，助力提升司法处置效率，缓解传统模式下司法资源需求和供给之间的矛盾。

惠民——让群众少跑路

传统的管理思维以政府各职能部门的职责边界为出发点，往往从企业和百姓办事角度只是一个单一事项，但从管理职责角度却因各部门权责的划分，同一事项被分为了多段，造成了互联互通难、数据共享难、业务协同难等问题，给企业和百姓办事带来了诸多困扰。智慧政务治理思维就是去条块化，打破部门间信息壁垒，畅通事项办理流程，推动政务服务、公共服务、民生服务由自上而下的"供给决定需求"，转变为自下而上的"需求引导供给"，其核心在于简政放权、激发活力、方便民众，重构政府、社会、公民之间的关系模式。"只办一件事、只填一张表、全程一网办"，让百姓少跑腿、好办事、不添堵，实现从"群众跑腿"到"数据跑腿"（见图6-8）。

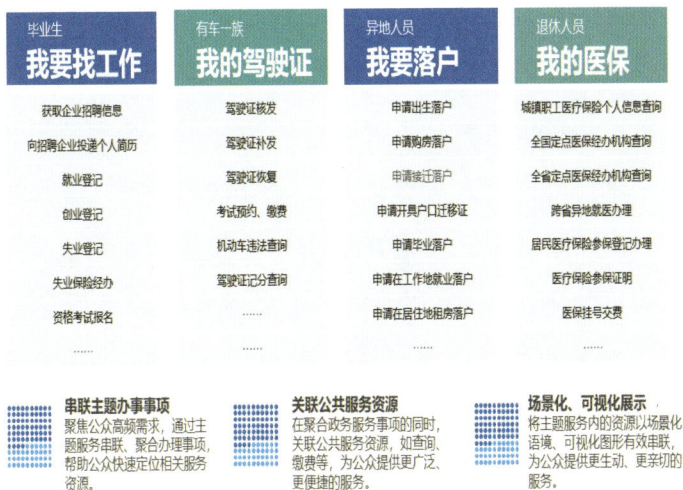

毕业生 **我要找工作**	有车一族 **我的驾驶证**	异地人员 **我要落户**	退休人员 **我的医保**
获取企业招聘信息	驾驶证核发	申请出生落户	城镇职工医疗保险个人信息查询
向招聘企业投递个人简历	驾驶证补发	申请购房落户	全国定点医保经办机构查询
就业登记	驾驶证恢复	申请接迁落户	全省定点医保经办机构查询
创业登记	考试预约、缴费	申请开具户口迁移证	跨省异地就医办理
失业登记	机动车违法查询	申请毕业落户	居民医疗保险登记办理
失业保险经办	驾驶证分查询	申请在工作地就业落户	医疗保险参保证明
资格考试报名		申请在居住地租房落户	医保挂号交费
……	……	……	……

串联主题办事事项
聚焦公众高频需求，通过主题服务串联、聚合办理事项，帮助公众快速定位相关服务资源。

关联公共服务资源
在聚合政务服务事项的同时，关联公共服务资源，如查询、缴费等，为公众提供更广泛、更便捷的服务。

场景化、可视化展示
将主题服务内的资源以场景化语境、可视化图形有效联接，为公众提供更生动、更亲切的服务。

图 6-8 主题化办事示例

建行还在全国范围内率先打造"家门口的办事大厅"（见图6-9）。以往百姓办政务只能去当地的政务服务大厅，渠道少、排队久、多头办、往返跑等痛点突出，建行发挥营业网点"布局面广、贴近市场、熟悉客户"等优势，推进智慧政务进网点，实现政务服务"就近办、身边办"。

图 6-9 建行网点中的政务服务区

专栏6-3　身边办——百姓家门口的办事大厅

2019年，建行与深圳市政府合作推动"政务通办"，把深圳市分行207家网点变成了百姓"家门口的办事大厅"，实现深圳市10区全覆盖。建行智慧柜员机累计接入170余项深圳政务，覆盖社保、公积金、公安、市场监督、不动产、司法、税务等高频场景。百姓可在建行免费打印"个人房产证明""社保参保证明""无犯罪记录证明"等文件。深圳市外来人口占绝大多数，除本地事项外，建行智慧政务陆续接入11省市226项"跨省通办"政务服务，2021年累计为深圳外来人口提供5万多次跨省通办服务。"政务通办"以金融手段解决社会问题，为企业群众办实事、办好事，推出"便民服务专窗""惠民服务专机""亲民服务专人"三专特色服务，获得2021年深圳市金融创新奖一等奖。

走进上海任何一家建行网点，通过智慧政务一体机，百姓不仅可以办理上海本地政务，还可办理养老、社保医保、公积金、医疗卫生、不动产、便民缴费、公安户政、司法仲裁等2000余项跨省政务事项，有效解决了跨省办事"多地跑""往返跑"问题。

"跨省通办"在上海市分行率先上线后，建行接续为重庆、四川、贵州、云南、西藏打造"跨省通办"服务专区，通办事项线下异地代收代办，线上信息自动分发、流转，"无差别受理、同标准办理"，构筑起一条"西南五省份"区域信息高速公路。

广东作为全国人口流入最多的地区之一，每年都会吸引大量的外来务工人员，外省流入常住人口近3000万人。过去，不少政务事项必须返回原籍办理，一件小事就可能变成困扰百姓的大事。为了把"大事化小"，建行协助广东省人民政府，将福建、广西、湖北、湖南、江西、河南等 10 个省（区、市）共 159 项政务服务引入广东，在建行网点的智慧柜员机上就能办理。

这样"跨"出的美好背后，是建行通过数据标准化梳理，实现电子证照互通互认，助力推动政务数据共享、破解政府信息条块化和数据孤岛等难题的具体实践。政务服务逐步从"能办"转向"好办""易办"。

第三节 G 端经营的新打法

今天，建行已成为 G 端客户数字化转型中同行的伙伴，社会价值日益凸显。但智慧政务要实现商业可持续，还需进一步挖掘 G 端经营价值，从场景中创造效益。通过非金融的介入，抓住客户痛点并提供解决方案，才能赢得金融服务切入的机会。

形成新打法

在政府新旧技术的迭代、新旧业态的变革、新旧范式的更替之中，传统模式下 G 端经营的"第一曲线"已临近拐点。为开辟"第二曲线"，建行以智慧政务为抓手，逐步构建形成"有形目标、无形嵌入、平台经营、自然获客"的新打法。

一是有形目标。G 端经营的价值目标是在深入了解客户的基础上，找到创造价值、嵌入金融服务的锚点，设计配套综合解决方案。这个目标看似无从下手，实则有迹可循。在事项梳理过程中，可获取政务服务中各层级政府和各圈层用户多方行为，以及在对应场景中产生的业务流、数据流和资金流。了解客户在场景中的行为"动线"、厘清业务痛点堵点难点、挖掘优化体验提升空间、寻找价值创造埋点，"有形目标"就在这个过程中不求自得。

政务事项梳理的关键在于从全局中抓重点，在重点中抓具体，提升对典型办事场景进行逐项分类归纳的能力，即事项梳理能力（如"开办餐厅"场景，包括了申请办理工商执照、卫生许可证、餐饮经营许可证、排污许可证等一系列行政许可事项）。对单个场景中涉及的多个事项的办理流程、申报材料、填写表格等环节进行分析，采用流程串并、材料互通、表单合并等手段，将多个政务服务事项重新整合打包，设计出一套能够线上办理、基于需求场景的政务服务流程。在狠下"笨功夫"、梳理超过千万项政务事项和实施清单之后，事项梳理能力已成为建行智慧政务核心竞争力之一。此外，政务事项流程优化能力也是"政务咨询"中重要的进阶能力。建行智慧政务累积了较为丰富的事项标准化经验，打造了"事项梳理工具箱"，并逐步规范细化了政府履职清单、施政清单、服务清单，形成了可复制的政务事项基本目录、实施流程和办事指南。

二是无形嵌入。未来银行既是"消失的银行"，也是"无处不在的银行"。用户对良莠不齐、推销痕迹明显的金融服务已心存戒备，很难再主动点击各种平台上令人眼花缭乱、"套路"满满的链接。建行智慧政务以用户体验为出发点，将政务服务和金融服务放在一起进行结构化、功能化、数据化的拆分和解构，寻找两者无缝衔接、互为载体的融合态，形成相互渗透的业务服务管理闭环，努力实现"无形嵌入"。

在河北省政务服务平台"冀时办"上办理线上水电气暖缴费时，用户有两种支付方式，一种是用建行账户支付，另一种是用"冀时办"上的电子钱包支付。电子钱包作为虚拟账户，可以绑定 28 家银行的银行卡，用户可以自行选择。同时，每开立一个电子钱包将会自动开立一个建行的二类或三类账户，全流程线上化，让用户在无感中享受便捷的金融服务。在无形服务中形成了政务业务的数据和技术标准，这种"无形嵌入"提高了金融同业洞察、模仿、跟进的门槛，让建行得以建立更加主动的竞争优势。

三是平台经营。在"有形目标"和"无形嵌入"的基础上，渐次深入的"平台经营"理念是智慧政务实现可持续发展的基石。从高频政务服务事项着手（如生育登记等），寻求金融服务切入，找到高频政务服务中金融服务或产品关联价值最大化的重要场景（如公积金提取和房贷按揭等），聚焦最能引发用户首次注册或金融产品首次使用的核心场景（如工商注册登记和预约开户等）。三个层次逐层深入，实现平台价值最大化。例如，在广州市市场监督管理局"一网通"平台中接入建行对公预开户系统，嵌入线上预约开户通道，企业主在线办理企业开办手续的同时，即同步引流进入建行对公账户开立流程，从源头获客留客，为客户提供后续一揽子金融服务。

四是自然获客。通过"创链"和"融合"进一步扩大自然获客的范围。"创链"即发现场景之间的关联性，形成场景"亲缘关系拓扑结构"，创建场景关系链和产品价值链，由内部垂直协同向平行协同倾斜，通过场景衍生的承接扩大产品服务覆盖度。"融合"即打通各渠道壁垒。一方面，推进线下与线上服务的融合，如工程项目审批—公共资源交易场景关系链中，通过线上全流程跟踪，对应客户事项进展时点，线下主动出击，精准营销推送工程造价咨询、企业开户、投标贷、中标贷、投标保函、投标保证金等产品，形成价值服务链。另一方面，建行把1.4万余个网点建成百姓身边的政务办事大厅，网点智慧柜员机（STM）上线政务事项近8000项，累计用户数超过2000万个（见

图 6-10），业务办理量 6000 余万笔。在办理政务事项的同时，社保、医保、公积金等与金融高度关联的高频政务事项也为网点带来了服务客户、拓展业务的新商机。智慧政务的加持让网点的角色被重新定义，一些"沉睡"的网点再次焕发了新的活力。

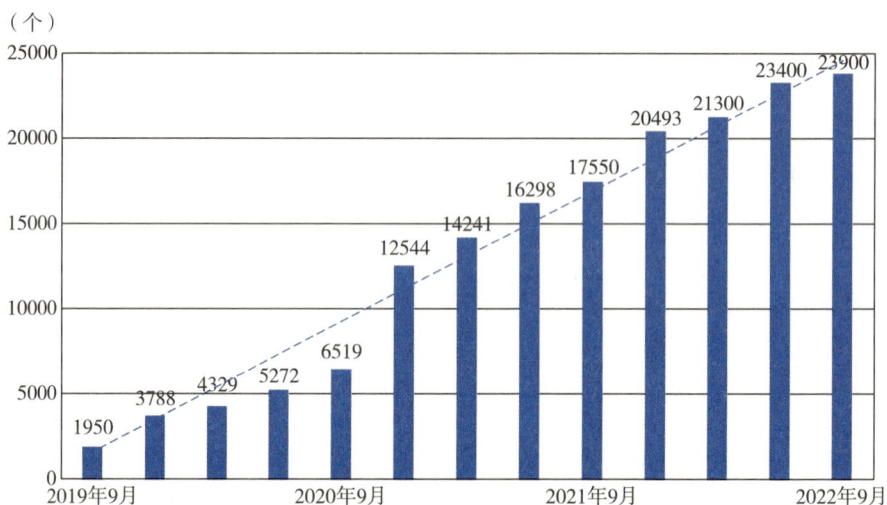

（个）

图 6-10　智慧政务注册用户增长趋势图

打造四大经营支柱

为提升智慧政务平台的跨界价值，建行构建了智慧政务"1345*N"[①]场景创效的业务架构（见图 6-11），以金融"产品 + 服务 + 权益"的解构融入，打通非金融与金融场景壁垒，形成了"政事通""政数通""政付通""政银通"四大场景化经营支柱，多场景跨界链入探索 G 端新的经营价值。

① 一大愿景：服务数字中国新发展，建立客户管理新模式。三大目标：优政——连接 G 端，兴企——赋能 B 端，惠民——通达 C 端。四大支柱：政事通、政付通、政数通和政银通。五大技术：A——人工智能，B——区块链，C——云计算，D——大数据，I——物联网。N 指教育、健康、财政、乡村、宗教、养老等 N 大创效场景。

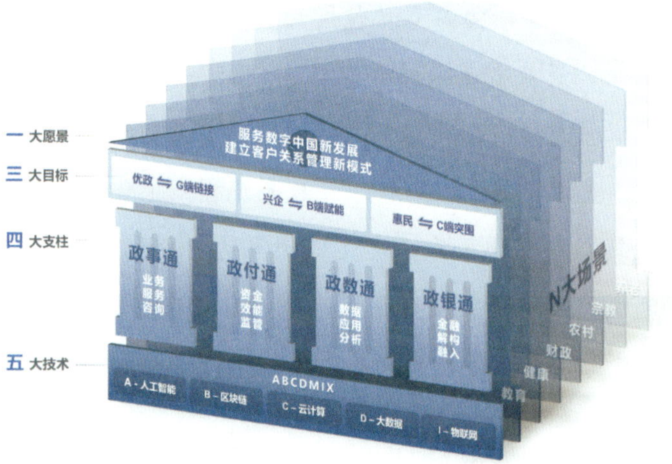

图 6-11 "1345*N"智慧政务平台化经营架构

——政事通，即协助政府开展政务事项的梳理和业务流程优化，夯实业务咨询能力的基础，通过"业务流"的梳理发现"资金流"和"数据流"，探寻政务与金融服务融合的切入点。

政务事项梳理是支撑智慧政务平台的"硬实力"，是决定智慧政务成效的重要基础性工作。建行在平台对外赋能中，通过数据活化、信息反显和流程再造，持续深入政务和公共服务事项梳理，已从科技平台的建设者成长为可输出流程优化能力的"政务咨询"专家。例如，针对各地司法监狱在手工记账、管理安全及监内消费等方面的治理痛点，建行以狱政管理者、服刑人员、狱企等监狱场景中涉及对象的视角，梳理角色行为流程，建立不同对象间的关联，聚焦业务堵点痛点难点，形成标准化监狱场景数字化解决方案，实现监狱客户批量合作开户，市场覆盖率达 63%。

专栏6-4 智慧赋能妥处涉众案件

"泛亚有色"案件是国务院督办的全国性、跨省份重大风险案件，涉案金额大、涉及人员多、分布地域广，以往通过线下办理信息登记和核实需要多个政府部门的协调和资源投入，给各地公安派出所、基层法庭、街道综治中心等基层单位增加极大的负担和困难。建行作为独家代理昆明"泛亚有色"涉众案件案款第一阶段发还工作的银行，通过对线下审理流程的梳理和优化，应用"智慧政法"平台，助力法院实现申报、受理、登记、审核、发放全流程线上化。18天完成第一阶段从申报到案款发还工作，发还成功率达到99%，案款发还期间，应急咨询电话种类和数量由初期高峰时550余次逐日下降为0，实现服务零投诉、舆情零报告，得到了云南省市两级政府的肯定。

——政数通，即协助政府做好对数据的场景化应用，释放数据价值，一方面通过数据看板对特定场景的实时监测和精准评估，为政府提供决策辅助；另一方面细化用户数据旅程，做好金融服务产品的嵌入（见图6-12）。

图 6-12　数据共享系统功能视图

数据不是一切，但一切都会变成数据。数据已成为一项关键生产要素，是基础中的基础，数字政府建设的成效很大程度上取决于数据挖掘和应用。平台的建设和运行天然带来了数字化建设的新元素：涵盖证照、监管、好/差评等各类型近6亿余条的数据，但现阶段我国对大量政务和公共服务数据有效的价值转化还远远不够。建行在搭建平台的过程中不断提高"算力＋算法"，为政府提供更高效、更精准、更个性的智慧政务服务，助力提升各层级政府社会治理的"数商"。

为深化数据开发利用、提高中小微企业贷款可得性，建行为河北省建设了政务大数据中心和五级一体化信用平台，汇聚各部门、各地市的政务大数据超过100亿条，涵盖养老保险、纳税、电力、行政处罚等29类。依托这样海量的数据，引导金融机构将资源精准滴灌中小微企业。其中，中小企业融资信用服务平台（又称"信易贷"平台）通过政务办发文、签约等方式，与各厅局积极对接，汇聚人社、税务、市场监督、电力、不动产等各类经营类数据，创新普惠类信用贷款"冀信云贷"产品，用大数据对河北市场主体进行校验，精准定位到潜在目标普惠客群，上线不到半年时间，河北行普惠余额快速增长，余额及新增均居同业第一，已经形成了分行新的利基。

建行在数字治理上的经验，可以更好地协助政府加强政务数据管理和应用，通过联合建模等多种方式搭建数据应用场景，激发创新发展的新动能。当前，建行在省级政府"互联网＋监管"风险预警、黑龙江省"数字实验室"、上海市政府大数据合作、云南省数字政府样板间、雄安新区数据治理等项目中进行了有益实践。

——政付通，即聚焦政务服务中支付缴费业务的"资金流"，整合银行支付结算、资金监管、定向收付等功能，提供"政融支付＋资金监管"金融服务方案。

以微信、支付宝为代表，一场自下而上的支付革命让银行在C端零售支付市场基本失去了主动权。头部互联网企业凭借庞大的用户流量，其触手不断渗透延伸，银行具有传统优势的G端支付结算阵地岌岌可危，甚至可能会重蹈C端支付市场的覆辙。

建行适时推出的"政融支付"，是为政务缴费结算业务打造的统一支付渠道，也是政付通资金监管服务方案的核心组件。目前已对接超过 400 个各级政务服务平台，上线各类缴费费项上万个，覆盖不动产交易、非税、社保征收、法院诉讼费、学校学费、医院诊疗、水电煤气等多类服务场景，累计交易超过 9200 万笔。政付通资金监管服务方案已在浙江校外培训、重庆养老服务、深圳"预付无忧"预付费卡服务、厦门"法信"云公证服务、苏州养老金缴存服务等多个资金监管试点项目落地投产，带动了资金监管领域客户拓展及存款增长。例如，在深圳市政府发放新能源车、民办学校学位等专项补贴款项场景，政策补贴兑现时间紧、申请人资料审核难度较大、国库支付流程较慢。建行助力政府打造"政策兑现"平台，提供补贴资金线上"拨付 + 监管"综合化解决方案，在精准高效助力政府发放补贴的同时，也带来了 6 亿元对公存款和 8 万个人客户。再如，建行助力搭建"安心务工"系统，对接各施工企业农民工工资代发专户，为人社部门提供农民工工资实时管理、实名制发放及监测预警服务，保障农民工工资发放。

——政银通，即发挥金融特色化产品和专业化服务优势，以成人达己的价值创造逻辑，实现政府和银行协同共赢。

建行在无偿为政府搭建智慧政务平台、助力国家治理能力现代化的同时，也实现了自身机构业务高质量发展。一方面，智慧政务成为连接银行和政府的新桥梁，有些很难突破的机构业务有了切入点，对机构存款拉动效能凸显。经测算，自 2019 年起，14 个省级智慧政务平台落地的分行，机构业务日均存款增幅是未承建智慧政务分行的 3 倍，带动机构存款多增 1100 多亿元。另一方面，围绕财税、教育、医疗、司法、村务等重点场景，初步构建了服务 G 端的平台生态。智慧政务具有覆盖领域更广（政务服务涉及自然人和法人的全生命周期）、用户体量更大（面向社会全量客群）、信息真实（数据质量高）等优势，获客引流和业务围栏作用明显。以智慧政务带动 C 端客户拓展为例，2021 年智慧政务注册用户中接近 40% 为非建行客户，形成了超过 600 万的 C 端客户有效转化（见图 6–13）。

01 打造平台爆点应用，打牢用户基础

02 无感嵌入金融产品，拓宽获客渠道

获客创效

03 拓展网点服务内涵，实现引流获客

04 形成全场景生态，创新融合共建模式

05 加强数据共享，创新金融服务产品

图 6-13 获客创效路径

专栏6-5 云南"一部手机办事通"

2019 年年初，建行独家为云南省打造一体化政务服务平台"一部手机办事通"（以下简称"办事通"）。作为服务云南群众和市场主体的一站式服务总门户，上线运行以来注册人数超过 2300 万、办件量达到 1.7 亿件，深受当地人民群众欢迎和喜爱，连续三年荣获"全国省级政府优秀政务 App"，云南省在 2021 年国务院一体化政务服务能力评估中取得历史最好成绩，排名位次较 2017 年提升 9 位（见图6-14）。

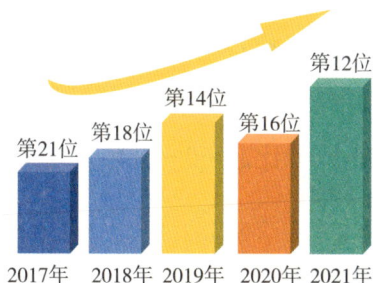

第21位 2017年
第18位 2018年
第14位 2019年
第16位 2020年
第12位 2021年

图 6-14 云南省一体化政务服务能力排名逐年提升

借助"办事通"构建的紧密关系，建行已成为云南省政府可信赖的合作伙伴。例如，在滇中引水项目中，得益于协助政府设计打造了工程建设资金监测管理系统，建行顺利成为滇中引水项目主办银行。与滇中引水在资金监管、项目融资、专项债发行上开展全面合作，账户、资金和代发等业务实现了全面对接，带动效应显著。

建行智慧政务也在重塑着银政伙伴关系。过去与政府机构客户打交道，往往是"尚未开口气短三分"，要存款、要账户，总是在"求人"。现在，以智慧政务作为连接银行和政府的新桥梁，建行主动为各地政府搭平台、建系统，解决其在政务事项优化、系统建设、考核评价中的难点痛点，由处处求人的"乙方"变成共同进退的"伙伴"，潜移默化中已经形成了新型银政伙伴关系。

2018年以来，随着全国统一的预算管理标准规范、上下级财政系统纵向贯通和财政数据集中化管理等方面改革的深入，财政直达资金范围不断扩大，税费直缴国库规模不断增加，大型银行财税客户资金承压较大（以财政性存款占比较大的国库定期存款为例，自2019年9月后，大型银行在国库定期存款份额占比长期低于中小型银行）。建行以智慧政务聚焦"小切口"，服务财政"大资金"，协助打造"数字财政"综合服务平台，以功能模块嵌入的方式，依托高效的数据整合分析能力，为财税等客户提供全方位服务，助推财政资金下游承接。基于这项工作，中央财政一体化试点首笔资金支付业务顺利在建行落地，超过50%的中央财政授权支付代理预算单位在建行开户，业务量市场占比超40%，服务费收入市场占比超60%，预算单位数、业务量、服务费均居同业第一。

第四节　新时代的"枫桥经验"
——辽宁"阳光三务"平台

2022 年 4 月，建行助力辽宁省纪委监委打造"阳光三务"平台，通过"辽事通"App、微信小程序等"云"模式，推动村级党务、村（居）务、财务依法依规公开，实现"小事"终结在村（社区）、"大事"终结在乡镇（街道）、"难事"终结在县（区），被称为新时代的"枫桥经验"。

作为建行智慧政务纵深推进的一项新成果，也是推动政务服务下乡村，助力打通基层治理"最后一公里"的一个缩影。详解"阳光三务"这个案例，可以一窥建行智慧政务近几年的发展成效。

小平台发挥大作用

通过公开基层信息、推动人民民主参与和防治基层微腐败，"阳光三务"及时把矛盾纠纷化解在基层、化解在萌芽状态，为健全城乡社区治理体系提供了新的有益经验。

公开"三务"信息，化矛盾于萌芽

"阳光三务"平台是全国首个纵向贯通省、市、县、乡、村五级，横向打通纪检、组织、民政、农业等职能部门的三务公开"一张网"，把补贴发放、收益分配、工程建设等与村民利益息息相关的各类村务事项搬到了阳光下"晾晒"，做到"应公开尽公开"。如果对公开内容有质疑，村民可以在线反馈问题，直接提交到所在乡镇（街道），最大程度地把矛盾化解在基层，实现"小事不出村，大事不出镇，矛盾不上交，就地解决"。通过信息公开，规范了农村事务管理流程，起到了化解矛盾"减压阀"的作用，大幅减少了因村民对"三务"存疑而引发的各种矛盾。平台上线仅半年时间，辽宁省纪检监察机关自收信访举报总量同比下降30.8%，其中，检举控告数量同比下降39.7%。

坚持人民主体参与，创新基层民主新范式

基层民主是全过程民主的重要体现。人民主体参与则是新时代基层民主的基石，是实现全过程民主的前提，也是"阳光三务"孜孜以求的重要目标。在使用设计上，坚持"为了群众、依靠群众、发动群众、服务群众"，系统设计突出"操作简便、简单易学"的原则，让不同人群都学得会、用得惯。在公开内容上，根据"三务"公开目录，逐类逐项设计建立统一的模板清单，抓住群众最关注、群众应知晓、群众最关心的内容及时公开。村民对村务更了解了，对财务更清楚了，不仅有效保障了村民的知情权，实现了基层党组织和村民之间的信息对称，也让群众在参与乡村治理的过程中真正找到了当家做主的感觉。目前，"阳光三务"平台已覆盖辽宁14个市100个县（区）1406个乡镇（街道）15927个村（社区），注册人数突破1100万人，月活跃用户达368.3万人。截至2022年10月，平台累计发布"三务"公开信息235.3万条，解答群众问题反馈1.7万个，群众满意度保持在99%以上。

防治"微腐败"，净化基层政治生态

阳光是最好的防腐剂。"阳光三务"覆盖基层所有党务、村（居）务和财务工作，将基层"微权力"全部纳入监督范围，从源头抓早抓小

抓常，实现以公开防腐败、以公开促公正、以公开赢民心。村民除了可以随时了解村里的大事小情和大账小账，还可以通过"阳光三务"对身边小微权力越轨失范进行监督举报，让监督"关口前移"，防止新问题萌发、小问题变大、老问题复燃。"阳光三务"平台创新开发预警触发、数据分析等特色功能，用信息化、可视化的方式为纪检监察机关日常督查、监督执纪、线索获取提供帮助，当群众对某一发布事项反应强烈超过正常水平时，说明可能涉及违规情况，就会触发异常预警，为纪委监委发掘案件线索提供支持，将原来的事后监督，转变为事前、事中管理，进一步打通监督壁垒，靶向、综合、源头治理基层"微腐败"。

专栏6-6 阳光驱散"微腐败"

"之前一直心存侥幸，现在村上的'三务'都得上网、公开。这样一来，谁家得了啥补贴、补多少钱，村民们在家拿手机就能查到，无论如何这次也是躲不过去了……"沈阳市康平县某村原党支部书记甄某某，为支付村里积欠的招待费用，将目光盯向了耕地地力保护补贴，通过虚报补贴面积，累计套取补贴资金17万元。2022年以来，随着"阳光三务"推进力度持续加大，甄某某感到套取补贴的事情迟早要暴露，寝食难安的他选择主动坦白，如实向组织交代了问题。

北镇市在全面推进村级"阳光三务"监督检查中发现，某村未按照要求将发展规范化生猪养殖的乡村振兴项目在系统中即时公开，市纪委监委调查发现，该村党支部书记李某利用职务便利，通过伪造会议记录等手段，以村集体名义套取产业发展项目款80万元。根据这一线索，目前已对李某立案审查调查。

"阳光三务"是怎样炼成的

无论从平台的社会效应，还是从广泛的群众基础来看，"阳光三务"平台都可称得上是一款"爆款"平台。下文将从"把牢标准、吃透需求、全力保障"三个方面介绍"阳光三务"平台的建设过程，以解剖麻雀的方式尝试解答：一个"百姓爱用、治理管用、基层好用"的智慧政务平台是如何"从无到优"建设完成的。

把牢标准，做平台规范的设计者

平台建设要以用户体验为出发点。"阳光三务"平台涉及用户范围广、政府部门多，要使数据与信息在平台中流转通畅，群众和管理者都体验良好，起到高效公开和监督的作用，一套"好用、会用、管用"的全流程建设标准至关重要。

秉承好用的设计标准。一个平台是否好用、获得使用者认可，关键在于是否贴近使用场景和工作实际。建行广泛征集基层操作者、县区管理者、职能部门意见，并先后4次与辽宁省纪委监委、组织部、民政厅、农业农村厅召开推进会，最终形成涵盖182个功能点4万余字的功能需求书，对公开方式、公开内容、时间周期、回复时限等都作出明确要求，统一了全省操作标准。此外，平台制定统一的数据标准，对接各地个性化的"三务"公开平台，为"三资"监管平台、智慧党务平台、民政系统预留了端口，在整合资源进一步为基层减负的同时，为后续平台联动做好铺垫。

突出会用的使用标准。"阳光三务"平台面向全省群众，受众年龄跨度大、知识水平参差不齐，需要一款操作简便、易学的系统。因此，设计上使用一级操作架构，全部功能一个页面展示，全部操作一个页面完成，群众可从"辽事通"App和微信小程序双入口登录，随时查看。基层操作者使用计算机网页登录，仅需20分钟即可熟练使用系统，20秒内即可完成事项发布，真正实现了即学即用。

做实管用的管理标准。"阳光三务"平台实现了党务、村（居）务、财务的线上公开，但如何利用好数字化的工具为日常督查、监督执纪、线索获取提供帮助成为检验平台是否管用的硬指标。辽宁省分行以"跳出平台建平台"的思维，开发预警触发、数据分析等特色功能，用一张数据"大屏"动态展示各地区"阳光三务"工作推进情况，哪种问题反馈数量多、哪个地区事项反应强烈等可能涉及违规的预警情况一目了然，为管理者提供了数字化的分析和考核工具，实现管理有途径、考核有依据、调度有方向。

吃透需求，做解决方案的提供者

智慧政务从来就不是简单的技术开发，而是社会治理痛点整体解决方案和系统设计建设能力的集成。"阳光三务"平台吃透省纪委监委化解群众心结、解决基层"微腐败"、净化基层政治生态的核心需求，从四个方面发力提供定制化服务方案。

"三务"公开的范围精准化。不同于其他信息发布平台，辽宁省纪委监委在信息安全层面对"阳光三务"平台有着更高的建设标准。党务、村（居）务、财务公开的信息涉及群众切身利益，全面公开有可能造成村（社区）居民间的盲目攀比。因此，信息公开范围要控制在各村之内。为实现本村村民只能看本村公开信息的功能，建行确定了打标签的解决方案，由村委会、社区认定本村村民并批量导入，实现了"三务"公开范围精准控制。

干部群众的互动良性化。推进"三务"线上公开只是手段，目的是通过公开与群众共享信息，赢得群众信任。可是如果只有公开没有解答，群众心中疑问就不会消除，甚至会产生更大的疑问。为在第一时间打消群众疑问，建行设计开发了群众反馈评价功能。但反馈信息是否公开，由哪一层干部来回复等问题，又成为设计关键。针对此类问题，建行走村入户现场调研，最终确定群众提问点对点提交至后台管理员的模式，规避公开恶意评论带来的舆情风险；干部回复层级明确为乡镇、街道，避免了村（社区）掩盖问题的可能。

数据获取的渠道便利化。"阳光三务"平台试点推广以来，最常收到的需求就是各级管理者希望获取本地区的推广使用数据。面对基层的迫切需求，系统上线了报表统计和数据分析功能，为各级管理者提供数字化的管理工具，便于实时掌握本地区的工作进度。供管理者使用的大数据平台既有"三务"发布数等数量指标，也有群众满意度等比率指标；既有折线图展示发布量变化趋势，也有问题反馈分类饼状图展示占比；既有反馈及时性的城市排名，也有用户活跃度的热点分布，描绘出"阳光三务"的推进全貌。

监督执纪的手段智能化。作为纪委监委的平台，"阳光三务"离不开"监督"两个字。建行利用科技手段，在数据中筛选问题、发现问题。系统设置超期未发布、回复群众不及时、群众反馈异常和用户活跃异常四个预警模块。当公开事项应发布未发布超过15天或超过5个工作日未回复群众关切即触发超期预警，杜绝了基层执行者工作中的懈怠。当活跃用户月间波动达到20%即触发波动预警，积极防范数据造假。除了上述常规预警，"阳光三务"还开发了异常预警，当群众对某一发布事项反应强烈超过正常水平，可能涉及违规，预警提示将为纪委监委发掘案件线索提供支持，将原来的事后监督，转变到事前、事中管理上来。

全力保障，做民生工程的护航者

"阳光三务"启动时，正值辽宁新冠疫情暴发期，建行克服居家办公等疫情带来的不利因素，快速响应基层个性化需求，仅用时28天即实现平台上线运行。在平台试点运行期间，一周内操作员激增至1532人，"三务"信息仅3天即突破万条，随之而来的是如雪片般的优化建议。建行连夜逐条分析优化需求，研究开发方案，仅用时一周即完成全部43条需求优化。不同于部分互联网公司只做技术开发的服务模式，建行着眼于做政府长期的合作伙伴，发挥网点渠道、人力资源、研修中心培训等综合优势，发动各市县区建行主动对接，提供"一揽子服务"。辽宁省分行还选拔了100多名"阳光三务"培训讲师，设计制作了标准版操作手册、教学视频，开通24小时服务热线，随时解答操作问题，"线上＋线下"结合培训1.1万人次。

平台建设是一项长期性、厚基础的工作。"阳光三务"平台的建成看似偶然，实则是厚积薄发、水到渠成。2019年，建行助力辽宁省开发了全省唯一经过国务院认证的政务服务一体化平台——"辽事通"App，注册人数突破2100万人，业务办理量超19亿笔，成为辽宁百姓手中的"百事通"。2022年年初，中共辽宁省委颁布《关于净化基层政治生态的若干意见》，省纪委十三届二次全会出台一系列净化基层政治生态"组合拳"，推进"三务"公开被列为"第一拳"。辽宁省纪委书记到铁岭市昌图县调研期间，现场观看了昌图县堡力镇小城子村利用建行"智慧村务"平台开展村务公开的演示，对这种形式表示高度肯定，并提出要建设专属于辽宁百姓的"三务"公开线上平台。经过深入考察，凭借在"辽事通"建设中良好的合作基础和"智慧村务"广泛的功能契合，"阳光三务"承建在众多竞争企业中毫无悬念地花落建行。

不同于衣食住行类的高频生活场景，政务服务大多属于低频事项，政务平台与用户连接不够紧密、活跃度不高，这也是智慧政务服务提效和场景创效的一大痛点。"阳光三务"与群众利益息息相关，天然高频，通过与"三资"监管、"裕农通"等平台相互引流形成良性互动，可以进一步完善基层治理生态圈，提升平台经营活跃度，成为纵深推进智慧政务、促进"政务＋金融"有机融合的一个范例。

第七章

赋能B端

B 端即企业端（Business），指的是公司业务，是商业银行历史最为悠久的业务板块之一。公司业务过去很多年一直是银行业务版图中规模最大和利润最厚的业务板块。近年来各家银行纷纷提出向"大零售银行"转型，对私业务的地位和利润贡献度不断提升。诸多"明星银行""网红银行"，如富国银行、招商银行等都以零售业务见长，对公业务似乎已经势穷力蹙，成为"明日黄花"。然而实际情况并非如此。有学者努力破译全球市值最高的金融机构——摩根大通银行的崛起密码，得到的答案是"一站式的公司业务服务"[①]。对公业务始终是银行业务的"两翼"（对公＋对私）之一，依然是效益创造的核心板块，更是零售业务发展的主要依托。

当前，B 端市场已然步入白热化竞争状态，特别是在大企业业务方面，各家银行纷纷拼利率、拼价格，贷款利率降到了 3% 以内的"地板价"，"内卷"加剧，这反映出 B 端信贷供给结构性过剩而需求不足。相比融资，B 端客户更需要融智服务。

本章将介绍建行如何用新模式、新打法为公司客户提供融智服务，实现 B 端赋能。第一、第二节分别介绍建行的跨境智能撮合平台"全球撮合家"和资产供给平台"投资者联盟"，第三节介绍建行如何以新手艺服务大客户。

---

① 杜丽虹：《起底摩根大通：从"滑稽银行"到一站式金融服务平台的转变》，载《新财富》2016 年 12 月 1 日。

第一节　建行全球撮合家

2021年5月，作为独家承办第十二届中国中部投资贸易博览会官方专题活动的金融机构，建行联合中国驻匈牙利大使馆，依托"建行全球撮合家"（以下简称"全球撮合家"）跨境智能撮合平台，成功举办中博会配套活动"中部六省—匈牙利跨境撮合及跨境人民币推介会暨第二届中国—匈牙利地方合作机制会议"。中博会期间，来自山西的某农业开发公司对匈牙利某种子公司提供的优质彩椒种子表示出极大兴趣，希望可以把彩椒种子引进种植。在中国驻匈牙利大使馆的大力支持下，建行山西省分行与建行（欧洲）匈牙利分行联动，持续跟进双方洽谈进展，在交易习惯、沟通风格、经营理念、进口细节、通关事宜等方面与双方企业详细对接，形成一套明晰完备的种子进口贸易合作方案，并协助打通跨境贸易过程中的多方环节。经过一年多的努力，30余种匈牙利优质彩椒种子顺利完成海关清关，在经过山西省农业农村厅、海关等相关部门实地考察检测后，由该农业开发公司择机进行试种，适合中国百姓口味的匈牙利优质彩椒品种将走上国人的餐桌。

"全球撮合家"是建行于2019年年末推出的B2B跨境智能撮合平台，旨在解决跨境交易场景下信息不对称和交易成本高等痛点难点（见图7-1）。"全球撮合家"依托金融科技优势，通过先进技术手段搭建在线平台，为企业提供24小时不间断的跨境商品、项目和服务发布渠道，同时通过算法对海量的数据进行精准匹配和智能推送。在前端的撮合完成后，建行借助集团全牌照的优势，可为企业配套提供综合金融服务解决方案。

图 7-1 "全球撮合家"发展时间轴

特色服务

"全球撮合家"平台设有"跨境撮合""数字会展""活动大厅"等功能场景和"一带一路"、粤港澳大湾区、中欧班列、招商引资、医疗防疫、日本专区等特色主题专区（见图 7-2）。

图 7-2 "全球撮合家"特色主题专区

境内外企业注册成为平台用户后可自主发布商机。平台通过机控与人控相结合进行商机审核，不断提高信息质量。

依托"数字会展""活动沙龙"全链条、标准化流程管理的便利，平台支持境内外机构开展高频度线上活动。"全球撮合家"可提供三方面线上支持（见图7-3）。一是在线会展的流程管理，包括信息发布、企业报名、展位布置、供需对接等。二是运用虚拟现实技术建设3D数字展厅，360度呈现展品，打造沉浸式逛展体验。三是结合线上会议室和"云现场"，为境内外参与方提供多种形式的沟通途径。

图7-3 "全球撮合家"数字会展

自2020年5月上线以来，线上展会累计为35个国家和地区举办了210多场活动，覆盖绿色低碳、智能制造、跨境电商、消费升级、区域合作、乡村振兴等多个主题，服务境外企业达到了1.7万余家。同时，为广交会、消博会、中部博览会、中东欧博览会、东盟博览会、中非博览会等大型展会提供综合服务解决方案。

为精准服务国家重大战略，"全球撮合家"平台通过特色主题专区助力中国企业和产品走出国门，把国外的产品技术引进来。

"一带一路""粤港澳大湾区"专区一站式展示商机资源、营商环境、政策解读、新闻资讯和金融服务等信息；"中欧班列"专区集中展示班列沿线进出口贸易企业的采购信息和班列平台相关主题的跨境服务信息，打造场景嵌入式的金融服务，涵盖跨境运输、仓储、报关等各环节需求；"跨境投资"专区聚焦境内地方政府招商引资痛点，集中展示各地区位、政策、产业集群等优势，支持举办配套推介发布展示活动，已围绕东北振兴、中西部发展、智能制造、区域合作等主题构建了辽宁、四川、江苏、山东4个子板块，助力地方政府引资、引技、引智。

目前建行的境外机构已经覆盖31个国家和地区，通过代理行网络可进一步触达140多个国家和地区。跨境撮合平台一定程度上意味着把建行的国际化网络转化成一种公共资源，为企业和政府提供延伸服务和支持。例如俄乌冲突以后，建行欧洲华沙分行敏锐捕捉到欧洲各国为应对能源危机对光伏产品需求大增的市场机遇，协助国内17家光伏企业"云参展"波兰国际光伏产业博览会，收集85家欧洲企业数千兆瓦采购意向，达成意向金额近千万欧元（见图7-4）。在这一过程中，建行境外机构利用中国市场的强大吸引力，更好地与当地成熟的国际同业竞争，提升参与国际竞争的能力。

图7-4 建行在波兰国际再生能源光伏产业博览会的展位

在平台跨境撮合的基础上，建行客户经理及时跟进，实现线上线下联动和金融服务的精准衔接。

抗疫"神器"

"全球撮合家"推出后不久，新冠疫情暴发。2020年春节期间，建行迅速行动，协调境外机构日夜兼程在全球采买防疫物资支援国内，将1600余万件防疫物资运回国内，解决了抗疫物资紧缺的燃眉之急，尤其为武汉雷神山医院、武汉第一医院等援助重症呼吸机和ICU病房改造设备，为打赢"武汉保卫战"提供了支持。

后来，国内疫情形势趋于稳定，经济社会发展加快恢复，但全球疫情多点暴发并快速蔓延，各国对防疫物资需求仍在急剧攀升。为帮助国内企业开拓海外市场，助力全球疫情防控，建行利用"全球撮合家"平台迅速推出医疗防疫专区，广泛发动全球机构匹配境内外供需两端，促成了多笔防疫物资跨境撮合的成功交易。

特殊时期，"全球撮合家"一定程度上发挥着"民间外交"的作用。在南非，当建行约翰内斯堡分行得知当地华侨组织拟从中国采购防护口罩向一线警察捐助时，第一时间就将采购需求发布在了"全球撮合家"平台上。通过与建行江苏省分行联动，迅速在平台上锁定了江苏物资企业促成签约，并经我大使馆协调南非政府专机火速发货。在匈牙利，建行向匈牙利政府捐赠的2万只N95口罩历时四天于2020年3月23日运抵匈牙利国家卫生健康服务中心。该中心负责人在接收现场说："今天大雪纷飞，我们收到来自建行的抗疫医疗物资，非常感动。这批医疗物资是第一个到达中心的，我们在此向中国朋友表示深深的感谢。"2020年3月28日，建行捐赠的10台重症急救呼吸机也搭乘匈牙利政府专机运抵布达佩斯。匈牙利总理专门致信："患难见真情！在困难时刻与匈牙利人民风雨同舟，我为此由衷地感激。"

对于企业来说，跨境撮合除了帮助它们化解信息不对称、信息过载问题以外，在疫情期间全球产业链供应链出现断点、堵点时，也可帮助企业复工、复产、复市，重新畅通产业链供应链。疫情期间线下的物理阻隔为线上化、数字化、平台化的商业模式提供了难得的机遇。"全球撮合家"从过去的"锦上添花"变成了"雪中送炭"。

撮合思维

建行的这一波操作是跨界"搅局"吗？做中间商却不"赚差价"，建行的操作着实令人捉摸不透。对此，"全球撮合家"的团队有着不一样的理解。

他们说，撮合才是金融业的"看家本领"。无论是金融还是非金融领域，只要存在供给和需求，都有撮合思维发挥作用的空间。耶鲁大学经济学家、诺贝尔经济学奖得主罗伯特·席勒在《金融与好的社会》一书中提出："金融从业者核心的工作之一是撮合交易，不论这些交易的规模大小，正是此项工作将散落在各地的个人目标结合在一起。"[1] 这可谓对建行"全球撮合家"量身打造的"产品说明"和"价值背书"。

回溯历史，当今全球市值最高的金融机构——摩根大通银行的前身，正是老摩根家族在欧洲撮合美国国债发行时应运而生。中国近代票号的兴起，也是发端于晋商"汇通天下"以解通商兴业异地交割不便的宏愿。金融发源于撮合，银行兴旺于撮合，无论是"支付中介""信用中介"还是"交易中介""信息中介"，"中介"两个字恰如其分地揭示了银行业"交易撮合"的核心职能。在"全球撮合家"团队看来，在"需要银行服务，但不需要银行机构"的"未来已来"时代，只有在守住"支付中介""信用中介"的基础上不断提升完善银行的"交易中

---

① 罗伯特·席勒，束宇译：《金融与好的社会》，中信出版社 2012 年版。

介""信息中介"职能，银行业的发展基础才会更加厚实，未来才不致
"走向行将灭绝的白垩纪"（见图7-5）。

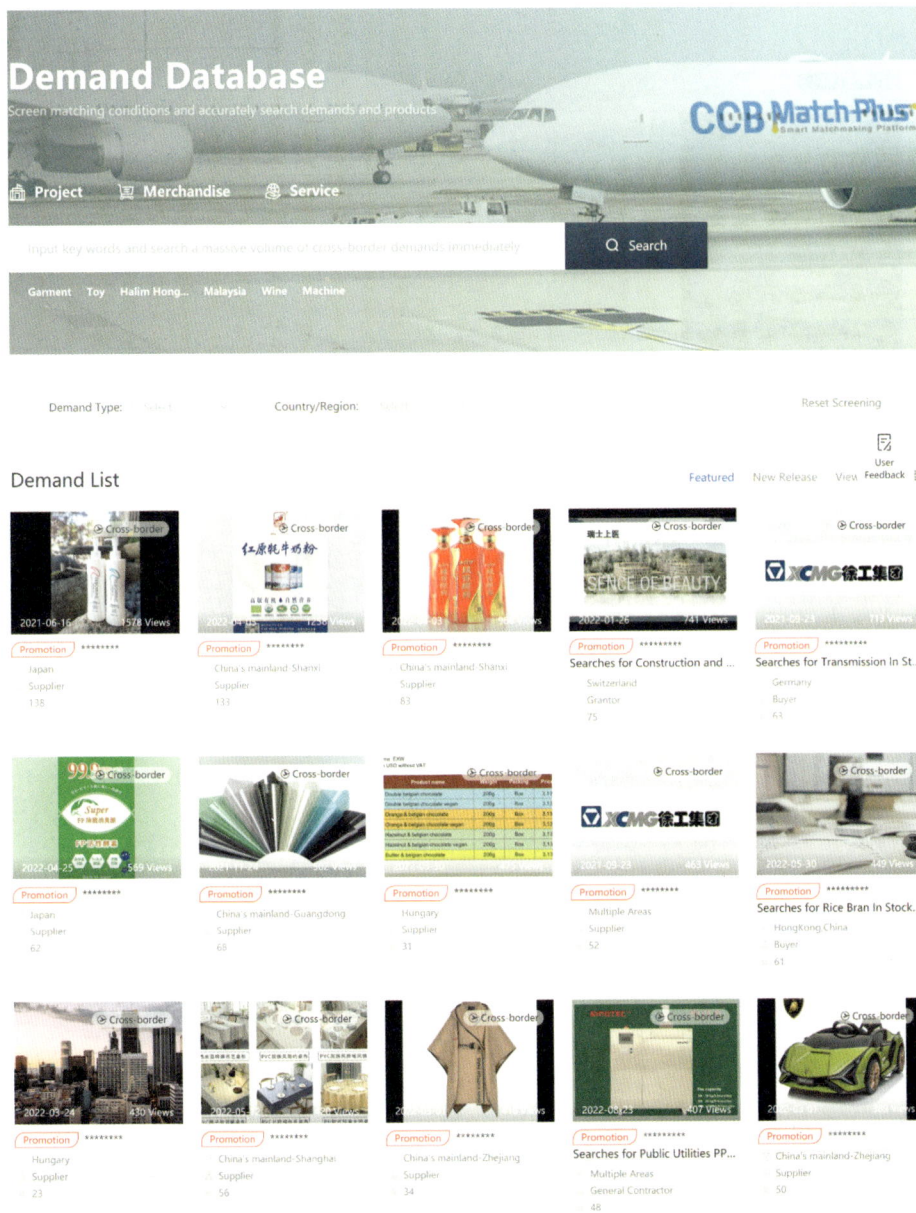

图 7-5 "全球撮合家"国际版（CCB MATCH PLUS）

经过不断探索，建行已经形成"建生态、搭场景、扩用户"的数字化打法。跨境撮合通过前端的非金融服务给后端的金融服务引流，构建获客新场景、新渠道（见图 7-6）。

图 7-6 "全球撮合家"跨境金融服务

"全球撮合家"最直接的商业价值体现在客户引流上。"深圳'智'造跨境撮合云展会""中国（山东）—东盟中小企业合作发展大会""中国重庆—瑞士苏黎世投资贸易云洽会""中马企业合作对接会"等，都成为跨境撮合、引流获客的重要场景。

各地分行也在一系列跨境撮合活动中"尝到甜头"，从"要我做"逐步转变为"我要做"。例如，通过"全球撮合家"，建行山东省分行建立了与山东省委外办等部门的常态化合作关系，2022 年先后承办"中国—太平洋岛国应对气候变化合作中心启用仪式""国际青年交流大会""世界入海口城市合作发展大会"等 6 场大型跨境活动，组织境内外企业线上观会 7000 余次，境内外参与企业 4000 余户。

开展跨境撮合也让建行对行业有了更深的理解。在一些专业领域，银行难以了解客户在行业里的地位和排名。在开展跨境撮合的过程中，通过行业专家、上下游企业和其他合作的同伴对客户的判断，可以帮助银行更好理解客户，对后续的风控有很大帮助。通过举办活动，发现和筛选行业中的优质客户，从而在营销中有的放矢，比"漫天撒网"更有效率。

截至目前，"全球撮合家"平台注册用户已超过23万，平台累计发布商机超18万条，2022年达成撮合意向近1000项。

第二节　投资者联盟

华大半导体是多家集成电路企业整合而成的专业集团，重点布局控制芯片、功率半导体、安全芯片等高端集成电路领域。建行投资银行部通过投资者联盟了解到企业扩大产能的需求后，积极对接集团子公司及外部投资机构，经过与客户的深入沟通，快速完成了项目申报、方案制定、基金搭建等流程，帮助企业顺利完成9亿元股权融资。

正是瞄准了企业与日俱增的投（资）、融（资）、顾（问）多元化需求，建行打造了CCB投资者联盟（资产供给平台），依托"新一代"核心业务系统，同步建立投资者联盟平台系统"飞驰e+"，打造投资人与企业方自己的"朋友圈"，使投融两端交流互动常态化、无界化，努力实现市场信息共通、资源共享、资金融通、优势互补。

专栏7-1　CCB投资者联盟

CCB投资者联盟是建行从资金和资产两端入手，引导和聚合社会各类投资资源，组建的债券、债权、股权、中介和投研五大专业联盟，该联盟搭建了标准化和非标准化、股权、债权及结构化项目等资产供给平台，从而更好地发挥投行业务交易撮合者、服务集成商、资金组织者和全面金融解决方案提供者的作用。

投资人和企业方的"朋友圈"

投行业务一端是投资人，一端是有资金需求的客户。建行搭建这一平台的最初目的就是希望把客户的融资需求和资金端的投资需求进行精准匹配。平台根据融资期限、融资类型、可接受成本、行内评级和行业评级等指标，对融资客户进行精准画像，然后根据投资人的偏好，比如偏爱非标还是标品、股权还是债权等，对投资需求进行梳理和画像。通过技术匹配，经审核后推送给有投资或融资需求企业，在平台输入需求后即可获得精准回应，这一匹配技术已申请专利。

建行在平台上根据不同的业务板块组建了债券投资者联盟、债权投资者联盟、股权投资者联盟、中介机构联盟和投研联盟五大专业联盟，汇聚包括银行同业、非银行金融机构、专业投资机构、私人银行客户等多类型投资人群体（见图7-7）。

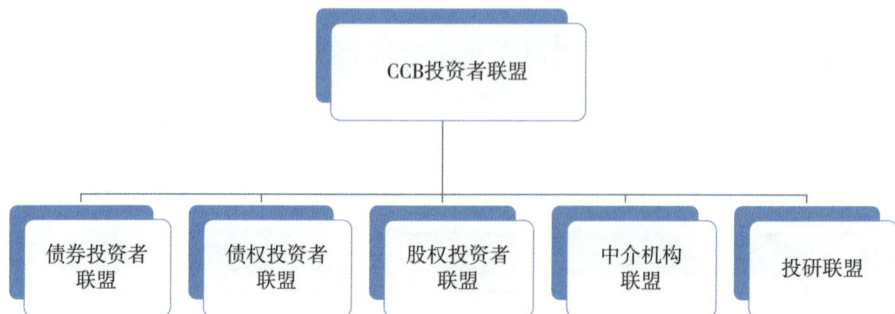

图 7-7 "投资者联盟"平台

投资者联盟采取会员制，建设银行依托科技手段对所有会员进行个性化推荐，为联盟会员提供多个方面的资源和服务。

首先是项目资源。通过搭建产品超市、资产仓库，从资产端为投资者提供源源不断的项目储备，包括但不限于建行的优质标准及非标准化股权、债权及结构化项目等。

其次是资金资源。依托建行投贷联动以及"双创"、普惠基金等，对参与投资的客户或项目方提供信贷支持。通过建行与子公司的联动，提供多渠道资金来源，实现联合投资，协助开展资金募集。

此外，依托建行的新一代核心业务系统，推动联盟内金融科技资源的开放共享。建行在政策把握、项目筛选、风险控制、财务顾问等方面提供服务，为联盟会员提供全方位风险管理服务。

平台突破建行内外网数据隔离限制，建立公有云与私有云两个云端，开发了面向行内员工的内网端（"新一代"系统）、面向市场用户的外网端（网页）与移动端（手机 App）。

内网端是行内员工业务系统，是总—分—支—网点四级业务信息管理、信息传递、信息发布、信息匹配的重要工具，联通投行各个业务子系统和服务支持系统，实现项目及资金需求的录入、审核、发布、匹配、修改、下架等全流程线上化操作管理。

外网端搭建"债券""债权""股权""中介""投研"五大投行产品服务板块，提供需求发布、项目展示、债券申购、信息推送、投研咨询、中介宣传、实时沟通、直播培训等服务，并且设立"创业者港湾""住房租赁""雄安新区""飞驰绿鑫"等服务国家发展战略的创新服务板块，旨在将金融资源更多引向战略新兴产业、绿色环保、小微民营、初创企业。

融资更"融智"

除了融资服务，投资者联盟还依托建行研修中心平台，为不同投资者群体提供知识赋能；根据投资者的不同特点和需要，提供有针对性的宏观、行业、区域等研究报告；组建专业化联盟服务团队，通过沙龙、论坛、路演等方式开展业务对接合作，为优质客户提供定制化金融和非金融服务。

专栏7-2　发挥集团优势推动投贷联动项目落地

长鑫项目总投资达 2200 亿元，是安徽省单体投资最大的工业项目，旨在解决国家信息安全高新技术供应链上的"卡脖子"难题，项目已列入由国家协调推进、科技部牵头负责的国家战略"713 项目库"，以及安徽省省级调度重大项目计划。建行安徽省分行协同建银国际、建信股权等子公司对合肥长鑫 DRAM 存储器制造项目进行两轮合计 12.5 亿元的股权投资，引入中国人寿 5 亿元股权投资。同时，联动建信人寿进行 10 亿元债权融资、建信租赁 2 亿元融资租赁，以及行内 7 亿元项目贷款、12.7 亿元信用证以及 11.25 亿元银团贷款等综合金融服务，满足企业不同阶段、多元化的金融需求。

作为投资者联盟"融智"端的服务品牌，"飞驰 e 智"秉承数字化、智能化、轻量化理念，以图谱、企信、顾问三大定制化功能为依托，即时响应市场需求，着力打造建行"企业 24 小时随身智库"和"投行能力输出平台"服务品牌。"飞驰 e 智"为各类企业用户提供便携式、云端化定制顾问咨询服务，每年推送原创报告、热点资讯、数据信息上万篇，成为投行获客营销、服务普惠的抓手。

投行业务是资本市场的中介，更是银行产品与资本市场投资机构的桥梁，能够促进产业升级与实体经济的高质量协同发展，更好满足企业投、融、顾多元化需求。"飞驰 e+"平台致力于在市场和信息的非对称中破壁，串联点、线、面，搭建"多位一体"智慧投行生态，使投融资两端渠道更广阔、资金更多元、手段更充分、需求供给更适配（见图 7-8）。

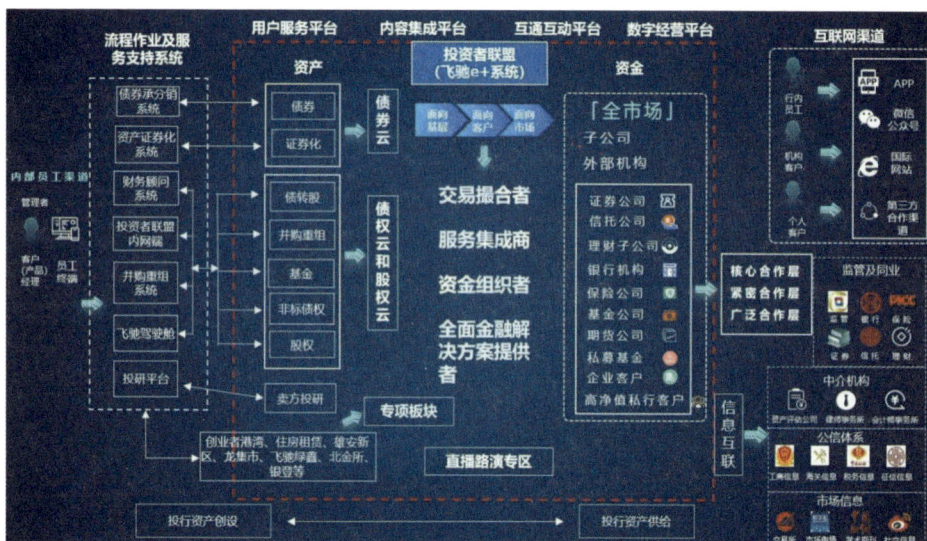

图 7-8 "投资者联盟"生态图谱

截至 2022 年第三季度末，投资者联盟（"飞驰 e+"平台）注册客户超过 4.1 万户，其中当年新增 1.8 万户；企业认证用户 1.2 万户，其中当年新增近 1 万户。2022 年，"飞驰 e+"应用软件获得北京国家金融科技认证中心颁发的"金融科技产品认证证书"，标志着"飞驰 e+"达到国家认证的金融科技行业安全标准[①]。

第三节　新手艺服务大客户

建行首任董事会秘书宣昌能（现任中国人民银行副行长）曾经讲述过这样一段往事。在建行上市路演的过程中，路演团队在美国洛杉矶

[①]　"金融科技产品认证"是由国家市场监管总局、中国人民银行联合推行的认证制度，旨在以标准落地实施为手段，持续强化金融科技安全与质量管理，防范因技术产品质量缺陷引发的风险向金融领域传导。

向美国资本集团（Capital Group）进行一对一宣讲，宣昌能作演示报告，他讲得津津有味，然而对面的总裁大卫·戈尔德老先生却昏昏欲睡——类似的投资故事听得太多，对他们而言毫无新意。但当宣昌能讲到"中国最大的 100 家企业集团有 99 家是建行的客户"时，大卫·戈尔德马上来了兴趣，详细询问了有关情况。后来，美国资本集团认购了不少建行的股份[①]。

建行在 20 世纪 90 年代提出"双大"经营战略，大力支持关系国计民生的大行业、大企业，并以此为基石延伸拓展业务，形成了特有的业务强项和专业特色。2018 年 5 月，建行普惠金融战略启动大会提出以"双小"承接"双大"。从实践来看，建行以"双小"承接"双大"，从不意味着抛弃"双大"，而是在巩固"双大"优势的基础上，打造"双小"的战略增长极，固长板、补短板。服务"双大"，也不是沿用"垒大户"、拼贷款的方式，而是创新服务方式，从单纯提供融资向多元化、创新型金融服务转变。

场景化服务助力央企改革

央企是"国之重器"。建行懂央企，是因为建行自己也是央企。大客户需要的服务往往是个性化的。建行不仅把央企作为客户，更把央企当作伙伴、朋友，坚持一户一策，形成"金融＋科技＋温度"的服务特色。

每个央企集团都是一个"大家族""大平台"，平均下来，都有上百家分公司、子公司，建行把央企当朋友、当伙伴，不只是"家长"之间的友谊，不只是"总对总"搭对子，而是结为"通家之好"。央

---

① 姜建清主编：《中国大型商业银行股改史（下卷）》，中国金融出版社 2019 年版。

企的子公司开到哪里，建行的服务就跟到哪里，目的就是把全集团谱系的服务网络打通，实现无缝对接，这也是另一种意义上的平台型服务。

为了解决传统合作模式中多点对接、分散服务的问题，建行建成了综合金融服务方案系统。这个系统就像"中央处理器"，汇集内外部各类数据信息，为央企描绘全集团立体需求画像，进而制定整体性的综合服务方案，从满足单点式需求到提供综合化服务，从标准化产品配置到个性化问题解决。通过分析核心企业股权投资、资金支付等数据信息，还能主动找到需要服务支持的对象。

2020年国务院《政府工作报告》中提出，提升国资国企改革成效，实施国企改革三年行动。包括混合所有制改革在内的国企改革大部分金融需求集中在投行、资管、咨询、IPO等非传统银行业务领域，建行敏锐把握央企改革带来的机会，注重运用数字化手段提供综合性服务，锤炼出服务大客户的"新手艺"。

建行推出"央企金服"公有云平台，有机整合了建行集团的各类金融服务，收录了100余项子公司非银行金融产品，点对点推送需求，帮助客户经理和企业用户自主选择产品，从产品营销向场景服务转变。在混改、降杠杆、资金保值增值、咨询顾问等领域，均可匹配相关服务。例如，企业要实施混改，建信信托可以帮助引荐战略投资者或提供股权融资，建信人寿可为持股员工提供福利保险保障服务；企业要降杠杆，建信投资可以提供债转股服务，助力企业脱困减负、轻装上阵；企业要实现资金保值增值，建信理财可为其量身定制期限丰富、申赎灵活、收益水平多样的理财产品。这一平台运营以来，母行和子公司累计发布200余条联动需求，通过线上精准撮合，成功转化了90余个联动项目，已落地业务金额突破300亿元。

专栏7-3　"央企金服"公有云平台

　　"央企金服"有 PC 版和手机版两个版本。就手机版而言，客户进入【我的】→【需求信息】，点击需求信息列表页面右上方的【新增】按钮，进入需求新增页面，或者直接点击页面底部的【发布】快速进入需求创建页面。在需求创建页面录入需求名称、联系人、联系方式、需求描述等必输信息。在【配置建行子公司产品】中可根据自身需求选择建行子公司产品，在【配置建行产品】中选择建行产品即可（见图 7-9）。

图 7-9　"央企金服"手机版页面

　　建行的这一平台瞄准的是许多金融集团都存在的痛点问题。首先，银行和子公司的协同联动存在信息不对称的问题，母行难以随时掌握子公司服务客户的数据，母行和子公司各自客户的金融需求难以实时联动。其次，以往产品营销往往是单一点状，产品链不健全，难以"一揽子"满足客户需求。通过"央企金服"平台，建行的客户经理队伍和子公司的产品经理"并肩战斗"，从"单点式营销"到场景化营销，全流程服务线上记录，实现项目进度的可视化，母行和子公司的业务在多大程度上相互促进有了定量化的评估。

建行不仅拥有信托、基金、保险等金融全牌照资源，还有住房租赁、金融科技等特色板块，能够为客户提供更多个性化服务。目前建行已与18家央企签署住房租赁战略合作协议，为盘活存量房源、解决员工住宿等提供专业化服务，也能在以往金融机构不曾涉足甚至未曾设想的领域帮助客户解决一些实际问题。

同时，建行与央企客户携手做公益，推出普惠利民服务。建行和中石化开发"无感加油"，让自动支付更加安全，给老百姓带来便捷高效的出行体验。建行与中央部委和多家央企合作支持乡村振兴战略，邀请水利部、国资委和48家央企入驻建行电子商务平台善融商务开设帮扶馆，成立绿色专区,17万名央企员工参与消费帮扶，销售额达到3亿元（见图7-10）。

图 7-10　善融商务央企帮扶馆部分入驻企业

综合性的金融和非金融服务，使建行与央企客户的关系更加紧密，溢出效应显著，也为自身战略与客户战略的融合发展带来了新的机遇。

护航"走出去"

建行积极为跨国企业"走出去"和"引进来"搭建跨行跨境金融服务平台，支持境外分支机构进行本地化产品创新。

专栏7-4　建行助力安琪酵母提升跨境资金管理水平

安琪酵母是亚洲第一、全球第三大酵母公司，是国内酵母行业龙头企业，在15个国家市场占有率第一。随着全球化进程加快，客户境外分支机构逐渐增多，但境外开户行电子渠道繁杂、标准不一，账户对账效率低下。资金实时监控和便捷调拨也存在困难，客户对分散在不同国家和地区、不同银行的境外资金集中管控的需求日益迫切，在跨境资金安全及资金使用效率方面亟待改善。

针对客户痛点，建行总分行协同联动，为客户量身定制包含"SWIFT企业共享架构＋全球账户信息报告＋全球现金管理收付款＋跨境资金集中运营"在内的一揽子全球现金管理综合服务方案，在与外资银行和国内同业的激烈角逐中脱颖而出。2019年，安琪酵母公司顺利上线全球账户信息报告功能，实现其在俄罗斯、埃及、中国香港等地25个境外账户的余额及交易动态可视化管理，形成境内外一体的账户"户口本"。湖北省分行及时把握安琪酵母拟在中国香港筹建财资中心的契机，利用业内领先的产品服务和技术优势，创新提出将境内全球现金管理收付款产品与建行亚洲的SWIFT现金管理产品组合应用服务方案，引导客户选择建行亚洲作为首家境外试点行。

2022年一季度，香港、内地新冠疫情接连暴发，建行总行结算与现金管理部、建信金科北京事业群、建行亚洲与湖北省分行克服种种困难开展深度联动，历时3个月对境内外产品功能点进行全流程验证，确保交易稳定可靠。湖北省分行作为安琪酵母与建行亚洲的沟通桥梁，协助客户完成境内总部、境外成员单位、境内主办行与境外协办行之间的四方授权，顺利完成境内外产品签约。随后，湖北省分行指导客户通过境内企业网银成功驱动建亚账户对外支付，协助客户开启海外支付的新篇章。

服务企业"走出去",建行有两个"法宝"。

第一个"法宝"是中国企业"走出去"综合服务平台。建行联合商务部下属中国国际电子商务中心和各省市商务厅搭建这一平台,在海量信息中筛选企业关注的重点领域,精准推送行业、市场、国别信息。平台的知识库还连接了建行的智能客服,企业遇到疑难问题,可在线上及时得到政府、银行的答复。

2018 年以来,中国企业"走出去"综合服务平台已在湖南、广西、安徽、北京、浙江、湖北六个省(区、市)落地,助力解决"走出去"企业在信息资源共享、项目对接撮合和海外项目融资等方面的困难(见图 7-11)。

图 7-11 "京企走出去综合服务平台"微信公众号界面

2020 年,建设银行与北京市商务局联合打造的"京企'走出去'综合服务系统"正式上线。该系统支持 PC 端、微信公众号、App 终端三大载体。系统主要有四大功能板块:一是公共信息服务,整合发布目标国经济和投资动态、政策、指南、风险、数据、商旅等各类公共资讯，信息丰富、权威、针对性强。二是政务服务，作为对外合作领域主要发布窗口，发布各类通知公告、工作动态，举办网上课堂；同时，整合政务服务中与"走出去"相关的审批服务，开通业务审批系统入口，企业可以在获取信息的同时，一站办理相关业务。三是金融服务，全面整合建设银行与"走出去"战略相关的重点金融产品，为"走出去"企业提供全方位的金融服务。四是商务服务，引入优秀的律师事务所、会计师/税务师事务所等第三方服务机构和专业人才入驻系统并为企业提供咨询服务。

第二个"法宝"是"龙眼通"。长期以来，海外项目实时监控难、管理成本高，给服务企业"走出去"带来了重重障碍。建行与中科院合作，利用卫星采集项目现场信息，查看工作状态，通过计算机分析研判实时进度。比如某央企在巴基斯坦建设项目，以前派人监督项目进展，都觉得是"送亲人上战场"，要联系"巴铁"武警部队保护。有了"龙眼通"的科技加持，坐在国内的办公室也能看到工程进展，类似的担忧已经成为过去式。

得其大者可以兼其小

"双大"的背后是数不胜数的"双小"，大企业自身也在密切关注着小企业的发展。建行以大企业、核心企业为原点，扩大服务半径，主动服务核心企业的上下游，也帮助大企业稳链固链。

建行联合子公司打造"e信通"线上供应链融资平台，通过核心企业信用，为供应链上游企业提供融资担保背书，帮助其从建行获取低成本融资，解决了大量上游供应商的资金难题。截至2022年5月末，建行运用"e系列"产品服务上下游普惠客户4万户，贷款余额665亿元；向 6 万户央企上下游小微企业发放"云电贷"[①] 等贷款 800 亿元。

基于平台化思维，建行加速拓展先进制造业、专精特新"小巨人"、制造业"单项冠军"、涉农龙头企业、绿色产业链等重点领域；推进"B 类信用"供应链业务授信模式创新落地；形成"e 建通"产品迭代优化升级方案。供应链"建行 e 贷"累计向 4500 多个核心企业产业链上的 9 万户链条企业提供供应链融资服务，融资余额近 5000 亿元。建行供应链服务也是"因地制宜"。有些大企业建立了自己的供应链平台，建行并不会去竞争，而是专心做好系统对接、协同配合，帮助补链、扩链、强链；有的核心企业专注主业，专注生产，建行就帮它建立供应链产业链平台，助力优化产业链生态，增强产业链的韧性和竞争力。

建行吉林省分行基于汽车产业链企业视角及交易视角，为一汽集团核心主机厂量身定制了"e 货融通"供应链金融服务方案，以金融之力促进一汽集团转型发展。"e 货融通"正式落地后，建行吉林省分行打通了汽车行业全产业链条，成功构建了汽车行业生态场景端到端解决方案，服务触角覆盖汽车产业链上、中、下游及个人终端。"e 货融通"在不改变企业结算模式的前提下，将金融服务无感式嵌入企业生产经营场景，促进产融深度融合。同时，借助与一汽 – 大众直连互通数据，分行通过线上数据辅助判断企业生产经营状态，实现经营异常风险自动预警，减轻实地走访成本，为跨区域贷后管理铺平道路。

---

① "云电贷"是建行与国家电网公司合作推出的产品，利用电力大数据发放普惠贷款。

第八章

突围C端

C 端指的是个人客户端（Customer）。"如果银行不改变，我们就改变银行"。伴随这样的宣言，以蚂蚁金服为代表的互联网企业在移动支付端不断"攻城略地"，进而扩展到消费信贷、理财保险等诸多领域。根据 iiMedia Research（艾媒咨询）发布的《2021 年中国移动支付行业研究报告》，超九成受访者主要使用手机支付，55% 的受访者表示每天使用 1~3 次移动支付应用软件。余额宝、花呗、借呗等互联网金融产品早已耳熟能详，融入百姓生活。

面对新形势下的行业格局，银行 C 端服务的数字化转型迫在眉睫。建行回归"第一性原理"，全面梳理个人客户经营的闭环脉络，改变传统"做业务"的意识惯性，回归怎么做好"客户经营与服务"的初心，围绕越来越强烈的敏捷供给需求，发展企业级中台能力，为提升 C 端经营提供基础支持，并借鉴互联网模式推出了场景服务平台"建行生活"。

本章第一节从经营逻辑、能力建设、服务工具的变化等角度讲述建行 C 端突围方式和成效；第二节介绍建行以互联网模式开银行、用非金融做金融，聚合企业级资源打造的"建行生活"平台，这是建行 C 端突围的重要产品；第三节选取建行内部《发挥"双子星"价值 打造新金融最佳实践》一文，阐述"手机银行 + 建行生活"的"双子星"模式及其价值。

第一节　账户、用户、客户

过去，商业银行对个人客户的经营普遍以"账户开立"作为起点，客户开通账户、存入资金，也就正式进入银行的经营视野。客户越有钱，银行的服务就越深入。可以说很长时间以来，银行对个人客户的经营都是围绕存量客户的资金状况展开的。伴随市场竞争的加剧，银行账户开立的门槛越来越低，资金转移愈发便捷，客户关系与资金的稳定性不断降低，客户关系逐渐变成了银行系统内的一段"编码信息"，明明掌握着大量的客户信息，但与客户的关系却成了"熟悉的陌生人"。

反观互联网平台，"用户"成为全部服务的轴心，以阿里巴巴、腾讯为代表的大型互联网企业，其光鲜的"用户业绩"背后，是一整套完善的闭环经营逻辑、强大的企业级共享能力和灵活有效、自驱向上的机制文化。

C端突围不仅是工具层面的突围，更是经营逻辑、基础能力、服务方式等全方位的变革。其中，首先需要突围的是思维模式。

经营逻辑的蝶变

商业银行普遍采用条线管理的方式，根据条线发展需要，开发出各种各样的工具、渠道，不同业务条线对客户的认识都被捆绑在一个个"竖井通道"内。夯实基础打破"竖井"，融合信息，改变传统以业务为轴心的经营逻辑，形成以"人"为中心的基础经营逻辑，成为当务之急。

想要改变几十年 C 端经营的惯性思维并非易事。建行重新审视存量的客户资源，以客户需求为中心形成统一的个人客户经营策略，强调业务之间的逻辑关联与相互协作，对价值客户重新定义和分类。在多部门协作下，建行逐渐形成全量客户图谱，并比照互联网的用户分群逻辑将客户以客群属性进行划分，各业务部门及数据和技术部门形成以客群为单元的柔性团队，围绕客群的属性合力制订经营策略。这一举措推动 C 端经营理念从"业务发展需要什么"转变为"客户需要什么"，以求共同推进"客户价值的最大化"。

对存量客户了解清楚后，对增量市场的认识也更加清晰。围绕"客户是谁"这一问题，建行明晰了 C 端突围不是为了突围而突围，而是有的放矢，最终将突围的成果引回到金融服务的大循环中。C 端经营逻辑进一步向前延伸，生态场景聚合海量具备统一属性的"用户群"；用户通过深入运营转化为"客户"，实现金融价值的创造；而客户再次回到生态场景中形成长期的连接黏性，进而不断洞察新的金融需求。这一整套的用户、客户连续闭环经营逻辑，区别于"互联网"单纯线上用户转化逻辑，是更加符合商业银行 C 端经营的模式。这样，生态与渠道、用户与客户、人与业务之间的关系逐渐变得清晰。

2020 年的旺季营销活动可以说是建行对 C 端突围的第一次全面测试。建行以客户为中心划分出"十大战机"，设置集中化的经营指挥中心，数字化经营机制初具雏形。

指挥系统方面，强调总部在数字化经营中的指挥作用，要求各级机构总部牵头，深度参与经营过程，由总行、分行高管组成的作战指挥部连续 12 周召开周例会，对市场、政策、客户情况进行高强度、高密度的动态监测，做到连续指挥、灵活决策、即时调整。

协同作战方面，建行前、中、后台部门围绕活动提升协同效率，业务、资源、数据、科技融合形成支撑一线业务经营的合力，总行、分行之间协作关系也相应发生变化，打破了以往层层部署工作、层层下压责任的局面，总行部门向"领航人"和"主战队"角色转变。

迭代机制方面，跨部门、跨层级调度近 4000 人组建客群经营团队，伴随活动开展在模型优化、产品权益、渠道话术等方面持续迭代升级，科技受理业务需求时间明显缩短。活动期间，需求上线率 98%，构建营销模型 5836 个，新建监测指标 2108 个，其中 1995 个监测指标实现 T+1 时效。

2020 年年初，建行数字化能力在旺季活动的压力测试下实现首次释放。个人人民币存款新增实现"四个第一"[①]，一般性存款日均余额自 2011 年来首次升至"四行"第二，日均新增占比达到近五年最高水平。

2020 年的"兴建旺行"首季活动是建行应用系统思维指导下的首场"战役"，C 端突围从理论规划向生产实践转化，此后，建行面向全网用户持续推出"造福季""奋斗季""财富季"等规模化、系列化的主题营销活动，试图打造银行界的"618""双十一"。一系列营销活动带来数字化经营的新变化，这些变化主要体现在以下三方面。

一是总部管理能力全面提升。数字化经营作为一场新的市场竞争"战役"，需要银行对数字化新方法进行全面深入的推行与应用，总部"弯下腰干事"是解决问题的关键变量，在短时间内解决了一大批长期制约发展的老问题和"肠梗阻"，数字化经营逐步从单点突围变成系统

---

① 个人人民币存款日均新增四行（中国工商银行、中国农业银行、中国银行和中国建设银行）第一、时点新增四行第一、日均增速四行第一、时点增速四行第一。

行动、从被动适应变成自觉行为，成为融入身体的肌肉和血液。尤其是在面对突发疫情时，建行以快速反应与迭代的数字化打法抢占了市场发展先机。

二是试错容错的创新文化加速深入日常管理中。数字化创新经营模式以系统化、企业级思路在大型商业银行内亮相，各级机构围绕客户经营的目标开始"在不确定中寻找确定"。波段化的操作与持续迭代，追求最小可用原则与即时决策，形成了更加开放、更加包容的创新理念和氛围，相较于短期内取得的市场业绩，过程中自然沉淀下来的创新基因更有价值。

三是快速反应、敏捷作战的干部员工队伍加速集结。建行通过数字化战法的"演练"，培养起一支在敏捷氛围下能快速响应并解决问题的市场作战队伍，尤其是针对客群的经营团队普遍由年轻干部担任主力，并不断吸引更多有想法、敢创新的"新鲜血液"加入，成为建行 C 端突围战场上的"特战突击队"。

共享能力的革新

思想与经营逻辑的改变，带来了对经营能力的深入思考，有什么能力、需要什么能力作为突围的"弹药库"，需要仔细盘点。C 端市场瞬息万变，客户的需求呈现"专业化"纵深发展趋势，客户的渠道呈现"碎片化"横向辐射趋势，前端的经营需要足够敏捷。平衡好前端的"敏"以及后台金融基础设施的"稳"是能力发展的关键。

阿里巴巴通过中台能力的建设，形成了对淘宝、天猫、闲鱼、1688等一系列平台的标准化服务能力，兼顾了差异化前端与标准化集中服务。腾讯、百度等平台运用统一共享的用户中台能力，实现了跨渠道的广告资源整合。中台成为整合碎片能力、执行统一经营策略的关键基础。

建行从实际应用的角度出发，提出建设中台能力的目标。然而，银行的中台与互联网的中台差异巨大。虽然市场上中台案例比比皆是，但对于建行这样的庞大机构来说，无论是规模还是复杂程度，都很难依据其他机构的案例经验实施落地。

经过深入研究，建行中台建设锚定主要痛点，首先推出了用户、权益、商户、支付四项中台能力，并进一步推动营销、内容、场景、流量、账户、产品等一系列中台能力建设，将原本分散的能力按照 C 端经营的逻辑进行聚合，形成了一系列可供前端灵活调用、共享复用的公共能力。

自此，C 端的服务不再如海上孤岛一样分散在各个平台，而是通过企业级的中台能力，逐渐形成能力图谱，围绕用户客户经营场景、经营链条实现统一供给与维护。2021 年，建行加快中台能力建设，几项关键业务中台能力取得突破。这些能力应用于不同的 C 端场景平台，形成了标准统一的企业级服务能力。

用户能力中心打通全渠道用户体系，针对 87 个合作场景平台实现用户跨生态识别分析，接入用户超过 3.45 亿户。商户能力中心赋能场景平台商户连接，"建行生活""裕农通""手机银行"以及分行特色平台应用共享能力实现商户服务统一管理。支付能力中心提供跨平台统一支付体验，不论是"建行生活"平台还是建行外部合作消费场景，各类支持条码支付的全量收单商户和银联商户均支持统一的支付体验，并将分期支付、快贷支付、积分抵现等金融服务功能融入支付功能中，形成更加智能的支付体验。权益能力中心统筹权益管理能力，接入建行合作的 42 家权益供应商，聚合了 19 类受客户欢迎的第三方权益以及贵金属、外汇优惠券等金融类权益，支持权益活动 10.5 万次，各场景平台累计派发权益 7.29 亿次。流量能力中心推进平台互通，聚拢经营流量，接入建行内外各类合作广告资源位，对全渠道广告资源进行了企业级统筹管理，实现 44 个合作机构向建行线上渠道的导流。内容能力中心提供企业级内容共享，将内容生产与管理能力进行整合，支持图文及音视频等不同形式的内容创作，实现内容统一管理、统一输出。

在数据层面，根据 C 端的历史沉淀数据，建行打通存、贷、汇金融业务数据，提高数据更新时效性，细化用户、资金、产品、内容的标签，融合生态场景内的用户行为数据，完善渠道内埋点数据的收集。数据整合打通后应用于客户经营是更关键的一环。建行打造企业级营销中心，将数据转化为经营分析能力，形成了统一的数字化经营大脑，实现以客户为中心的经营策略对全渠道的覆盖，将客户的经营商机经过数据加工整合，应用于客户千人千面的广告触达、客户行为的系统自动触发，以及客户经理的客户服务。这种数据的聚拢效果逐渐发挥出"吸铁石"的效应，价值数据的挖掘与分析变得愈发具象，客户的画像精准度逐渐提升，各类预测模型的准确性得到稳步提升。

在人员队伍方面，敏捷的经营策略执行需要敏捷的团队作为支持。围绕重点客群、重点分层价值客户，建行打造柔性的经营团队，覆盖客群数据洞察、渠道场景接入、营销运营、数据分析、研发支持等不同的工作模块，团队的目标只有一个，那就是做好客群的经营产出，挖掘客群的经营价值。

这些共享能力的建设应用在各项服务中。不论是"建行生活"平台对用户、权益、支付、商户等全方位服务能力的快速组建，手机银行属地服务专区的统一客户服务体验构建，还是各类生态场景中金融服务的敏捷输出，都离不开企业级共享能力的持续深入建设。

长尾服务的进化

互联网服务的是小额高频场景，业务形态普遍聚焦于日常消费品，而银行最终的经营目标是金融产品，其中最大的区别在于用户对"消费标的"的认知上的差异。区别于日常消费品，金融产品的识别选择需要消费者具备一定的金融知识，而目前大众对金融产品的认识仍然存在不足，在金融服务过程中仅仅依靠用户自行完成金融服务存在较大难度，需要针对长尾[①]用户提供配套的服务。

传统商业银行的客户经营资源普遍聚焦于前 20% 的头部客户，海量的用户中绝大多数都是长尾客户，如果没有配套的深入经营能力，这些互联网用户就都可能是一个个"流量过客"。建行柜台员工和个人客户经理共 13 万人，个人客户数量 7.3 亿，每个客户经理平均服务几百个 VIP 客户，大量长尾客户（AUM 20 万元以下）缺少经营人员。7.3 亿个人客户中，只有账户而没有资产的零资产客户也有一定比例，海量的客户需求潜力无暇挖掘。网点员工维系客户的手段也较为单一，主要靠电话、短信触达，效率低且客户接受度也不高。以网点为主要阵地、光靠员工一对一营销的"人海战术"在效率上已经落后于时代，亟待数字化转型升级。

---

① 长尾（The Long Tail）这一概念最早由《连线》杂志主编 Chris Anderson 在 2004 年 10 月的《长尾》一文中提出，用来描述诸如亚马逊和 Netflix 之类网站的商业和经济模式，实际上是统计学中 Power Laws 和帕累托（Pareto）分布特征的一个口语化表达。

　　为了更好地服务广大客户群体，建行创新数字化经营工具和模式。2019 年，建行推出"云工作室"，客户经理可以通过维护属于自己的个人主页，推荐金融产品，推送市场资讯，在社交媒体上维护客户关系。建行的经营能力首次深入到私域网络。私域经营工具一方面解决了客户有时无法抵达网点的问题，使银行员工与客户的互动通过线上渠道得到补充；另一方面，提升了客户经理的服务能力，让银行服务延伸到每个人的手机上。

　　2020 年开始，建行在私域网络的经营投入不断增加，配合微信生态推出员工企业微信，员工可以更好地洞察私域网络中的客户需求，执行一体化的客户经营策略。伴随着这种远程、私域经营工具的应用，一支新的长尾经营力量随即酝酿形成。2020 年，直营团队率先在部分区域分行试点。区别于传统客户经理，直营经理应用电话外呼、短信、企业微信、线上 App 等工具聚焦于长尾潜力客群的经营，弥补了原先长尾客户无人服务的空白，线上海量流量由经营团队进行深度运营。直营团队通过线上工具实现了一名直营经理对上万名客户的服务，长尾客户通过直营经理得到了专属专业的金融服务，这种服务不同于电子渠道的自助服务，更突出人与人之间有温度的交流互动。直营经验经由部分分行的验证，在建行内部快速复制，无论是存量客户中的价值长尾，还是生态场景中的潜力用户，都得到了更好维护。

　　直营能力的补充，进一步完善了 C 端突围中从用户到客户的经营闭环，"用户"不再是虚无缥缈的一段流量代码，而是变成了可识别、可对话、可引导、可维护的金融服务对象。用户从自助找服务到深度接触服务，再到购买金融产品，每一个金融服务链路都有运营人员参与。"专属""专业""有温度"的客户经理服务不再是少数VIP客户的特权，而是面向海量客户的基础服务，经由数字化的渠道工具落地。

建行被认为是第一家正式推出直营模式的商业银行。直营模式总体由队伍、打法、机制、工具构成。队伍方面，围绕客户洞察、企业微信、场景生态、电话外呼4支队伍，建行组建了2000余人的个人客户直营团队，形成基础经营保障，打造数字化时代的"新兵种"。策略打法方面，基于"连接、活跃、转化"的数字化经营逻辑，探索出"场景直营＋私域直营＋线上线下协同"的体系化策略打法。其中，场景直营围绕手机银行、"建行生活"平台，依托企业级营销中心，打通线上策略配置、营销触达、成效监测全链路，基于千人千面和波段营销，促进生态月活跃数（MAU）向资产管理规模（AUM）价值转化；私域直营聚焦长尾客户中的潜力客户实施深度服务，依托"企业微信＋云工作室"等数字化工具，实现批量经营，累计连接潜力客户超过100万人；线上线下保持协同，线上复杂需求客户通过系统转介至线下网点，线下到店客户有序引流至线上平台进行数字化服务。经营机制方面，坚持"客户归属权不改变、客户经营权双向叠加、业绩贡献双边记账"等机制管理原则，明确直营团队经营职责和业务指标，解决直营与传统网点经营之间的机制矛盾，并探索"业务＋技术＋数据"融合机制，27家分行累计派驻58名数据科技人员，多家分行落地考核共担机制。直营工具方面，客户直营工作台改变了过去客户经营工具多、入口分散、功能割裂等问题，将传统问题进行整合解决；数字化营销系统从企业级视角进行整合升级，实现了数字化对客营销商机的统筹管理。

专栏8-1　建行深圳市分行的直营实践

深圳市分行是最早一批启动长尾直营的分行，过去网点给客户经理分配900多名客户，但对于客户经理来说真正能够服务到的只有300人左右，其余的客户更像是躺在系统里的一串数字。分行的客户经理小李通过直营数字工具在浩繁的客户信息中准确把握客户关键需求，定时为客户提供节日祝福、服务提醒和产品推荐，每天花不到1小时的时间，就可以完成3000条以上的个性化消息推送，与客户进行1万次以上的深度对话。这种服务能力在过去几乎是无法想象的。小李借助数字直营工具，成为当地首个通过客户直营方式服务个人客户超过1万人的"万人户"。

深圳市分行针对56万名"双子星"平台高潜力客户进行联营联运，制订出12条价值长尾客户经营策略，并通过短信、手机银行、企业微信等渠道触达客户。例如，通过"建行生活"新人大礼包吸引客户注册、体验"建行生活"，结合手机银行会员权益活动引流客户体验投资理财产品首购，针对零资产客户激活"建行生活"的优惠权益，吸引客户绑卡消费，实现资产破零。针对直营客户晋升，应用晋升潜力模型进行晋升潜力值评分，使用数据模型预测客户喜欢的产品类型，对客户进行个性化触达。

第二节　"建行生活"

"建行生活"是建行运用互联网模式推出的一站式本地生活服务平台。这是一个贴近民生、富有烟火气的生活平台，广泛覆盖餐饮、商超、电影、出行、缴费等生活场景，将支付、借贷、理财等金融服务像"糖溶于水"一样无感地融入这些场景中。经过一年多的运营推广，"建行生活"用户与商户规模持续增长，已推广到全国 360 个城市，累计用户突破 1 亿，日活用户 400 万，为入驻的 35 万家商户免费引流获客。

服务"美好生活"

"建行生活"有四个频道。"精选"频道定位用户入口，包括高频功能入口、场景化入口、活动入口，便于用户通过最短路径获取平台服务，并对用户进行功能引导和信息推荐，承接客群流量，培养用户的使用习惯。高频功能入口位于"精选"频道的顶部区域，包含扫一扫、付款码、建行生活卡、数字人民币、优惠券等功能按钮；场景化入口位于"精选"频道金刚位；活动入口则涵盖热门活动、领券中心、签到、抽奖、邀约等多种活动。此外，"精选"频道以 Feed 流形式展示本地优惠活动、生活资讯、探店视频等，以图文视频的形态博得用户青睐，增留促活，从而增加用户在平台的整体访问时长（见图 8-1）。

"生活"频道聚合本地生活服务，主打生活优惠，覆盖美食、商超、出行、好物分期、车生活、家生活、充值缴费、市民服务等中高频生活场景，支持在线支付、付款码、扫一扫、积分抵现、分期支付等多元化支付方式；同时，支持数字人民币、信用卡、快贷、储蓄卡、他行卡等支付资源，为用户提供丰富、便捷的生活消费体验。

"金融"频道部署多款消费金融产品，支持申请、审核、支用、还款的全流程业务办理，包括日常小额交易的"建行生活卡"，专属消费额度的购车分期、装修分期，偏大额跨场景消费的分期通等。

同时，"金融"频道还支持信用卡查账还款、数币账户管理、公积金查询等一站式金融服务；布设分期购物、财富精选、热门资讯等楼层。

"我的"频道全方位展示用户权益、订单和资产情况，支持用户查看自己的综合积分、优惠券数额；支持查看待付款、待使用、待评价的订单；显示钱包、建行生活卡等余额，在实现用户个性化设置的同时，提供便捷的客户服务渠道。

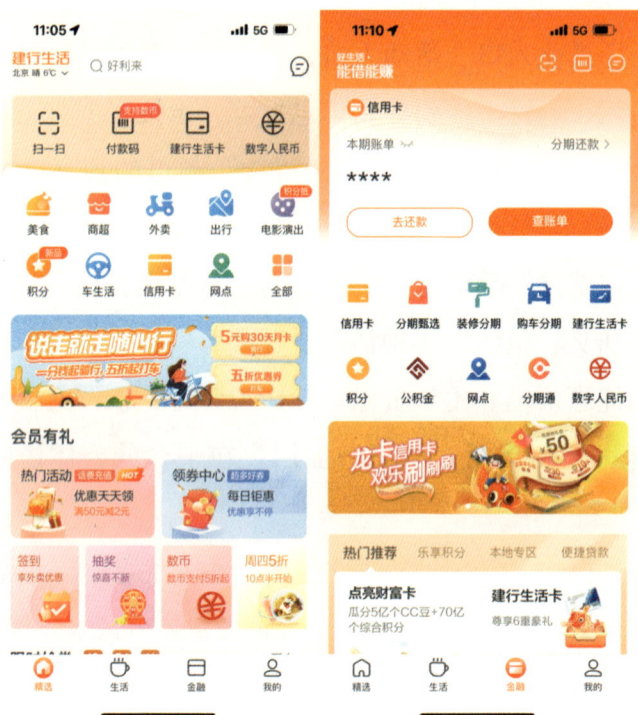

图 8-1 "建行生活"页面

做平台要先人后己，才能成人达己。秉承开放互利的原则，"建行生活"努力破除传统金融机构私域客户经营的思维惯性，努力打造一个服务社会民生的公域平台，在助企纾困、碳中和、乡村振兴等领域已取得一定成效。

专栏8-2　"建行生活"与绿色出行

　　北京作为超大城市,人们的日常生活与公共出行密切相关。根据相关统计,2021年北京公共交通客运量达53.5亿人次,轨道交通总里程已达783.1公里,客运量世界第一。"建行生活"北京站瞄准出行这一小额高频消费场景,嵌入低碳出行板块,每天签到、绑定乘车卡并乘坐公共交通可以"攒能量",能量可用于抵扣刷卡金额、抢大额乘车优惠券,还可以兑换奖品、解锁成就、公益植树等,用市民乐于接受的方式鼓励低碳生活。

　　为了使"建行生活"碳减排量被精准收集、有效利用,实现低碳出行的闭环激励,建行北京市分行与市交通委员会和市园林绿化局开展合作,应用经政府认可的权威算法,更加精准测量碳减排量,并将林业碳汇项目植入"建行生活",应用碳普惠激励机制。"建行生活"用户通过乘坐地铁、公交出行所产生的碳减排量可以获得积分,积分可兑换树苗参与建行公益林抚育项目,进而在北京周边地区植树造林。根据客户单日乘车里程的不同,3~6个月可以完成一棵树的碳减排量获取。这种机制设计,类似于支付宝的"蚂蚁森林",符合当下年轻人的兴趣爱好,有利于培养市民绿色生活、低碳出行的好习惯,为环京地区生态环境的加速优化提供助力,也能为相关地区提供数量可观的工作机会。

　　"建行生活"像一把绿色钥匙,打开建行与更多G端关联空白点客户的合作大门。建行北京市分行成为市政交通一卡通公司开业20年以来合作的首家非独家金融机构,并在"建行生活"内嵌市政交通一卡通服务,首推"低碳畅行联名卡"。此外,建行还以此为契机,推进与市智慧交通发展中心、市交通发展研究院、市停车事务管理局等机构的合作。

银行业的"美团"？

一个成功的平台，需要供需双方互相驱动，形成双螺旋结构的上升态势。"建行生活"在追求用户体验的同时，为商户提供更多曝光资源和自主经营工具，以"四不一免"①和金融产品赋能，以建行品牌背书为商户宣传引流，对商户客群有相当大的吸引力。随着用户、商户的稳健增长，相应的用户行为数据、商户交易数据又为建行业务深度经营反哺宝贵数据资产，赋能个人消费、财富管理、普惠信贷等业务的数字化运营，由此构筑起金融与非金融业务共生互利的完整生态和良性循环。

虽然同属平台经营，但是在商业模式上"建行生活"与互联网平台有本质的区别。对互联网平台而言，其商业模式是深耕垂类场景，通过投入大量资源从无到有地吸引用户，做大流量，同时提升场景服务的供需匹配效率，做大"蛋糕"，并将"蛋糕"增量分给供给方、需求方、平台方，实现三方共赢。我国平台经济在提升人民群众生活便利度的同时，平台垄断、竞争秩序、无序扩张等问题也逐步显现，带来影响市场公平竞争、抑制创新活力、损害中小企业和消费者合法权益等隐忧。这也正是国家近两年大力规范平台经济的主因。而"建行生活"不以非金融场景服务本身营利为目的，不仅不参与场景服务"蛋糕"的分配，而且整合建行既有的营销资源到平台上，同时通过免佣金引导商户让渡部分自身资源，进一步做大"蛋糕"，扩大供需双方利益分配，形成平台大规模的稳定流量，从而达到金融服务触客获客的目的，最终通过客户进阶与金融转化实现价值变现。

"建行生活"看中的不是非金融场景服务的"蛋糕"，而是金融的"蛋糕"。生态是手段，金融才是目的。"建行生活"用非金融做金融，

---

① 不抽佣金、不以非金融收益为导向、不搞竞价排名、不强加额外营销费用并免入驻平台费。

借鉴和运用互联网场景搭建金融服务的新渠道，将客户营销从线下物理网点升级为线上数字化平台，将客户服务介质从卡片升级为 App，将建行与客户的关系从账户资金关系升级为生态流量关系，精髓在于借鉴美团的模式开银行，而不是冲进去"做美团"（见表 8-1）。

表 8-1   "建行生活"和"美团"商业逻辑对比

美团	建行生活
"美团"：深耕垂类非金融场景做大流量，通过流量变现	"建行生活"：用非金融做金融，场景平台只是连接手段
• 从"零"开始拉客户	• 大量存量客户需唤醒激活；将线下客户迁移至平台建立高频链接，用平台经营活跃客户
• 投入大量资源做大流量规模	• 存量资源集中部署，提高营销费用投入产出效率
• 对商户抽佣获利	• "零抽佣"，以建行存量客户和权益资源置换商户带来的增量客户和权益资源

2022 年 7 月，北京通过"建行生活"、美团、饿了么、麦尖美食四家平台发放消费券，"建行生活"的堂食核销比例在四家平台中最高。"好利来"主动在所有门店的醒目位置摆放活动牌，并向每一名进店客户推荐"建行生活"；肯德基总部要求北京分店在"建行生活"上完成核券 3000 万元。在消费券的带动下，仅活动前 10 天，"建行生活"就新增注册用户 24 万户。

用非金融做金融

"建行生活"蕴藏两条经营主线。一条是生活场景的明线，由多元生活场景承接平台流量，会同商户辅以权益、活动和激励任务等经营活跃用户，牢固用户黏性；另一条是金融服务的暗线，将信用卡、分期、快贷[①]、积分等消费金融服务场景化嵌入，同时配套提供互联网理财服

[①] 建行推出的个人消费信用贷款产品。

务，让用户能够边花边赚。

用户注册"建行生活"能够领取补贴、享受优惠。对于建行存量客户，"建行生活"通过开展建行信用卡"积分当钱花"等活动进行回馈，增强客户黏性，激发客户高频交易。对于行外客户，"建行生活"建立起"梯度权益"机制①。通过行外客户—注册用户—绑定账户—建行高频客户的进阶，实现用户向客户逐步转化。

"建行生活"作为建行C端突围的重要落子，经营成效已开始显现。推广一年多，平台注册用户突破1亿，20%用户注册时为非建行客户，其中300多万通过开设建行生活卡或者建行钱包转化为建行客户；专属数字信用卡建行生活卡发卡量累计500万张，占全部信用卡新客户的40%，成为建行最大的信用卡发卡品种；零资产客户激活数500多万，激活客户AUM400多亿元、存款400多亿元。在用户触达层面，特别具有价值的是客群结构。物理网点难以捕捉的成长于互联网时代的年轻客群，更多地在"建行生活"中回归建行。

虽然打造"建行生活"的初衷是为了C端突围，但抓住了消费者就可以"顺藤摸瓜"，同时赋能B端、G端业务。

从B端来看，"建行生活"成为商户拓展的利器。过去，银行与商户的关系受到互联网冲击，收单业务逐渐边缘化，被各类互联网平台取代。例如，在"建行生活"试点第一站的杭州，与建行原本就有合作的高质量商户数量很少且大部分为结算类商户。市场上大部分收单业务已被SaaS系统取代，饭店、商铺中可能根本没有收银台，POS机连进驻商家的机会都没有。凭借提供免费的导流、展示和综合服务，"建行生活"使这一现象发生改变，商户重新认识了建行，建行也因此打开了与

---

① 例如，所有注册用户均可享受新人礼包，开通建行钱包可享受钱包专享优惠，信用卡客户可进一步享受信用卡客群专享权益。

商户更多的金融合作空间。

从 G 端来看，"建行生活"成为建行与政府合作的又一抓手。在扩大内需的背景下，政府拉动消费面临巨大压力。尤其在疫情暴发后，发放消费券、举办消费节和美食节等活动都需要线上平台协助政府进行组织、运营和引流。"建行生活"不仅有广泛的本地商户资源，而且还有其他互联网平台没有的线下物理渠道和人员组织能力。截至 2022 年年底，建行全部 37 家分行承接了全国 220 个城市的政府消费券发放，发放消费券 1 亿多张，累计金额 31 亿元，带动消费交易金额近百亿元。

银行打造专门的生活类平台早已不是新鲜事。相比于国有银行，股份制银行线下渠道更少，轻资产运营动力更强，较早便启动了线上渠道的培育，推出"金融＋生活"的平台经营"双子星"模式。以招商银行为例，2010 年，招商银行便推出了"掌上生活"平台，经过多年迭代升级，截至 2021 年年底，累计用户数 1.27 亿，助力招商银行信用卡流通卡量突破 1 亿张[①]，成为"零售之王"的一张名片。

与招商银行"掌上银行"、浦发银行"浦大喜奔"等由信用卡部门主导的平台不同，"建行生活"从诞生之日起就定位为企业级平台，在成长过程中推动了建行企业级业务中台能力、敏捷研发能力、集约化运营能力和互联网运营能力的迭代升级。例如，"建行生活"以建行远程智能银行中心的客服、业务处理中心的集约化操作和电子银行中心的反欺诈为基础，搭建起一套相对完整的互联网运营体系。同时，"建行生活"还带动商户中心、用户中心、权益中心和支付中心的全面整合，将分散在各个分行、条线、渠道的活动和权益聚集起来，实现活动统一发布、权益聚合兑现，纾解了传统银行渠道分散、产品割裂的困难，让客

① 招商银行 2021 年年度报告。

户建立起统一的品牌感知与产品体验，在交互中只需要面对"一个"建行。值得一提的还有，"建行生活"的孵化、落地和推广与建行传统产品大不相同，培养了一批面向未来的懂互联网、用互联网的人才。

"建行生活"用户数量已经破亿，未来发展将主要从量的增长转变为质的提升。平台覆盖面广、利益主体多元，如何从规模、安全、便捷、体验等方面激发平台生命力，进一步提升价值，是"建行生活"的重要课题。

为支撑平台更好更快发展，建行已与中央电视台合资设立专门的"建行生活"市场化运营公司，加快整合媒体、金融、科技资源，加快平台内容化、视频化进程，提升平台的生态品质和用户体验。

第三节 "双子星"

为什么银行一定要另造一个 App ？本着集约化管理的原则，只需要在手机银行上不断搭载银行数字化经营所需模块不就可以了吗？在"建行生活"的运营团队看来，手机银行主打传统金融服务，像一个金融"保险箱"，安全性是首要的，使用门槛较高。而与餐饮、出行等日常生活息息相关的金融服务更需要的是"零钱包"，门槛更低，便捷性和用户体验是重中之重。安全和便捷是两个互斥的体验，"没人愿意拿着自己的保险箱天天开派对"，需要打造专门的生态平台以满足客户日常生活场景的需求。

2022 年年底，建行举办"双子星"App 发布会，提出要打造"手机银行 + 建行生活"的"双子星"模式。在 2023 年建行工作会议上，网络金融部总经理作题为《发挥"双子星"价值 打造新金融最佳实践》的发言，较为全面地阐述了建行在C端数字化经营的战略布局：

> "双子星"已成为全行线上数字化经营的核心阵地，在全行数字化经营的整体逻辑中、在数字化转型的关键进程中，需要全行形成"双子星"角色定位的共识，最大程度发挥"双子星"价值，打造新金融最佳实践。

一、我们如何认知"建行生活"：不是一个 App，是平台、是场景

（一）"建行生活"是建行旗下门槛最低、效率最高的获客平台

"双子星"在不同时代、不同机制背景下，依托不同发展模式，从无到有、从小到大，在金融和非金融生态下，承载着不同的获客、活客和创造金融价值使命。手机银行已成为全行金融服务主平台，"建行生活"已成为全行门槛最低、效率最高的获客平台。

在跟踪手机银行客户增长的过程中，我们发现，无论是建行还是银行同业，手机银行客户数的增长速度正在趋缓：发展初期用了10年达到1亿；随着移动互联网接受度提高，用了3年达到2亿；又用了将近3年达到3亿；但是近一年月均新增客户已经逐步降低至190万。在数字化转型的关键时期，如何找到用户增长的第二曲线？"建行生活"带给我们很大的启示。2022年，在全行人员的共同努力下，"建行生活"用户呈爆发式增长：一年多时间用户数冲刺到1亿，其中，30%是非手机银行客户，20%是纯新客户。"建行生活"为手机银行带

来了巨大用户池，用好这个用户池将使建行在银行同业中率先跨越"S形曲线"。

"建行生活"还利用天然的消费场景优势，积极响应政府号召拉动消费，借政策之力低成本、高效率获客。各地市分支行努力承接政府消费券资金，全年累计承接220多个城市30多亿元的政府消费券资金，带来了将近400万的用户增长。

（二）"建行生活"聚拢了相当可观的流量，正在释放、也可以释放更大的价值

"建行生活"培养了"找权益到'建行生活'"的用户心智，通过权益聚拢流量，逐步释放更大价值。"建行生活"聚集大量中青年特别是"Z世代"用户流量，他们喜欢消费，追求热点，对广告、权益、营销非常敏感。一些简单、好玩的图片、活动、游戏，都可以产生口碑式的流量聚集效应，用户之间的信息传播有效提高了转化率。"建行生活"通过不同广告位的有效分发，进一步提升了转化效率。

2022年11月中旬，建行在"建行生活"和手机银行同时向用户推送消费类的权益产品"惠省钱"，这类数字化营销活动更容易被"建行生活"用户接受。"建行生活"的各项关键节点转化率均高于手机银行，其中，曝光到点击的转化率："建行生活"为6.72%、手机银行为5.74%。点击到登录的转化率："建行生活"为39.66%、手机银行为14.32%。登录到购买的转化率："建行生活"为17.01%、手机银行为11.75%。

此外，最能够迎合"建行生活"消费群体的建行生活信用卡，2022年累计发放422万张，占全部信用卡发卡量的31%；信用卡客户新增269万，占全部新增信用卡客户的40%。

二、我们如何认知手机银行：手机银行不是一个 App，是金融数字化能力的合集

（一）手机银行是承载数字化经营的平台

手机银行已经从单一的渠道转变为带有经营逻辑的线上平台。通过数据的驱动，我们可以为客户适配不同的安全策略，根据精准画像适配产品推荐，设计产品的交叉销售，为不同的广告进行 A/B 测试（全新的智能广告推荐及 A/B 测试，带动广告点击率提升 1.7 倍。其中，微信支付首绑礼金的权益定价策略 A/B 测试，促进营销成本节约 53.55 万元 / 周）。这也是自建平台最大的优势与价值。

（二）手机银行是全行线上金融服务供给的货架

手机银行既是推动线下产品向符合互联网逻辑的线上服务的转换器，也是金融产品服务直接面客的主平台，还是在行内向线上生态供给金融服务的企业级货架。不断响应最新的互联网设计趋势，迭代升级 UI/UE 设计标准；不断对标同业先进经验打磨并重塑客户旅程（已完成打磨占客户使用量 98% 以上的 49 项客户旅程，实现高频重点功能 3 步进入、任务流程 5 步完成）；不断研究客户心智，将晦涩难懂的金融功能和金融产品包装得简单、清晰（"悦生活"改名为"生活缴费"）；不断动态化跟踪监管趋势，集约化实现一点改造全面合规。通过自身能力的提升，进一步支撑建行其他线上服务，让其在诞生那一刻起就可以站在手机银行的肩膀上开展数字化经营。

（三）手机银行是全行数字化经营的底座

手机银行承载全行获客、活客、流量变现的经营使命，不

断升级自身数字化经营能力。涵盖98%以上的用户旅程跟踪与转化能力，200余个主要产品页面的对外链接能力，分行充分参与的属地化场景运营能力，多因素动态验证的安全管控能力，不断迭代升级的用户体验能力。手机银行能够支撑全行对这些"能力胶囊"进行快速组装，开展数字化经营。

例如，手机银行通过行为数据采集，跟踪到客户对某一产品的反复浏览，虽然通过精准营销在线上反复推送该产品，还是会有客户不购买的情况。此时，我们将这一重要商机发布给网点的客户经理，及时连线营销，通过增加一点点真人的"温度"来催化客户，最终让客户下定决心到手机银行购买。

三、深度理解"双子星"协同的模式和价值，开启未来银行全新的线上生态

（一）低阶模式：实现"双子星"之间全方位的互通——互联互通只是手段，用户进阶才是目的

"双子星"流量属性不同、互补性强，全方位互通可以带来"1+1＞2"的联动效果，有效满足客户的全方位需求。"双子星"之间存在多维互通。总行已经实现了平台互通，从"建行生活"跳转手机银行、从手机银行跳转"建行生活"[①]；用户互通，手机银行一键访问并注册绑定"建行生活"平台用户；权益互通，数币优惠、影票优惠在"双子星"均实现可领、可用；还需要持续推进场景互通，总行负责影票等中心化场景的互通，分行负责约惠系列等属地化场景的互通。只有全方位的互通，才能为后续围绕客户旅程开展数字化经营的价值创造提供基础。我们要认识到，互联互通的目的是发挥"建行

[①] "建行生活"117个资源位和手机银行201个功能页面实现运营状态的快速链接。

生活"平台拉新、促活的优势，带动手机银行不同金融交易用户规模的增长与活跃。

（二）中阶模式："双子星"生态下提供真正符合互联网生态逻辑的产品供给，支撑互联网场景下流量快速增长变现

真正符合互联网生态逻辑的产品决定了最终流量变现的效果。2021年之前，手机银行如果忘记登录密码就需要去柜面重置。这种完全违背互联网思维的体验流程，导致大量客户投诉。更可怕的是，"Z世代"喜欢在互联网上发声的特性，使我们面对的不是单个个体的流失，而是建行形象在整个群体的崩塌。同时，"惠懂你"通过股东视频会议结合人脸识别全流程在线完成贷款申请，获得了很好的互联网产品体验。

相应地，在财富管理领域，我们很快将推出对标同业的"零钱宝"灵活理财产品，降低用户门槛、牵引用户进阶、承接用户资产，高质量变现"双子星"流量。

（三）高阶模式：将"双子星"打造成数字化经营的底座

建行拥有超过7亿的客户，4.38亿手机银行用户，2022年有2.35亿用户在手机银行活跃，月均活跃用户达到1.35亿，但有8400万客户AUM在1万元以下。只有将"双子星"平台真正打造为数字化经营的底座，去触达、促活、进阶这些客户经理无法覆盖的客户，才能为全行业务经营提供更稳健的增长基础，让客户经理可以更加精准和高效地对高潜客户进行营销。在全行的努力下，"双子星"未来一定可以用线上的生态、线上的场景、线上的流量撑起全行高质量发展的重要一极，在全行数字化经营的逻辑里打造新金融的最佳实践。

建行从 2022 年 9 月开始启动"建行生活"回流手机银行的金融转化工作，两个月回流手机银行的客户 140 万，占开放银行全渠道回流流量的 60%，到手机银行购买理财产品 14 亿元、基金 1.5 亿元、存款产品 10 亿元。"双子星"协同互促的格局正在加速构建中。

第三部分

开放共享共赢

我国现有大大小小的银行4000多家，人们对美好生活的向往、对金融服务品质的要求，不会因银行大小不同而有所区别。为此，建行旗帜鲜明地提出"服务大众安居乐业，建设现代美好生活"的奋斗目标。无论是科技赋能、住房安居、普惠金融，还是关爱劳动者、扶持"三农"、服务社区、金融教育等，都贯穿着这样的信念：奔向美好生活的路上，一个都不能少。所有人都有获得金融资源、追求美好生活的权利，都理应公平、有尊严地获取金融资源，尤其是社会弱势群体。建行也期望借此让广大员工，在用新的方法和工具去服务客户、纾解痛点、拓展业务的同时，重新收获金融工作者的快乐和职业尊严，重塑金融的价值观。

"开放共享共赢"部分围绕建行开放网点建设"劳动者港湾"、面向全社会开办普及金融教育资源的"企业大学"等看似和金融传统业务无关，实则彰显金融为民情怀，并最终反哺自身发展的故事进行讲述。"劳动者港湾"里，爱与温暖氤氲蔓延，建行研修中心把形形色色的课堂搬到"江湖之远"……新金融不仅是金融事业，更关乎对他人的尊重与善意，贡献一份金融力量的温情和美好。金融的服务边界不断拓展，新金融的内涵无限延展，服务社会、纾解痛点，这份事业值得付出全部的智慧和勇气去探索。

第九章

"劳动者港湾"：
试与平凡把酒言欢

数字化浪潮风起云涌，技术的演进激扬延展了革新与便利。对于银行业来说，手机银行实际上已成为现代银行新的"门店"，网点服务客流量逐年下降，业务离柜率节节攀升，人们似乎已很难想起上一次进银行是什么时候。在手机银行快速推广的2018—2019年，建行网点日均柜面客流量减少30%，旧日的服务模式已萧索式微，悄然敲响了一段历史的暮鼓与晚钟，也提出了网点转型往何处去的叩问。银行业的视阈里，物理空间的存续和链接是否失去了意义？当元宇宙在地平线上展露熹微光芒之时，街头巷尾那陪伴我们走过百年、矗立于时光漩涡的网点，那雨夜灯影里的温暖屋檐，那幽静深处令人心安的蓝色光芒，是否迎来了不可逆转的消逝命运？

2018年7月，建行推出"劳动者港湾"，以一杯水的温暖、一顿饭的关怀，让平凡的劳动者在这个步履匆匆的时代拥有一处可以歇歇脚的温暖港湾（见图9-1）。转变思路和视角，传统网点运营模式的窘况和式微，不亦是银行业扩展自身服务边界的契机？本章讲述的是一个个温情的故事，也因此，我们用一种更温柔的笔触记录下这些关于"港湾"的美好记忆。

图 9-1 建行网点里的"劳动者港湾"

唤醒城市街角的温情

公元 15 世纪的威尼斯，犹太银行家们肩扛着被称为"Banca"的长凳，背着放置票据和货币的布包，在远洋航船停泊的港口旁，在由船主、码头工人、水手组成的如织人流中，开启了一个价值千万亿产业的滥觞。

六个多世纪倏忽而过，都市的天际线勾勒出时代的繁华，城市的潮汐起落已成为新的时代主题。金融将流动性注入城市化的脉搏，以惊人的速度架构起人类历史罕有的建设进程，却也在效率至上的追求中失去了金融最初的那份朴素的善意。

比起交易大厅里引人注目的红与绿，劳动者总被无意间归入稀松乏味的日常，隐匿在不为人知的街角，但他们无疑才是城市盛景与经济奇迹的缔造者。没有任何一份付出应该被习以为常，也不存在任何人的善意应被视作理所应当。"劳动者港湾"所面向的，正是这样一种城市空间长久缺失而又被热切期盼的渴求。

建行"劳动者港湾"在全国 1.4 万个网点点亮温情之光，劳动者不再是风霜雨雪中踽踽独行的漂泊者，他们拥有了人间冷暖中一个温暖的慰藉之所。"劳动者港湾"并不大，但无一不干净温馨，一台白色的小冰箱、用来热饭的微波炉、时刻提供热水的饮水机、几张椅子伴着几条及时趁手的充电线……手捧茶杯简单寒暄，平凡的善意在城市的街角、在小小的港湾被重新唤起，成为快节奏城市生活中一抹抚慰人心的亮色，也成为居民集体记忆和安全感的一份寄托（见图 9-2）。

图 9-2 "劳动者港湾"为劳动者提供歇脚处

在这里，环卫工人从微波炉里取出饭盒，热气腾腾的饭菜后面是一张满怀感激的盈盈笑脸；城管人员将保温杯接满热水，又奔赴下一个巡察点；快递小哥趁着给手机充电的空隙，一边喝水，一边和港湾工作人员分享着一路上的奇闻趣事；年长者在港湾里兴致盎然地听着防诈骗讲座，享受着义诊带来的那一份关怀……

跃入眼帘的一点一滴，算不上轰轰烈烈，可鲜活得有血有肉，这样的善举看似微不足道，却悄无声息地照亮了人们心中最柔软的地方，这样抚慰人心的关爱足以温暖每一个人、温暖一座座城。人心会铭记每一次同理共情，民意不会失落任何一份将心比心。桃李不言，下自成蹊。"劳动者港湾"的无问回馈，但行义举，如静水流深，在无声中触动、涵养着深藏于坊隅巷陌中的敦睦与谦和。

"一句平常的'歇歇脚'背后，是对善举的默默支持。"说到"劳动者港湾"的温情传递，建行安徽省合肥市望湖城支行的张安泰常会想起那位被称为"拾荒主席"的亲切阿姨。在支行"劳动者港湾"里常能看见她的身影。阿姨衣着朴素，年逾古稀，腿脚不大灵便，喜欢随身带着一个小型的家用折叠拉杆车，车包里时常装着空矿泉水瓶和废旧纸盒……大家都认定这是位靠拾荒来接济生活的拮据老人。

每次来网点，阿姨总是笑着对工作人员说"来歇歇脚"，便安静地坐到"劳动者港湾"角落里休息。繁忙的大堂使得网点员工少有闲暇与她细聊，通常只是礼貌性地请阿姨坐下，有时给她倒杯水，用最大的善意呵护这位古稀老人的尊严。"拾荒阿姨"成了大家私下里对阿姨的称谓。

然而一次客户投诉，让网点工作人员意外得知了阿姨的真实身份。当时有位中年客户在柜口办理业务，因为业务复杂，办理20分钟还没结束，客户便开始不耐烦地抱怨，继而怒冲冲地大骂。大堂经理试图上前安抚却无济于事。

"同志啊，我说你两句。"不知什么时候，"拾荒阿姨"走到这位中年客户面前说："我一直在旁边坐着，都看在眼里了，人家银行工作人员又没做错什么，也没偷懒，有什么话不能好好说呢？"

中年客户怔了一下，可能是没想到还会有人打抱不平。他瞄了一眼"拾荒阿姨"，见是一位衣着普通的老人家，便不屑道："我办我的业务，关你啥事？""我是'中国好人'张景兰，论岁数要比你大几十岁。劝你几句，与人为善，做事不要这么大的火气。"可能慑于"中国好人"

的名号，抑或因为面对的是一位长者，中年客户没再反驳什么，倒真的安静了下来。在场的工作人员目光中尽是对"拾荒阿姨"的感激和惊讶：阿姨竟然还有这样一个身份，大家一直当她是位孤寡老人呢！

出于好奇，大家在网上搜索了阿姨的名字。出乎意料的是，搜索出来的信息是铺天盖地的溢美和赞誉。"拾荒阿姨"原来是名人啊！大家不禁为自己的孤陋寡闻汗颜。阿姨名叫张景兰，退休前是安徽省人大办公厅工会主席，是第五届全国道德模范候选人，曾荣登"中国好人榜"。在任期间，她自己捐助、动员机关同事资助250多名皖南山区儿童；退休后，更是靠拾荒资助数百名困难学子，被人们亲切地称作"拾荒主席"。

再次见到阿姨时，她仍是平常的打扮，笑着说"来歇歇脚"。"阿姨，您快坐，上次还没好好谢谢您呢，您的事迹我们都知道啦，您可是真人不露相哟！"大堂经理赶忙迎上前去。阿姨见状竟有些不好意思，笑道："要说谢，我还得谢谢你们呢。我这腿脚不好，在外头捡点废品，累了就想找个地方歇歇脚、喝口水，去了好多地方，人家都嫌弃，还是你们建行好，这'劳动者港湾'可真是个好地方啊……"

重拾稀缺的尊重

对基层劳动者而言，遇见同情、遇见捐赠并非稀奇，难得的是遇见尊重。现代社会生产的丰饶无法掩饰尊重的稀缺，物质的丰富难以弥补慰藉与情意的匮乏。区别于传统的慈善尝试，"劳动者港湾"的真情付出不仅限于基础的物质赠予，更是来自公共空间的接纳和认可，平等、共情与尊重正是"劳动者港湾"对劳动者最温暖的人文关怀。

正是这份温暖和包容，让劳动者从最初的徘徊疑虑，逐渐转为如今的习以为常，"劳动者港湾"提供给劳动者的不仅是喝水歇脚的场所，更是被设定为"默认"的接纳和尊重。对于网点员工来说，港湾以更恳切的感悟和共情温暖了霜雪中砥砺前行的心灵。现代社会的繁荣离不开平凡的劳动者日复一日风吹日晒的坚守。"在偌大陌生的都市里，我们每个人都希望有个熟悉的身影能陪伴身后，守护温暖。"来自上海市徐汇区支行的经理付彤彤忆起与港湾同行的往日如昔，对这数载的风雨同舟作出心中的注解。

"劳动者港湾"同样也是对银行人自身的再教育。只有俯下身来，才能把每一个努力生活的人看清，才能听得见这座城市真实的脉搏。付彤彤也感激着"劳动者港湾"给予了她一个更聚焦的视角，让她开始真正学会包容、学会尊重、学会接纳，在每一日的金融服务中留下温情的回忆，和"劳动者港湾"一起向阳而生。

尊重是患难与共的基础。唯有重拾稀缺的尊重，凝聚诚挚的认同与守护，实现"劳动者港湾"初心之上的理想图景才有生生不息的力量。一杯清茶，结一段绵延不尽的情缘；一次敬意与扶助，带来滋养人心的久久回甘。久违的尊重也得以在这份手足情深中薪火相传，"劳动者港湾"所在街区的草木砖石，便浸入了故土般的亲切和鼓舞，疏冷的城市也由此染上乡愁，真正成为劳动者挚意归属的精神家园。

"青山一道同云雨，明月何曾是两乡。""劳动者港湾"正是在这样的尊重、包容和共情中，努力营造守望互助、落叶归根的乐土乡情，在平凡质朴的城市街角，在琐碎而寻常的点点滴滴里，以丹心赤忱的真情和善意给予城市中万家灯火焚膏继晷、砥砺前行的力量。

无限延展的诚意

行动不应踟蹰不前，善举总有粲然前途。这份生发于平凡烟火、激扬于"港湾"实践的质朴诚意，更在基层网点的智慧和真情中生长延展，超然于原初设置的定义，铺陈出蔚为大观的图景和深邃厚重的担当。

"劳动者港湾"不仅有便民服务设施，其外延已经突破物理环境，以每一个小小的网点为圆心，不停地向外辐射出温暖与爱心（见图9-3）。

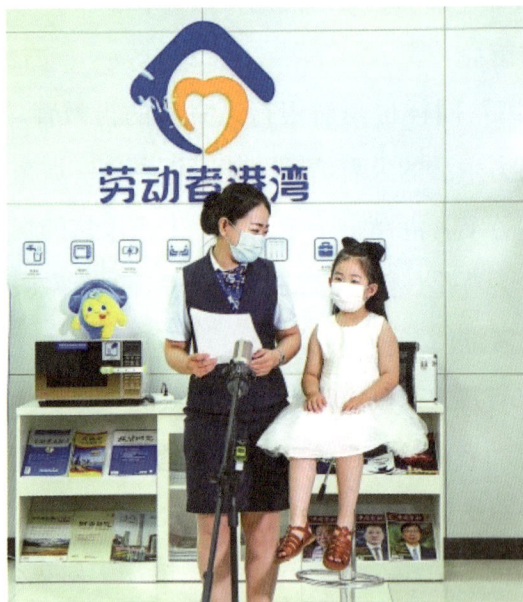

图9-3 "劳动者港湾"关爱儿童

云南省保山市的姜同学成绩优异，多次荣获省级、市级三好学生称号，却因为家庭变故，无力承担自己的大学学费。在姜同学一家一筹莫展之际，"劳动者港湾·阳光助学"项目与云南青少年基金会开展合作，及时伸出援助之手，为姜同学以及许许多多像他一样的学子提供支持，帮助他们继续追逐梦想。

"劳动者港湾"对下一代的关爱呵护，对守护孩子们纯真梦想的不懈助力，来自湖南省常德市桃源县采菱村的村干部雷亚军也有着真切的体悟。年轻人纷纷化身"候鸟"外出务工，不得不将孩子留在家乡，以至于孩子只能在父爱、母爱缺位的情况下成长。由于城乡教育资源极不平衡，农村"教育移民潮"兴起，乡村小学逐渐沦为"空壳"。看着孩子们在最好的年龄无法得到最好的教育，他时常感到无比痛心。当采菱村的孩子们在困境中不知如何破局之时，建行湖南省分行提出以合作方式为留守儿童助力。

2020 年 7 月，专注关爱留守儿童的"劳动者港湾·裕农学堂"在桃源县青林乡采菱村正式成立。自此，"劳动者港湾 +"新模式将港湾延伸到农村，为"裕农学堂"配备电脑、投影仪等设备，添置了桌椅、书籍，为村里的孩子们提供更加优质的教育资源。除此之外，建行还定期组织大学生来这里为孩子们上课，让他们看到了更广阔的世界。"劳动者港湾·裕农学堂"现在已经成了村里最热闹的地方，每天放学后，孩子们开心地来这里参加丰富多彩的活动，学堂里总是充满了欢声笑语。

"劳动者港湾"的善意之源、暖意之火，在于惠民救急，在于扶孤助弱，在于亲幼敬老，而以"港湾"为名，这份深情也更在于以和煦淡然抚平远行人的困乏无措、彷徨无依，使屡弱者有力、助停滞者前行。

来自河北的郭计周想起自己与"港湾"的往事，内心不禁泛起难以平静的暖意涟漪。转业前，他是一名副营级干部，虽将近不惑之年，但他不甘寂寞，怀着年轻人的激情选择了自主择业。本以为可以施展抱负，大展宏图，可坎坷不顺的求职经历一次次伤害他的自尊，尽管后来经人介绍去过几家小企业，但环境和待遇的心理落差让他的热情不断被消磨，甚至开始怀疑自己的能力。

为帮助许许多多像郭计周一样的退伍军人，建行联合河北省退役军人事务厅，在港湾推出"老兵驿站"，专门为退役军人就业创业提供帮助。而今，在"老兵驿站"的推荐下，郭计周已经在一家颇具规模的企业担任主管一年多。军队赋予郭计周严肃认真、一丝不苟、精益求精的优良作风在这里得到了充分发挥，高质量的产品赢得了客户的一致好评，安全生产的经验获得了政府部门的高度认可，也得到了企业领导的赞许和同事的尊重……在"港湾"的帮助下，他直面生活和未来，重新找到了自信。

"劳动者港湾+"的成长与担当，不仅传递温暖、宣扬善意，更通过与公安、司法机关的携手共行，多方合力，让善意之火在众人抱薪中释放出更加温暖人心的力量。

韦德黎队长的故事折射出了这份同力协契背后的警民情深。作为贵州省凯里市交警大队队长，岗亭巡视是他20多年职业生涯中的常态化工作。在了解到建行"劳动者港湾"之后，一个将警务岗亭与"劳动者港湾"有机结合的想法出现在他的脑海中。韦德黎队长通过实地考察和调研，深度对接不同行业户外劳动者的迫切需求，以"开放共享、责任担当"为理念，以黔东南苗族侗族自治州少数民族特色的"苗侗文化"为载体，推动凯里市交警大队携手建行黔东南分行，合作共建首家"警银共建劳动者港湾"。交警岗亭里精心配置了微波炉、饮水机、雨具、医药箱等日常便民物资，随时供执勤的交警及路过的行人免费取用。

"劳动者港湾"依靠纵深广布的渠道优势，助力政府公共法律服务向大众延伸。广东省中山市司法局与建行一直在探索创新民生领域的合作，在中山市"劳动者港湾"中融入公共法律服务惠民宣传，联合开展"办实事·进港湾——公共法律服务与存款保险条例入万家"活动，通过"线上+线下""场内+场外""讲座+咨询"等方式，帮助市民了解公共法律服务。与此同时，以"劳动者港湾"为基础打造"法援工作站"，当地市民可以通过港湾"法援工作站"提交法律援助申请，由银行通过专属通道转呈中山市司法局受理，专门为经济困难、无力聘请律师的弱势群体提供无偿法律援助服务，有效延伸法律援助触角，提升公共法律服务的便捷性。

基于劳动者的多样化需要，"劳动者港湾＋"进一步融合适老服务、公益慈善、司法援助、党建文化、低碳环保等内容，让建行温度更加贴近生活，也让一个个网点不断延伸对金融服务边界的探索，质变为城市街角的温情节点和意义空间。

"添枝增叶"的进化

"劳动者港湾"在依托物理渠道网络支持的同时，潜移默化中也引领着网点的华丽转身。在"港湾"的助力赋能下，网点褪去严肃的外壳，蝶变成一个雀跃着生命力、散逸着亲和气息的家园。

"要想做好服务，就得实实在在替老百姓着想。看起来是一件小事，其实是一件见人品、见心性、见品德、见党性修养的大事。"谈及"劳动者港湾"四年来的成长与扩展，陕西省西安曲江支行营业室的张琳亦觉历历在目。三年前，因为张琳的一个提议，曲江支行开放了西安市第一个爱心饮水点。2018 年，西安举办国际马拉松赛，为了让到达终点的运动员喝上温水，营业室第一次让"劳动者港湾"走出网点，得到了运动员们的"热捧"。从此，周边学校的运动会、社区联欢会、疫苗接种点……"送水"成了一项常态化服务。

有感于哺乳期妈妈的不易，2019 年年初，曲江支行曾在"劳动者港湾"开辟母婴角落，冰箱、消毒柜、热水壶、纸尿裤等设备物资一应俱全。作为"劳动者港湾"的附属设施，营业室二楼的母婴室被评为"母婴关爱省级示范点"。

对于腿脚不便的老年人来说，每年去社保办进行养老金资格认证给他们带来了不少困扰。2019 年 5 月，曲江支行第一次尝试引入第三方资源，在"劳动者港湾"开设养老金认证专区，老人们在建行员工指导下通过手机即可远程认证。2020 年，服务再次延伸，"申请—输入—识别—审核—打印"在工商注册全自助一体机上，办理营业执照只需要 10 分钟。只要群众有需要，"劳动者港湾"就永远有拓维升级的动力。

随着一个个第三方服务功能的接入、线上线下活动的开展，"港湾"俨然成为体现新金融"普惠、科技、共享、绿色"属性的小小展台。作为"劳动者港湾"的发源地，张琳与同事们一直在思考港湾的升级改造，在她的眼里，"劳动者港湾"不只是一个公共场所，更是一种公益精神。"就像在沙漠里种上梭梭树能改良土壤，引来其他植物生存、动物栖息，逐渐形成生态。"随着外部机构不断为"劳动者港湾"赋能，独木渐渐成林。

"做公益还能计较成本？"西安水务（集团）有限责任公司的梅总主动为"港湾"免费提供瓶装水。支行旁边的南湖小学也找到"港湾"，探索共建金融教育基地，"不仅是培养学生的财商，更重要的是让他们感受爱心的温度。"陕西省分行和陕西省总工会联合举办的"劳动者驿站（港湾）"公益项目正式启动，面向社会公开募集资金，支持户外劳动者服务站点的建设和服务。

越来越多的机构加入这项"温暖行动"，与"劳动者港湾"结下深厚的情谊。2021 年 3 月，中国职工发展基金会与建行开展全面合作，启动"劳动者驿站（港湾）"公益项目。建行向基金会捐赠 500 万元，用于推动实现户外劳动者服务站点在全国各地落地，还积极动员各级机构开展公益项目宣传活动，带动爱心企业、爱心人士奉献爱心。截至目前，共有 50 余家爱心企业、百余名爱心人士为公益项目捐款，收到爱心捐款 60 余万元。借助建行强大的金融科技力量，"积分圆梦·劳动者驿站（港湾）"公益项目捐赠平台于 2021 年 3 月底完成开发并成功上线，建行龙卡持卡人可将综合积分兑换为公益捐赠资金，通过捐赠积分助力站点工作，如今，已累计收到 2 亿捐赠积分，折合公益资金 40 万元。这些社会爱心资金化作一瓶瓶"爱心水"、一个个"温馨包"，依托建行部分"劳动者港湾"和工会服务站点发放到户外劳动者手中，慰劳这些辛勤付出的"城市英雄"，让爱心和真情传递得更远。

当前，社会对无障碍环境有着巨大的需求，我国现有残疾人超过 8500 万，涉及 2.6 亿家庭人口，另外还有 2.5 亿 60 岁以上的老年人，无障碍设施建设仍然任重道远，需要社会各界共同努力推动。

2018 年 7 月，中国银行业协会《银行无障碍环境建设标准》发布，全国人大常委会委员、中国残疾人联合会副主席吕世明受邀出席发布会，并参观建行雄县支行营业部打造的"全国无障碍服务示范网点"。不同于那些常规化、大众化的无障碍改造，网点特殊定制的低位叫号机、自动存取款一体机、填单台、现金和非现金柜台等无障碍设备、设施科学、智慧、便捷，不仅高度适宜，而且有足够的容膝空间，加上周到的服务，让人倍感温暖。

在与中国残联三年来的合作中，"劳动者港湾·无障碍家园"共建品牌亮相了。网点增配助盲卡、轮椅等无障碍设施，并在有条件的网点进行无障碍坡道和无障碍卫生间改造，网点无障碍服务水平提升效果明显，为更多残疾人、老年人办实事、送温暖。"无障碍家园"是我国无障碍环境建设追求的目标，"劳动者港湾"让我们离这个目标越来越近。无论是在上海、浙江、哈尔滨举办的全国无障碍环境建设成果展示应用推广大会上，还是每年一度的中国国际福祉博览会、"一带一路"国际无障碍论坛上，都有"劳动者港湾"的特色诠释，也同时成就了全国首次无障碍十大精品设计、一本本无障碍环境文化成果丛书和无数全国首次无障碍优秀典型案例……

"自 2018 年全面启动'劳动者港湾'暨金融服务资源开放共享工作

以来，建行以强有力的动员能力、广泛的服务领域和良好的社会反响擦亮了新时代银行服务品牌，短短三年已在全国各地织就一张专业便捷的共建共享服务'云锦'，积累了许多可供借鉴的宝贵经验。"中国金融工会权益保障部副部长何晶对"劳动者港湾"成立四年来的成绩作出了以上评价。2019年以来，中国金融工会联合相关行业协会号召金融机构为职工群众提供更多、更优质的普惠性服务，并通过召开全系统经验交流会、实地观摩等方式推广"劳动者港湾"品牌模式，同时推动省级金融工会与地方工会合作对接。

建行"劳动者港湾"作为全国首个正式挂牌的工会户外劳动者服务站点共建品牌，得到全国总工会和劳动者的肯定和赞誉，同时也带动了整个金融行业有序推进服务资源向社会开放共享，形成了以标识互挂互认等方式为主的工会户外劳动者服务站点共建模式，深化拓展了户外劳动者服务站点建设工作，使包括"劳动者港湾"在内的8万余个工会户外劳动者服务站点真正成为改善户外劳动者劳动条件的平台，成为树立工会形象、彰显工会作为的窗口和全社会奉献爱心、传递正能量的纽带和桥梁。

公其心，万善出。"劳动者港湾"源于朴素的善意和关怀，也在乎弦歌不辍的承继和共鸣。原初的星火之情在赢粮景从的响应追随中得到延伸，港湾的蓝色印记，由此形成一个心意传承的符号以及行动的倡议和呼唤，引领着更多诚挚与善意加入的同时，劳动者也在以他们的方式回馈着这份脉脉温情。

付出小小的善举并没有期待什么回报，暖心的事情却悄然发生：停车场收费员杨大爷的亲戚拆迁房子，拆迁款直接存在了建行卡上；滴滴司机赵师傅在微信群里召唤了一群同行来网点办理ETC；周边的环卫工、保洁员、服务员、建筑工人陆陆续续都在建行办理了工资卡……

"劳动者港湾"为业务发展带来的反哺是给大家的意外惊喜。

"千头万绪的事，说到底是千家万户的事。"共同富裕，从微末处着手；齐心复兴，自平凡中勃发。"港湾"从寻常里寻不朽，向真善内见真章。"劳动者港湾"既是"小民"之港，亦是大国之湾。在这样一份肝胆相照、休戚与共的责任感和"倾江海，赠天下"的豪情气概中，建行"劳动者港湾"打破了区隔城市的屏障，连接了人情与空间。

第十章

研修中心：
办一座"没有围墙的新生态企业大学"

当金融遇见教育，会产生怎样的化学反应？

2018 年 12 月 17 日建行研修中心（原名建行大学）在北京揭牌。当新技术的发展让普惠与共享成为可能，建行打开大门办大学，以将"金融之智 + 科技之力"融入追求美好生活的认知与坚守，展开对新金融的探索，努力构建"金融 + 科技 + 产业 + 教育"生态。10 亿平台访问量、1.76 亿学习人次、6 万套学习资源、8683 门课程、187 册教材、上万册课本与图书、545 万公益培训人次、"2021 年度中国最佳企业大学"……

"这里有无限的文章可以做，关键是看有没有足够的想象力、创造力和执行力。"

产教融合

党的十八大以来，党中央、国务院把深化产教融合上升为国家教育改革和人才开发的制度安排，核心是促进教育链、人才链与产业链有机衔接，实现产学研一体化。党的十九大报告提出，"完善职业教育和培训体系，深化产教融合、校企合作"党的二十大报告进一步强调，"办好人民满意的教育，统筹职业教育、高等教育、继续教育协同创新，推进职普融通、产教融合、科教融汇，优化职业教育类型定位。"

随后，一系列促进校企合作、产教融合的政策相继出台。2016 年中办、国办《关于党政机关和国有企事业单位培训疗养机构改革的指导意见》明确指出，鼓励国有企业整合所属培训机构，并向企业大学、职业教育集团等转型。2017 年 12 月以来，相关部门连续下发《关于深化产教融合的若干意见》《职业学校校企促进办法》《关于推行终身职业技能培训制度的意见》《建设产教融合型企业实施办法》等系列文件。特别是中办、国办分别于 2021 年 10 月、2022 年 12 月联合印发的《关于推动现代职业教育高质量发展的意见》和《关于深化现代职业教育体系建设改革的意见》，一再强调要发挥国有企业特别是中央企业的示范带头作用，开展校企深度合作，建设产教融合实训基地，鼓励区域、行业骨干企业联合职业学校、高等学校共同组建产教融合集团（联盟），带动小微企业参与，支持企业大规模开展职业技能培训，并积极面向小微企业和社会承担培训任务。

产教融合的核心理念是共享融合，需要社会各界顺势而为、汇智聚力，而这仅靠一个企业大学是远远不够的。为着力打造聚合内外部资源、融合创新发展的平台，建行研修中心顺势而为，以科技整合建行多渠道碎片化的软硬件培训资源，搭建与高校的高水平合作平台。在国家发改委、教育部等部委的支持下，建行于 2018 年 12 月发起成立"新金融人才产教融合联盟"（见图 10-1），旨在深化产教融合、校企合作，

新金融人才产教融合联盟标识，由三个大写的英文字母"U"组成，取意"大学University"和"联盟Union"的首字母U；提取量词"三"，表达"三融"，寓意联盟"融入 融通 融合"的愿景与路径。同时，标识整体形似含苞待放的花朵，寓意活力和未来。

图 10-1　新金融人才产教融合联盟

共同培养新金融人才，搭建共享知识平台，提高金融服务实体经济能力。2019 年 6 月，联盟第一届理事会暨论坛在上海成功举办。

联盟从"0"开启新征程，从 16 家发起单位扩容到涵盖政府机构、境内外高校、创新型企业等 80 家单位，成为一个方便各界资源汇聚、融合的"大平台"（见图 10-2）。

图 10-2 联盟成员单位

资源的共享不是为了完成形式"聚合"，而是向着人才培养的目标实现深度"融合"。银校联合实际上是实战场景和深度教学的结合，聚焦"科技"和"数据"两大动能，为探索新金融人才培养贡献"联盟方案"。

建行携手联盟单位共建 6 个学院、7 家教研中心，依托当地教育资源，突出专业特色，打造高端金融智库和高水平校企合作新模式。双方以项目化方式和任务型团队共同开展有特色、有重点的教学、培训、科研等项目，围绕"新金融、资本监管、住房金融"等主题，开展了 38 项课题研究，献计实体经济和新金融实践，促进高校、企业、科研机构间的交流与成果转化。企业运营中新颖、实用、启发性强的实践，将成为高校教学的"生动案例"；高校的原创性理论，也能为企业的生产创新提供指导。

专栏10-1　打造高端金融智库和高水平校企合作新模式

2018年7月，与中南财经政法大学共建建行大学华中学院/中南财经政法大学建行学院；2018年9月，与西南财经大学合作共建建行大学西南学院/西南财经大学建行学院；2018年10月，与香港科技大学合作共建建行大学华南学院；2018年12月，与南开大学合作共建建行大学华北学院；2018年12月，与西安交通大学合作共建建行大学西北学院/西安交通大学建行学院；2018年12月，与华南理工大学合作共建建行大学大湾区学院/华南理工大学建行学院。2019年，与南开大学推动建设联盟内第一个研究中心"系统性风险研究中心"，对外发布国内首个风险指数。2020年12月，与西南财经大学合作成立国内首个私人银行教研中心，随后设计设立金融与会计教研中心，着力培养高素质财会与审计人才队伍。建行与厦门大学合力构建"资本市场教研中心"，在人才培养、产学研协同创新、教育培训等领域的合作迈上崭新台阶。2021年，与农业农村部、中国农业大学等5家机构共建"乡村振兴金融研究中心"，组建乡村振兴金融专家智库，专业化、系统化促进乡村振兴产学研资源开发共享。

创新的可贵之处和薄弱环节都在于"新"。联盟整合科研、企业、社会等资源要素，举办"新金融·建未来"创新马拉松大赛、国际"互联网＋"大学生创新创业大赛、大学生金融创新大赛等，促进创新孵化升级，打造创新品牌。为了让创新想法落地生根，建行将为中小科创企业提供全生命周期资金支持的"创业者港湾"与研修中心"愚公学院"无缝对接；建立贵州猕猴桃、上海智慧数据等98所产教融合实训基地，以实训基地"小切口"撬动产教融合"大工程"，培育"金融＋科技＋产业＋教育"科技创新综合孵化生态。

"中国银行业金融科技师（CFT）认证培训"作为联盟首个落地项目，由建行联合中国银行业协会、深圳大学、香港科技大学共同推进，以"产教融合、复合培养、与时俱进、逐步实施、认证培训"为原则，采用"国际经验＋本土实践""专业理论＋案例教学"形式和"mini-MBA"培养模式，为银行业培养"懂业务、懂技术、懂产品"的复合型金融科技人才，并通过实际案例教学提升学员的金融科技应用能力。

"建行金融科技菁英班"先后在西安交通大学、华南理工大学试点，着力培养金融科技专业人才。"菁英班"由建行与校方共同设计、共同选拔、共同培养，聘请一流的师资团队，为每位学生配备企业导师，学习理论课程，在建行的实际工作中做毕业设计。2020年7月，西安交通大学"菁英班"启动，成为国内首个银校合作打造的可授予学位的联合培养项目。随后，"菁英班"又陆续在华南理工大学、香港科技大学、南开大学、中南财经政法大学等高校落地。

"数据分析师"认证培训聚焦高端数据人才培养，由建行联合香港大学共同举办。首期培训于2020年10月开营，历时14个月，共选拔107名青年数据业务骨干重点培养。项目基于香港大学商业分析硕士课程体系，围绕建行实际需求和业务实战安排15门课程，学以致用。结业学员可获得香港学术及职业资历评审局认证的专业证书，在香港地区资历架构体系中列为第6级，与高等教育中的硕士学位同级。

实际上，联盟每个成员都是"珍珠"，但分散在不同地域、不同领域，把一颗颗珍珠穿起来，就成为更具价值的珍珠项链。在资源共享机制下，建行与联盟单位顺应市场需求和技术潮流，联合开展线上线下培训277期，让34万参训人次汲取不同珍珠的特殊价值，为定制化、专业化培养新型金融人才探索新路径。

"学习的革命"

金融供给侧结构性改革日益深入，金融人才需求随之改变。银行业不仅需要会营销的行长、客户经理，还需要有用户思维、科技思维以及数字化经营能力的复合型跨界人才。建行也需要一大批兼具专业水平和社会责任感的新金融先锋。

研修中心"主动来一场'学习的革命'"，在全球建设13个专业研修院、20个区域研修院和37个分行研修中心，搭建起随时随地可学的网络学习平台。在这里，生动活泼、有趣有料的培训风格更受青睐，自我学习和微创新受到鼓励（见图10-3）。

图 10-3 立体化课程、教材与案例体系

现代科技为金融赋能社会、服务大众提供了强有力的支撑，全球金融业从理念到技术正在经历深刻变革。如果说教育培训像一颗糖化入新金融的活水，那么数字技术则像一团火，让糖溶化得更快、更充分，让这杯甜水捧起来更加温热。

自2018年12月"建行学习"平台正式上线，借助科技力量深度融合数字技术与教育，针对员工、社会大众的多样化学习需求，努力建设集"员工学习、培训管理、智能运营、知识储备、服务社会"等职能于一体、跨越时空壁垒的大型数字化学习平台。截至 2022 年 12 月，平台访问量突破 10 亿次，总学习量突破 1.77 人次，总学习时长 6112 万小时，积累学习资源总量超 9 万个。平台内外部总用户数 507 万，平均日访问量 525 万，员工日活率近 50%。

学习平台根据"以数据为关键生产要素、以科技为核心生产工具、以平台生态为主要生产方式"的特点，基于大数据能力和组件化基础服务形成对平台的底层支撑，构建包括数据中台、业务中台、AI 中台的响应能力。坚持开门办学，走出金融街，广泛连接优质资源，不断探索数字化职业教育培训的新模式。以"建行学习"平台为媒介，诞生了"数字金融大讲堂""面向未来的商业银行"等一系列优秀实践活动，为集团战略传导提供了扁平、高效、泛在的方式，让金融知识、全行战略直达基层一线、直达几十万员工。随着功能、内容不断丰富优化，"建行学习"平台持续赋能组织，激活个体，沉淀了丰富的资源。

"建行学习"平台建立起 App、PC、PAD、微信、电视盒子等多种学习渠道。从建行员工到社会群体，都能在云端课堂享受到优质的学习资源。平台的直播、课程、微课、图书、案例等组件化功能，支持像搭积木一样"自定义"搭建特色栏目，最快 30 分钟就能建立定制内容专区，敏捷响应各级机构灵活多样的培训需求。

有了基础渠道，平台同步实现"向内引入"和"对外输出"双向共享，引进哈佛商学院、海尔卡奥斯、北京师范大学等优质外部资源，满足学员多样化需求；面向行内外各类平台、微信应用，投放输出建行学习丰富的课程、图书、专题班、频道等内容，组建新金融数字学习联盟，将各类线上学习场景打造为可输出的产品功能，深化对外赋能、产教融合。

"建行学习"上线应用后，研修中心打造数字化课程工厂，探索"线上＋线下"学习生态，深度加工精品内容（见图10-4）。数字化课程工厂包括备课工作站、控制中心、实景演播厅、多屏数字教室、录音棚、虚拟直播间、数字化剪辑室7个"生产车间"，涵盖"备课、化妆、交流、创意""实景授课、远程连线、专业录音、线上直播"等28道"生产线"，组成优质课程的生产中心。

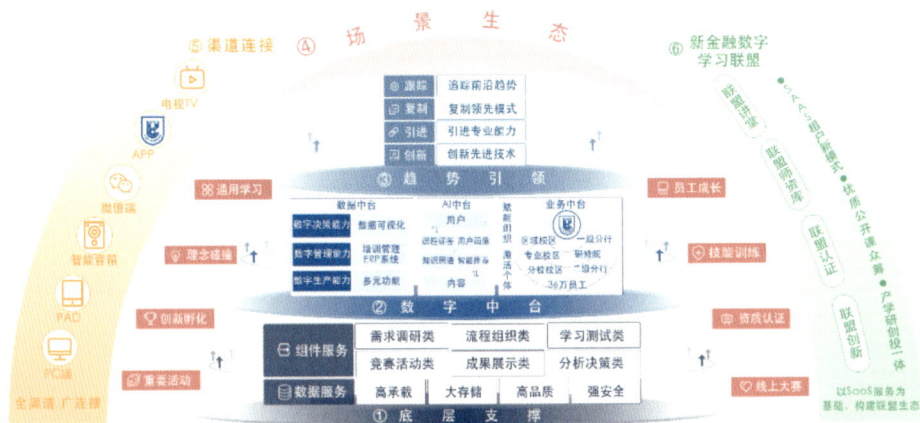

图10-4　"建行学习"生态逻辑图

数字化时代，"人人皆可为师""处处能学、时时可学、人人皆学、终身在学"的生态成为可能。建行研修中心整合资源、搭建平台、凝聚智慧，努力为行内外热爱教书育人、传播知识的讲师们提供广阔舞台，也为员工、客户和所有热爱学习的人打造一片不断突破传统边界的辽阔天地。

服务战略

企业大学不仅是一个教育实体，同时也是一个战略支点。企业学习有别于学业学习，它不是单纯的知识摄入，还担负着"促进经验交流，统一思想认识，凝聚组织人心"的使命。纵向贯通、横向联系、广泛深入的内部交流是企业活力的体现，对大企业来说尤为宝贵。借助学习平台快速灵敏的经验分享，可以更有效地传导战略思想、传播战术打法。

作为"流动的课堂""身边的课堂"，肩负起"传道授业解惑"的职责，以分享促学习，以提问促思考，以互动促交流，让员工从看到、知道到学会掌握、入脑入心，为建行战略行稳致远发挥不可或缺的作用（见图 10-5）。

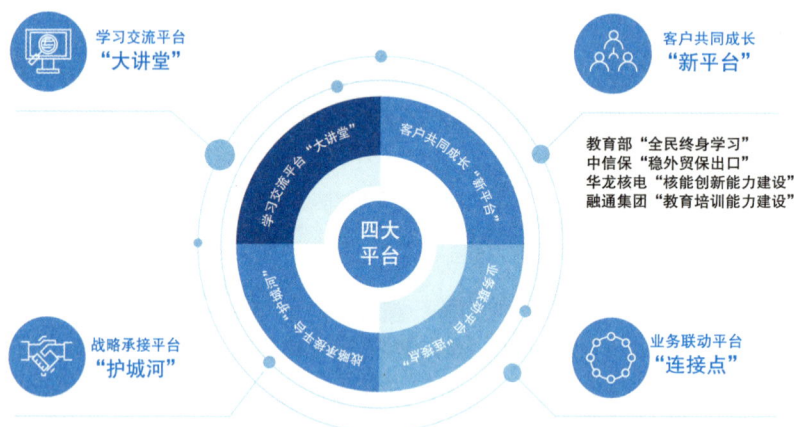

图 10-5　学习交流与理念升维的平台

建行近年组织"新阶段 新理念 新格局 面向未来的商业银行""新阶段 新理念 新格局——分行行长论新金融实践""运用新金融理论 当好支行行长"等系列交流活动，总行领导、部门负责人、分行行长等走上讲台，聚焦重点领域研讨交流，研究当下大势，既讲思路也谈举措，引领带动全行把眼光和格局放到面向未来的长远发展上，凝聚战略共识、统一发展步调。三个学习活动线上观看人次分别超过 25 万、25 万和 150 万。

"新金融服务乡村振兴系列大讲堂""绿色金融大讲堂""大学会客

厅""前沿科技学习项目"等讲座，持续延展学习边界……从基层一线到中流砥柱再到集团"大脑"，扎根实践、着眼未来，分享新金融打法，汇聚传播一线经验，带动全员认知深化、理念升维、能力升级，培养更多理解新金融、用好新金融的实践者。这些卓有成效的活动在建行开启了学习热潮、支撑了新金融战略实践。

聚焦建行改革发展的重点、难点问题，围绕新金融战略，努力发挥战略落地的桥梁作用。培训计划"一行一策"，为每一个条线、每一个岗位提供适配的学习方案，既满足全行战略传导推进的整体需求，又兼顾各分行差异化诉求，提升各级人员战略业务的经营能力、管理能力。基于产教融合优势，建立新金融研究中心、乡村振兴金融研究中心等专业机构，"解剖麻雀"、强化研究、编印教材。深入基层一线和最新业务实践，做"陪伴式"学习和管理咨询式培训，提取经验打法并升华为通用的"谋略和兵法"，总结为员工喜闻乐见的"生动案例"。开展"赋能共创行动学习咨询""兴县旺行"县支行行长能力提升、网点竞争力提升等送教上门项目，构建集学习支持、工作交流、经验共享、问题探索等功能于一体的融合式学习生态。从"要我学"转变为"我要学"，从自主学习到专业测试，2021年推出的专业技术职务等级考试画圆了"学、考、用"培养闭环，为人才"选用育留汰"全链条管理提供支持，员工拓宽了职业生涯通道。目前参考人员已超过25.3万人次。

面对客户综合金融服务专业化和多样化的需求，研修中心与部委、地方政府、企业客户、高校等开展合作，进一步拓展银政企互联互通场景。为云南、江苏、陕西等多地打造"地方党政领导干部现代金融研修班"。联合全国工商联、国家发展改革委、工业和信息化部、北京证券交易所开展民营企业"一带一路"系列特色培训、中小企业领军人才金融赋能等培训，覆盖民营企业1000余家、学员3万人次。承接国家开发银行天津市分行"联学共建融通赋能"、吉林银行"变革领导力"、新疆农联社"文化润疆"等系列同业培训项目，以及服务云南农信社、恒丰银行等新一代系统输出配套咨询项目，以教育培训助力金融行业共同发展。"裕农通业主"系列培训、基层医生赋能、消保知识公益课堂、智慧政务复转军人培训、对外贸易投资培训等，从客户需求出发，渐次生发。

专栏10-2　　与山东省女企业家商会开展战略合作
山东省女企业家商会是由山东省各地市优秀女性企业家、女性社会活动家、女性经理人等组成的非营利性商会组织，辖属会员企业300余家。山东省分行响应党中央加大对民营企业支持的号召，联动高校举办"民营企业家财富讲堂"，通过经济政策信息传导，促进法律、税务知识普及，帮助参训的100余位企业家洞悉前瞻大势、解构时代格局、分享实践真知。以培训合作为契机，山东省分行与山东省女企业家商会签订战略合作协议，为商会会员企业量身提供六大服务计划，启动创业扶持计划——"雏凤·女商精英培扶计划"。培训期间，山东省分行还与参训客户在私人银行、家族信托、供应链融资、电子商务等方面达成多项业务合作，实现业务增长与社会责任的合作双赢。

金智惠民

　　当带着困惑的创业者们走进研修中心与专家、银行员工们一起探索解决难点问题的方案，展开思想碰撞时，我们封闭在自己的圈子里百思不得其解的问题，或许就有了新答案。

　　"人既尽其才，则百事俱举"。经济转型期的中国，劳动者素质与产业发展不相适应、大学生就业难与企业招工难并存等问题越来越突出。创业路上中小微企业主亟待金融和智力支持，广大农村基层民众政策技能知识也多有匮乏……他们体现的不只是个体的命运，而是一个个宏大的社会问题。专注而精巧地化解这些问题，呼唤更多改造者和连接者的角色，某种程度亦是一场需要广泛参与的深刻的教育革命。

建行于 2018 年 12 月整合全行教育资源，联合全国联盟高校，启动"金智惠民"工程。一场声势浩大的普惠教育由此发源，并迅速向行业扩散，带动更多同业从事普惠培训，也引导带动更多人参与到这场全民学习的热潮之中。"金智惠民"工程已累计开展线下培训活动 6.4 万期次，惠及 524 万人次，建立乡村"裕农学堂"2500 余个（见图 10-6）。

图 10-6　田间阡陌的 CCB

为教育添星火之光

教育要因材施教，百花齐放，就不能局限于象牙塔内，而要打破知识藩篱，帮助青年学生走出校园、融入社会。

2019 年起，建行启动"万名学子暑期下乡"实践活动，每年招募 1 万名学子，联动建行青年志愿者，围绕"乡村振兴"主题组织丰富实践活动，把新金融人才培养的舞台设在广阔乡村天地，号召青年学生利用暑期下乡返乡，投身乡村振兴和志愿服务的生动实践，为广大高校学生搭建了解社会、感知金融、参与公益、服务社会的平台，提供成长历练机会。

四年来，累计吸引境内外 1500 家高校学子 4 万余人，深入全国 1 万余个村庄，围绕"看新农村变化""讲新金融故事""展新青年风采"主题，学子们当"行长""宣传员"和"老师"，走访农户、小企业，开展田野问卷调研、写实践日记和报告，参与学堂授课、社会调查、留守儿童帮扶、精准扶贫等公益活动，普及金融知识，创新乡村振兴金点子，在乡村大课堂中感知国情民情，贡献青春智慧，展现青年担当，探索产教融合与城乡融合的诸多可能。

专栏10-3　"万名学子暑期下乡"实践

2019 年，万名学子组建 1468 支小分队，深入 1.08 万个村庄调研服务，走访 5.4 万农户，走进 3652 家乡镇企业。

2020 年，1.2 万余名学子积极参与，"e 学惠行"线上云实践占比 40%。撰写下乡日记累计 9800 余篇，提交体验报告、调查报告等各类实践成果 5800 余篇。

2021 年，1 万余名学子利用线上线下渠道参与助力乡村振兴，累计服务乡村民众 23 万人次，累计形成共享微课、读书分享、调查报告、体验日记等各类实践成果 3 万余份。

他们中有下乡党员先锋队，与基层党团组织结对共建，重温革命历史与入党誓词，学习老英雄张富清先进事迹，重走长征路；有农、林、水产等专业学生，将农业知识与技术带到田间地头，为乡村金融发展建言献策；有数字时代的宣传员，为农产品直播带货，开展"三农"政策宣讲、金融消保知识宣传、疫情防控视频微课；有心怀善意的乡村教师，帮助乡村留守儿童实现学习梦、音乐梦、绘画梦。

"向下扎根，向上生长"，向劳动人民学习，在知行合一中历练，在田野唱响探索金融服务乡土建设的青春之歌。目前，活动已经成为具有影响力的公益教育品牌和卓有成效的产教融合实践，新闻联播、《人民日报》等权威媒体予以报道。2022年，在共青团中央全国大中专学生"三下乡"社会实践活动总结表彰中，"金智惠民—乡村振兴"万名学子暑期下乡实践项目荣获"社会实践优秀品牌项目"（见图10-7）。

图10-7　"金智惠民—乡村振兴"万名学子暑期下乡实践项目①

为小微企业解忧

建行推出普惠金融战略之际，依托研修中心有针对性地组织开展普惠金融百万创业者、民营企业赋能等系列培训，开放"愚公学院"，定制"创课堂"，让企业主和创业者既能融资，也能融智，助力企业对接资源、优化管理、提升实力。依托"建行学习"平台创建"金智惠创"频道，推出"一带一路""智造之光"等专题栏目，打造金融服务中小微企业的在线新阵地，发布150余门优质课程，培训80万人次。

---

① 西南财经大学学生廖河洋在活动中去乡村了解扶贫现状，在街头搞征信调研，用情景剧的方式向村民宣讲防电信诈骗。在廖河洋看来："这些经历和认知在我的人生履历里是从没有过的。"他们学以致用，加深对真实世界的认识。

依托"创业者港湾"科创孵化联动融资、融智，以金融聚合优势帮助企业发展，让创业者"充满电"，闯出更美好的未来（见图10-8）。

图10-8　新社区工厂

"从未遇到过这样的创业教育平台，直击痛点，解决所有问题，没想到一所企业大学这么敢于创新，勇于担当。"在参加完研修中心发起的"愚公学院"课程之后，一位中小企业主发出如此感慨。类似"愚公学院"这样的金智惠民课程，已经惠及百万人群，提升了小微企业主的创业自信和能力。

为乡土筑"水利工程"

建行自2020年起重点推出扎根县域乡村的"裕农学堂"，吸引全行员工及多元乡村主体参与，探索乡村教育金融赋能新模式。"裕农学堂"通过课件共享、场所共享、管理共享等方式，实现与乡村中小学、党群服务中心、乡村医疗服务站、在线学习平台的触达连接，在理论宣传、文化教育、群众关怀等方面加强互动，2531家"裕农学堂"将一方课桌安放在了偏远的田间地头。"我想上建行大学！"这是湖南最边远的龙山县靛房镇一位学生抒发的真诚愿望。建行终于圆了他的"大学梦"，这是抱憾当年没有条件上学的基层村支书的感慨。

面向涉农群体、扶贫对象和扶贫干部，建行开展乡村致富带头人主题培训、贫困农户普惠培训、脱贫攻坚定制直通培训等，提升就业创业能力，累计服务超 100 万人次。为赋能农业产业，联合各方建立了奶业振兴教学基地、猕猴桃产教融合实训基地等农田教学培训基地。例如，建行在贵州以"金融＋龙头企业＋合作社＋农户"的模式，为农投公司和农户请来专家学者上了多堂猕猴桃种植技术培训课，聘请高校农业专家指导建立水果深加工产业，还提供从产业估值、授信放贷、农技支持到普及法律的全方位服务，解决产业扶贫中的实际困难。

从培养学生到培训村干部，建行试点启动"青年金融人才助力乡村发展千人培训计划"专项行动，面向大学生村官、第一书记等在乡村振兴中承担重要作用的青年骨干和基层干部，提供金融赋能系列培训，以培育青年金融人才为纽带，将金融服务延伸到村、交易场景搭建到村、培训课堂下沉到村，用金融智慧赋能"三农"事业，助力乡村发展。

专栏10-4　产业扶贫有成效

财梁社区是陕西省安康市东南部的一个深度贫困村，当地没有产业，村民难找致富渠道。建行先是投资建公路，继而因地制宜引进产业，然后依托研修中心组织产业培训，把定制化课程送到田间地头。之前除了种地难寻出路的村民，不出远门就可以多一份收入。在家庭增收的同时，也避免孩子成为留守儿童。这种系统式、造血式的扶贫，更加有效而温暖人心。

在建行学习网络平台上，"金智惠民""村医学堂""裕农学堂""乡村振兴""脱贫攻坚"等各类主题公开课相继推出，社保政策、种植养殖、疫病防治等实用知识与技能在乡间传播，"金智惠民—线上问诊"用心守护村民健康。无论是基层乡镇扶贫干部，还是普通劳动者，哪怕身处偏远山区，只需一部手机，就能接入云端课堂。数量庞大的乡村农户群体，可以在精英教育触及不到的"下沉地带"，学得一技之长，见识到更广大的世界，拥有重新规划人生的权利。

建行研修中心走过4年，名称虽改，初心未变。未来将以"智库化"为方向提升研究能力，走产学研一体化发展道路，为解决社会痛点难点问题提供智力支撑和系统方案。

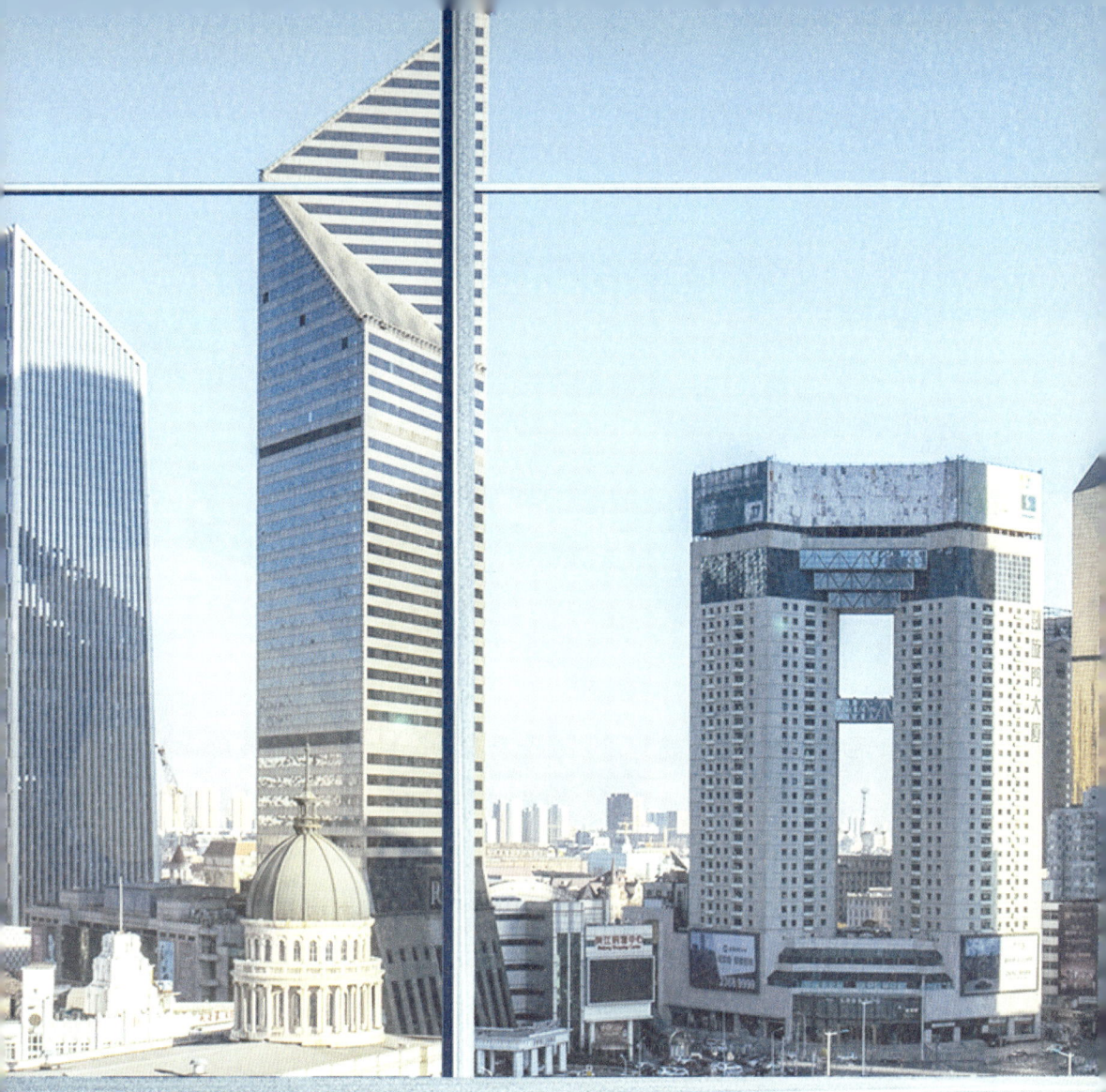

下　篇

重新定义金融

——走中国特色金融发展之路

上篇所述种种，是建行以"新金融行动"探索转型发展所做出的一系列实践，对中国金融业来说，则是"走中国特色金融发展之路"这一宏大叙事的缩影，背后反映出的是金融发展逻辑的转变与重塑。

基于建行这一具有代表性的国有大型商业银行的实践案例，我们在下篇将尝试以一种更普适的视角去看待金融业，去理解它如何发展到今天，遇到了哪些挑战和机遇，如何孕育并滋养了"新金融"的逻辑转变，未来又将如何发展。

第四部分

重塑金融逻辑

金融的未来要从历史中寻找答案的线索。金融现在的模样不是一蹴而就，而是在与时代互动中演变而成的。

进入新时代，形与势激荡变化，党的二十大擘画的宏伟蓝图为金融指明了前进方向；传统金融自身的不足使得金融难以满足新时代的需求。同时，随着互联网及移动互联的发展，一个人机融合、万物互联、万物智联的超级网络时代正在走来，为金融的蝶变提供了契机。在这个背景下，金融的形态和角色也在发生变化，新金融应时而生，呈现出新理念、新要素、新范式、新生态、新体制五个特点，以及普惠、科技、共享、绿色四项属性。

立于时代大潮之巅，金融业使命在肩、任重道远。新时代呼唤新金融，新金融必然产生并服务于新时代。我们必须敞开胸怀，主动拥抱新金融时代的到来。本部分将从建行小样本得到的线索与大形势结合，重点阐述新金融逻辑的转变，共分为五章。第十一章回顾了中国金融的发展历程；第十二章主要阐述传统金融存在的不足，以及新时代外部环境和条件的变化，传统金融的不足使金融到了必须改变的时候，而环境变化也为重塑金融逻辑提供了契机，为新金融的孕育诞生提供了土壤；第十三章主要介绍党中央的新思想、新理念，为新金融的发展指引了方向；第十四章、第十五章总结了新金融的内涵、特点、属性及行动策略。

第十一章

回顾：中国金融的演进与发展

纵观历史长河，新中国金融发展走过了曲折而光辉的历程。自新中国成立至今，中国金融的发展大致经历了三个历史阶段，分别为社会主义建设时期的金融事业（1949—1978 年）、改革开放时期金融的变革与发展（1979—2011 年），以及中国特色社会主义新时代金融的发展（2012 年至今）[①]。当代中国金融从新中国成立之初的重建新生，到改革开放的革故鼎新，再到当下的深化改革，历经沧桑变迁，取得了一系列的成就，也产生了翻天覆地的变化。中国共产党领导下的中国金融正坚定不移地逐步探索中国特色社会主义金融发展之路。

第一节　社会主义建设时期的金融事业（1949—1978 年）

新中国成立初期，国民经济千疮百孔，工业生产几近停滞，社会民生凋敝衰败。1949 年，全国工农业产值同这之前历史最高的 1936 年相比，重工业下降 70%，轻工业下降 30%，农业下降约 25%[②]。国民政府统治造

[①] 中国人民银行：《中国共产党领导下的金融发展简史》，中国金融出版社 2013 年版。王国刚、罗煜：《中国共产党百年历程中的金融发展》，载《学术研究》2022 年第 1 期。

[②] 数据来源：《风雨兼程启新航——写在中国人民银行建行 70 周年之际》，中国金融新闻网，2018 年 11 月 30 日，https://www.sohu.com/a/278822291_175647。

成通货膨胀，市场投机活动猖獗，物价不断上涨。因此，新中国成立初期的金融工作主要是维护币值稳定、抑制通货膨胀，重建金融体系和金融机构，为社会发展提供金融支持，促进国民经济的平稳恢复。

这一时期，我国参照苏联模式建立起了以中国人民银行为中央银行的高度集中统一的计划经济管理体制和国家银行体系，外汇管理按指令性计划运行，利率由中国人民银行制定并执行。当时中国要进行大规模的经济建设，面临的一个突出矛盾是资金不足，实施"大一统"的计划经济体系对于解决经济建设资金不足的问题发挥了重要作用。在此期间，中国金融业围绕着实施"一五"计划规定的基本任务而积极开展工作，通过各项业务活动广泛聚集社会资金，大力支持全民所有制经济发展，促进国家的社会主义工业化，推动对农业、手工业、资本主义工商业的社会主义改造，加强货币信贷管理，有计划地调节货币流通，稳定市场物价，为国民经济的发展创造良好的经济环境。作为新中国中央银行的中国人民银行，积极落实党中央的部署，努力开创新中国的金融事业，配合有关部门在全国范围内稳定物价，抑制通货膨胀，建立起统一的人民币市场和金融体系，支持国营经济发展壮大，对私营银行和钱庄进行社会主义改造，为实现国家财政经济状况的根本好转贡献了力量。

历史总是在跌宕起伏中前进，金融事业也是如此。中国金融在"大跃进"时期受到冲击，1960年8月，党中央决定对国民经济进行全面调整，1962年3月发布《银行工作"六条"》，纠正了"大跃进"时期发生的错误。随后在1961—1965年进入一个较为平稳的发展期，金融运行基本有序。而在1966—1976年的"文化大革命"中，金融体系一度陷入停滞。1977—1978年，金融业开始全面整顿，加强内部管理，改善经济效益，金融在国民经济中的地位和作用逐步提高。

总的来说，在1949—1978年，我国社会主义金融体系在曲折中艰难探索，积累了宝贵经验。但与此同时，由于改革开放前中国实行计划经济，政府以行政手段配置资源，金融在国民经济的运行中只扮演着"出纳"的角色，金融在整个过程中只是计量标准、支付中介和结算的工具，此时的中国事实上并没有建立起现代意义上完整的金融体系。

第二节　改革开放时期金融的变革与发展（1979—2011 年）

党的十一届三中全会后，以邓小平同志为核心的党的第二代中央领导集体，作出把党和国家的工作重心转移到经济建设上来、实行改革开放的历史性决策。随着金融体系拨乱反正，金融发展渐入正轨，我国从计划经济与市场经济双轨制并存，逐步向"让市场在资源配置中起主导地位"的市场经济转型，逐渐构建起功能完整、秩序规范的金融体系。

1979—1992 年，改革开放和金融体系的变革发展

1978 年 12 月，中国金融改革开放启动。1978 年的全国人大五届一次会议决定，中国人民银行总行从财政部分离而独立，标志着我国现代金融体系建设的开始。1979 年起，中国农业银行、中国银行、中国人民建设银行等相继恢复或重建。1984 年起，中国人民银行不再办理针对企业和个人的信贷业务，成为专门行使金融管理、货币政策制定和实施等职能的中央银行，同时新设中国工商银行。1985 年，我国开始实行"统一计划，划分资金，实贷实存，相互融通"的信贷资金管理体制。1990

年 11 月，第一家证券交易所——上海证券交易所成立，自此，中国证券市场的发展开始了崭新的篇章。1992 年 10 月，国务院证券委员会（以下简称"证券委"）和中国证券监督管理委员会（以下简称"证监会"）成立。证券委和证监会的成立迈出了我国金融业"分业经营、分业监管"的第一步，标志着中国证券市场统一监管体制开始形成。

经过这段时间的发展，中央银行制度框架基本确立，中国人民银行领导下的商业银行职能开始逐渐明晰，业务范围开始扩大，各地相继组建信托投资公司、金融租赁公司等非银行金融机构，资本市场开始发展，股票、期货等交易陆续规范，适应新时期改革开放要求的金融体系初显雏形。这段时期的金融开始向法治化发展，金融体系更加适应市场经济需求，并为推动经济高速发展奠定了基础。

1993—2001 年，建立适应社会主义市场经济的金融体制

1992 年 10 月，党的十四大明确提出中国经济体制的改革目标是建立社会主义市场经济体制，此后社会主义市场经济不断发展，经济体制改革不断深化。1993 年 12 月，国务院颁布《关于金融体制改革的决定》，明确了中国人民银行制定并实施货币政策和实施金融监管的两大职能，并明确提出要把我国的专业银行办成真正的商业银行。1994 年，国务院集中出台了一系列金融改革措施，对中央银行体系、金融宏观调控体系、金融组织体系、金融市场体系和外汇管理体系进行了全面改革。同年，正式建立了以市场供求为基础、单一的、有管理的浮动汇率制度。国家开发银行、中国进出口银行、中国农业发展银行三大政策性银行成立，标志着政策性银行体系基本框架建立。同时明确了国有专业银行按照商业银行的规范进行改革的要求。1995 年，金融监管进入了

一个新的历史时期，进一步向法治化、规范化迈进。1996 年 7 月，全国农村金融体制改革工作会议召开，农村金融体制改革开启。1998 年 11 月，中国保险监督管理委员会（以下简称"保监会"）成立，这是保险监管体制的重大改革，标志着我国保险监管机制和分业管理的体制得到了进一步完善。1999 年 5 月，上海期货交易所正式成立。1999 年 7 月，《中华人民共和国证券法》正式实施，对资本市场发展起到巨大作用。

这个时期的金融改革继续深化，中国人民银行的货币调控职能加强，除银行外的金融监管职能由证监会、保监会承担。政策性银行建立，银行证券管理法治化继续深化，金融体系各系统职能更加清晰完善，分工更加明确，期货等新兴金融业继续发展。

2002—2011 年，金融加快改革开放，提升金融国际竞争力

2001 年 12 月，中国正式加入世界贸易组织（WTO），我国金融业开始从政策开放转向制度开放，金融业的改革步伐明显加快。2002 年 12 月，中国证监会和中国人民银行联合发布的《合格境外机构投资者境内证券投资管理暂行办法》（简称 QFII）正式实施，QFII 制度在中国拉开了序幕。这是将中国资本市场纳入全球资本市场体系所迈出的第一步。2003 年 4 月，中国银行业监督管理委员会（以下简称"银监会"）正式对外挂牌，专门履行银行业监管职责，中国金融管理"一行三会"的格局形成。经过三次变革之后，央行实现了货币政策与证券、保险、银行监管职能的分离，专注于"制定和执行货币政策，维护金融稳定，提供金融服务"这三大支柱职能。同时，银监会与证监会、保监会共同构筑了一个严密的监管体系，全方位覆盖银行、证券、保险三大体系。2003 年 12 月 16 日，中央汇金公司成立，代表国家对中国银行和中国建设银行等重

点金融企业行使出资人的权利和义务。此后，国有金融机构的改革启动，在财务重组、引进战略投资者和机构重组的基础上，四大国有商业银行陆续完成股份制改造，并在香港和上海上市。上市不仅使四大银行经过业务、人员、资产等重组而得以脱胎换骨，而且使其置于市场的监督之下。2005 年 7 月 21 日，中国启动人民币汇率形成机制改革，实行以市场供求为基础、参考一篮子货币进行调节、有管理的浮动汇率制度。2006 年 9 月 8 日，中国金融期货交易所在上海成立，成为中国内地首家金融衍生品交易所。2009 年 10 月 23 日，创业板市场正式启动。

在这一阶段，我国认真履行对世界贸易组织的承诺，颁布了一系列法律法规。与此同时，外资金融机构的进入也拓展了我国金融机构的视野，提高了我国金融机构的管理和服务的水平。中外合资的金融机构培养了一大批金融专业人才，对我国金融行业的健康发展发挥了重要作用。

第三节　中国特色社会主义新时代金融的发展（2012 年至今）

2012 年，党的十八大召开，中国特色社会主义进入新时代。为更好地推动经济高质量发展，以习近平同志为核心的党中央对新时代金融工作作出系列重要指示，我国金融开启新一轮的全方位改革。党的十九大提出，以供给侧结构性改革为主线，推动经济发展的质量变革、效率变革、动力变革。《中华人民共和国国民经济和社会发展第十四个五年规划和 2035 年远景目标纲要》指出，经济社会发展要继续坚持稳中求进工作总基调，必须统筹发展和安全，加快构建以国内大循环为主体、国内国际双循环相互促进的新发展格局。党的二十大提出要加快建设现代化经济体系，构建高水平社会主义市场经济体制。按照党和国家的一系列重大决策部署，这一时期的金融探索主要集中在服务实体经济、防范化解金融风险、深化金融改革、加大开放力度等方面。

服务实体经济

党的十八大以来，我国持续深化金融供给侧结构性改革，全面提升金融服务实体经济能力，为构建新发展格局提供了有力支撑。数据显示[①]，2012 年以来，广义货币供应量（M2）年均增速 10.8%，与名义 GDP 年均增速基本匹配，对实体经济发放的人民币贷款余额从 2014 年的 81.43 万亿元攀升至 2021 年的 191.54 万亿元。信贷总量的持续稳健增长，表明金融与实体经济良性循环逐步形成。新冠疫情暴发以来，国务院先后发布实施强化金融支持防控疫情 30 条措施，助力市场主体纾困和经济恢复发展。尤其是 2022 年以来[②]，金融体系进一步加大对实体经济的支持力度：一是保持融资总量合理充裕，2022 年 1 月至 9 月，人民币贷款新增 18.08 万亿元，同比增加 1.36 万亿元，上海证券交易所、深圳证券交易所共有 265 家企业首次公开发行股票（IPO），融资 4791 亿元，数量和融资金额均居全球首位。二是加大对重点领域支持力度，截至 2022 年 9 月末，制造业中长期贷款余额 8.75 万亿元，同比增长 30.8%；科技型中小企业贷款余额 1.56 万亿元，同比增长 26.3%。三是普惠金融取得

---

① 数据来源：《专家谈新时代我国金融支持实体经济新成效：信贷流向之变折射金融服务实体经济质效提升》，中国政府网，2022 年 9 月 29 日，www.gov.cn/xinwen/2022-09/29/content_5713604.htm。

② 数据来源：中国人民银行行长易纲在十三届全国人民代表大会常务委员会第三十七次会议上所作的《国务院关于金融工作情况的报告》。

积极进展，截至 2022 年 9 月末，普惠小微贷款余额 23.2 万亿元，同比增长 24.6%；授信户数超过 5389 万户，同比增长 31.7%。四是提升基础金融服务水平，扎实稳妥推进数字人民币试点工作，试点地区拓展到 15 个省（区、市）的 23 个地区，加快推进省级地方征信平台建设，扩大跨境融资便利化试点，将优质企业贸易外汇收支便利化政策推广至全国。

防范化解金融风险

2017 年，中央经济工作会议将"防范化解重大风险"列为 2018—2020 年三年攻坚战的首位任务，并于同年成立国务院金融稳定发展委员会。2017 年，银监会出台了《关于开展银行业"违法、违规、违章"行为专项治理工作的通知》，启动了"三三四十"专项整治行动。此后，在整治金融乱象、防范系统性金融风险中，中央政府又陆续出台了一系列深化金融体制机制改革和完善金融市场运行的重要政策。2018 年，全国人大通过了银监会与保监会合并设立"中国银行保险监督管理委员会"的议案。由此，中国金融监管框架调整为"一委一行两会"①，为深化金融体系改革、从以机构监管为主向以行为监管为主转变、有效防范化解金融风险打下了监管基础。同年，中国人民银行等五部委出台了《关于规范金融机构资产管理业务的指导意见》，迈出了整治资产管理市场乱象、规范金融机构资管业务的实质性步伐。2018 年以后，各金融监管部门集中对曾经野蛮生长的 P2P 网络借贷进行专项整顿。2020 年，中国人民银行发布《金融控股公司监督管理试行办法》，为防范由金融控股公司业务活动引发的金融风险提供了制度机制保障。

① "一委一行两会"即国务院金融稳定发展委员会、中国人民银行、中国银行保险监督管理委员会、中国证券监督管理委员会。

深化金融改革

中共十八届三中全会作出《关于全面深化改革若干重大问题的决定》，中国金融体系改革也迈入新的历史时期，金融改革全面提速。2013 年以后，中国人民银行创设了短期常备借贷便利（SLF）、中期常备借贷便利（MLF）、抵押补充贷款（PSL）等工具，增强了货币政策的调控能力。2014 年至 2015 年，中国人民银行放开了存贷款利率上下浮动区间，加速利率市场化进程。2015 年，《存款保险条例》开始实施，并成为金融安全网的重要构成部分。从 2016 年起，中国人民银行将实施多年的差别准备金动态调整机制上升成宏观审慎评估（MPA）机制，建立了"货币政策 + 宏观审慎政策"的双支柱金融调控政策框架。

加大开放力度

2013 年以后，在全面深化改革的背景下，中国双向开放步伐明显加快。2013 年起，党中央相继提出建设"丝绸之路经济带"和"21 世纪海上丝绸之路"，并在之后成立亚洲基础设施投资银行、丝路基金等全球合作层面的金融机构，助力"一带一路"倡议的推行。2014 年，内地股市与香港股市的"沪港通"投入运行，2016 年开通"深港通"，2017 年，中国人民银行与香港金融管理局联合批准内地与香港"债券通"上线运行。2016 年，人民币被纳入国际货币基金组织（IMF）特别提款权（SDR）的一篮子货币，成为 SDR 中的第五种货币。2018 年，A 股纳入 MSCI 指数体系，反映了中国股市质量和开放程度得到国际社会的认可。2019 年，中共十三届全国人大二次会议通过了《中华人民共和国外商投资法》，确立了新时期外商投资制度的基本框架。同年，国务院金融稳定发展委员会出台《关于进一步扩大金融业对外开放的有关举措》，推出了 11 条金融业对外开放措施。

第十二章

思变：从"二八定律"到"八二格局"

2008 年全球金融危机爆发后，西方传统金融的"华尔街模式"不断受到挑战。他们遵从"二八定律"，服务金字塔头部 20% 的客户以牟取 80% 的收益，却长期忽视那些难以获得金融资源的大多数人。这源于资本主义金融的内在本质，必然导致金融资源过度集中，是西方资本主义国家无法克服的顽瘴痼疾，进一步加剧阶层矛盾和贫富分化。数据显示[①]，截至 2021 年年底，美国最富有的 10% 家庭拥有的资产为 98.94 万亿美元，是其余 90% 人口拥有资产 43.22 万亿美元的 2 倍多。与此同时，美国依靠其掌握的金融话语权大肆增发货币，利用美元霸权地位收割世界财富，对全球经济尤其是发展中国家的经济发展造成了严重消极影响。

对于我国来说，现代金融最初属于"舶来品"。改革开放以后，我国金融体系的建立完善受到西方传统金融逻辑的影响，不仅重建了商业银行，新建了许多新的金融机构，而且引入了大量的金融产品，其中一些探索实践符合当时历史背景下的客观需要，有力地保障了我国经济过去几十年的增长。如今，随着我国经济转向高质量发展，人们对社会公平和共同富裕的追求日益高涨，金融功能和运行模式也面临挑战，既往西方理论指导下的传统金融逐渐显露出一些不适应、不匹配时代要求的局限。

问题已然出现，前路该何去何从？构建"八二格局"或是可解之

---

① 数据来源：美联储官方网站。

法。"八二格局"即摆脱"二八定律"对金融机构格局、眼界和行为的束缚，增加对长尾客户的金融资源供给，优化对头部客户的金融资源配置，将服务触角延伸至小微、"三农"等更为广阔的群体，服务于大多数人和实体经济，使金融机构在经济持续健康发展的基础上获得长期稳健的收益。

第一节　国际社会对传统金融的反思

现代金融体系由西方国家主导，最近几十年在新自由主义思潮的影响下取得了长足进步，也带动了相关产业的发展。但随着全球经济增长动力的弱化，现代金融体系内部的矛盾已经较为突出，暴露出不少问题，比如金融危机频发、助推贫富差距持续快速扩大。金融是资本盈利的一种重要工具，早先主要是服务实体经济，但是在经济发展的过程中，金融逐渐发生异化，运用杠杆以小博大、以少博多，甚至控制实体经济、国民经济乃至操纵国家政策。通过实施自由放任的经济政策，放松对金融领域的监管，经济金融化大行其道。2008 年，国际金融危机爆发，资本主义主导的西方金融自身积弊暴露无遗，资本主义的经济秩序、社会制度、文化模式、意识形态等方面均出现不同程度的危机。

当西方经济社会出现的种种问题无法在新自由主义理论的框架下找到答案的时候，人们开始将注意力再次放到了马克思身上，他对资本主义社会基本矛盾的分析受到了学术界和实务界的重视。马克思的鸿篇巨作《资本论》对不受约束的资本主义进行了批判，《资本论》的骤然热销表明了西方社会对制度和理论的对比与反思。2012 年，《经济学人》

杂志将列宁的肖像作为封面，2014 年亚马逊销售榜单的首位被法国经济学家托马斯·皮凯蒂所著的《21 世纪资本论》占据。以"占领华尔街""愤怒者运动"为代表的各种社会运动，体现了大众对贫富差距的不满。从媒体到民众，从理论学界到社会运动，一股"马克思热"席卷了西方社会。英国圣公会坎特伯雷大主教罗恩·威廉斯都曾撰文评价马克思这位无神论者："长久以前，马克思就窥探到了资本主义的运转之道。"英国历史学家埃里克·霍布斯鲍姆在法国《解放报》撰文指出，"人们不仅重新找到马克思，而且还重新发现社会主义传统"。

国际社会对于频繁爆发的危机、贫富差距的扩大、一些金融机构"大而不能倒"等现实问题也在不断反思。一些具有远见的学者和领导者对金融自由化提出了质疑和思考，并在理论和实践上进行了探索。比如《金融与好的社会》《21 世纪资本论》《穷人的银行家》都提到以资本为中心的模式产生的问题。回顾历次金融危机，均是金融自由化、短视化行为造成的后果。金融危机过后，各国除了对金融自由化带来的危机进行反思外，也积极解决金融杠杆造成的贫富分化问题，不断强化金融社会责任，丰富金融伦理的内涵及外延。于是，包括影响力投资、ESG 投资、碳金融等在内的一系列新理念和新实践悄然兴起。

第二节　中国金融发展的再思考

改革开放四十多年来，在国民经济快速发展的支持下，我国金融取得了一系列成就，有效推进了经济发展和人民生活水平的提高。然而，由于多方因素的影响，我国金融在发展过程中也陆续出现了一些问题，对标国家和人民的期待存在明显差距。

例如，在同业和理财业务方面，存在过分依赖批发性的同业资金、产品多层嵌套、刚性兑付、投向不明等问题；在资本运作方面，部分金融控股集团利用旗下的金融机构募集资金，通过资本运作将大量金融资源投入房地产市场、资本市场和境外投资市场谋求利益，助长了金融脱实向虚，破坏了金融市场的秩序；在互联网金融方面，欺诈、虚假操作、信息泄露等问题时有发生，尤其是 P2P 网络借贷平台的"爆雷"潮，严重影响了投资者利益和社会稳定；在地方政府债务方面，个别地方政府通过地方融资平台隐性担保承担了巨额债务，最初通过银行理财和非银机构的非标资管计划进行违规融资，在 2015 年《中华人民共和国预算法》第一次修订实施后，又利用政府引导基金、PPP 项目违规举债。

一段时期以来，我国金融业受西方金融逻辑特别是"二八定律"的影响，金融机构以利润目标为先，过于强调对资本负责。金融机构在利润考核导向下，过于关注盈利指标、追求规模扩张，将资源简单过度集中在高回报的大客户，造成金融脱实向虚，实体经济和广大长尾客群的金融诉求得不到有效满足，也产生了风险控制与监管、市场之间的失衡。比较显见的例子是中小企业融资难融资贵、"三农"领域的金融服务缺位、社会边缘群体的支付结算等基础功能支持不完整、大众投资渠道丰富度不足等。不仅如此，由于传统金融对大众的服务不到位，金融信息透明度不足，金融欺诈现象也时有发生。这种资本任性和无序发展的现象严重影响了我国经济高质量发展和共同富裕的实现。

上述种种现象的出现，背后存在诸多方面的原因，例如信用过度扩张、新技术出现后的金融创新无边界、金融监管体系尚不完善等。而究其根源，最本质的问题还是金融自身在"二八定律"的影响下，强调逐利性、追求高收益，而背离了服务实体经济的本源。从金融系统自身来说，其发展的根本逻辑是明确金融资本为谁服务、金融资源被谁占有的问题。西方资本主义国家在"二八定律"的引导下，构建起的是为少数资本家而非大多数人服务的金融体系，偏离了"金融的本源是服务实体经济、金融的最终服务对象是人民群众"这一基本逻辑。社会主义的根本目标是实现共同富裕，是为全体人民谋求最大利益。就如同社会主义也可以发展市场经济一样，金融之"术"同样可以服务于中国特色社会主义，服务于中国式现代化的"大道"，而且应当发挥更大的作用。重新定义"八二格局"下的新时代金融逻辑，时不我待。

第三节　新时代金融发展的土壤

直面和解决传统金融体系无法解决的难点、痛点和服务障碍正是新金融崛起的出发点。新金融是曲径通幽之后的光明，是迈入新时代的阶梯，也是补苴传统金融缺陷的基础。而进入新时代，国内外复杂多变的新环境、金融监管提出的新要求、科技接连创新与要素广泛应用等变化，都为新金融提供了孕育诞生的土壤，使得金融的底层逻辑和运营生态发生改变，使颠覆"二八定律"成为可能。新金融在此丰沃广袤的土壤上孕育，必将结出顺应时代之需的累累硕果。

国内外环境面临深刻复杂变化

从国际环境看，世界百年未有之大变局进入加速演变期，国际环境日趋错综复杂。一方面，和平与发展仍然是时代主题，国际力量对比深刻调整，呈现"东升西降"[①]的态势，国际经贸格局深度调整，区域经济一体化成为重要趋势，人类命运共同体理念深入人心。另一方面，国际形势的不稳定性、不确定性明显增加，新冠疫情影响仍旧存在，经济全球化遭遇逆流，世界经济陷入低迷期，经济复苏分化加剧，增长动力不足。主要发达经济体中央银行激进收紧货币政策，高通胀正在成为全球经济的最大挑战。与此同时，新一轮科技革命和产业变革深入发展，人工智能、生命科学、物联网等技术蓬勃发展，重构了生产、分配、交换、消费等各环节，带动了零售、农业、物流、教育、金融等商业模式创新，成为国际政治经济格局演化的推动力量。西方国家经济由产业资本主导转变为金融资本主导，正在向科技资本和数据资本主导转变，带来的震荡非常广泛，影响十分久远[②]。

从国内环境看，中国特色社会主义进入新时代，我国制度优势显著，治理效能提升，经济长期向好，物质基础雄厚，人力资源丰富，市场空间广阔，发展韧性强劲，社会大局稳定，继续发展具有多方面的优势和条件[③]。我国持续推动经济高质量发展，为抵御风险提供了坚实依托，转型调整也带来结构性市场出清[④]。同时，我国发展不平衡不充分问题仍然突出，重点领域关键环节改革任务仍然艰巨，创新能力不适应高质量发展要求，农业基础还不稳固，城乡区域发展和收入分配差距较

---

① 东升西降：以金砖为代表的新兴市场国家和发展中国家群体性快速崛起，对世界经济增长的贡献率超过 80%，已成为推进世界百年变局的决定性力量。

②④ 参见郭树清 2022 年 12 月 14 日在《人民日报》第 13 版发表的《加强和完善现代金融监管》署名文章。

③ 资料来源：2022 年 3 月 30 日，《人民日报》第 5 版刊发"任平"署名文章《时代是出卷人，我们是答卷人，人民是阅卷人》。

大，生态环保任重道远，民生保障存在短板，社会治理还有弱项。随着工业化、城镇化持续推进，需求结构和生产函数发生重大变化，金融与实体经济适配性不足、资金循环不畅和供求脱节等现象相互影响，有时甚至会反复强化。

金融监管提出新要求

党的十八大以来，党和国家不断加强和改进金融监管工作，通过健全金融监管协调机制、简化行政审批、制定实施中国版"巴塞尔协议Ⅲ"、加强金融消费者权益保护等措施，切实增强金融风险防范能力。2017年，第五次全国金融工作会议强调，要"加强宏观审慎管理制度建设，加强功能监管，更加重视行为监管"。此后，为深化金融体制改革、顺应综合经营趋势、落实功能监管和加强综合监管，我国金融监管体系进入了以"一委一行两会"为主导的新时代，综合监管框架更加完善。

党的二十大报告指出，加强和完善现代金融监管，强化金融稳定保障体系，依法将各类金融活动全部纳入监管，守住不发生系统性风险底线。站在新的历史起点，我国金融监管改革提出了强化审慎监管、强化监管执法和监管效能、依法规范和引导资本健康发展、加强金融法治建设、强化金融反腐和人才队伍建设等一系列新的重点方向，这也对金融机构提出了更高的要求。

一要坚持依法合规经营，自觉遵守宪法和法律规定、遵守行业规则，维护金融法治环境和市场秩序。二要加快数字化转型，探索科技和数据"双轮驱动"的金融创新，推动科技与业务融合，提升金融产品和服务质效。三要将风险防范放到更重要的位置，开发智能风险分析工具，建设智能化、数字化风控平台，优化风险防范技术手段和方法流程。四要适应高质量发展要求，建立健全现代金融企业制度，加强公司治理和内部控制，全面细化和完善内控体系，严守会计准则和审慎监管要求，规范信息披露，自觉接受监督。五要顺应行为监管要求，积极主动维护消费者合法权益，将消费者保护纳入公司治理、企业文化和经营战略中统筹谋划，维护金融消费者自主选择、公平交易等基本权利，特别是在当前互联网、大数据技术广泛应用的背景下，应当建立以分级授权为核心的消费者金融信息使用管理制度，做好个人信息保护。

新技术的广泛应用

新时代的金融以建立在新技术应用基础上的新功能为鲜明特征之一。互联网和大数据推动了经济发展结构转型升级，催生了科技创新和金融创新。缺乏技术支撑的传统金融的覆盖群体相对有限，对不同群体的金融支持存在明显差异，进一步造成资源配置错位。随着 5G、大数据、云计算、人工智能、物联网、区块链等新一代信息技术的蓬勃发展，技术对金融的赋能使得传统金融体系无法覆盖的领域和人群变得越来越容易获取便捷安全的信贷、支付和财富管理等服务。

具体来看，5G 为金融行业提供了智能移动互联基础设施，拓展金融服务边界，极大促进金融创新，为大数据、云计算、人工智能、物联网、区块链等技术向金融行业的深度渗透提供了必不可少的网络环境。大数据技术为金融业带来种类和格式丰富的大量数据，基于大数据分析提取有价值的信息，为精确评估、预测以及产品和模式创新、提高经营效率提供了新手段。云计算技术为金融机构提供统一平台，有效整合金融结构多个信息系统，消除信息孤岛，在充分考虑信息安全、监管合规、数据隔离和中立性等要求的情况下，为机构处理突发业务需求、部署业务快速上线，实现业务创新改革提供有力支持。人工智能能够替代人类重复性工作，提升工作效率与用户体验，并拓展销售与服务能力，广泛运用于客服、智能投顾等方面。物联网技术与金融相融合，可实现从底层数据采集、网络层数据回传、数据结构化处理、行业模型构建及产业金融应用输出等全链条的数字化服务及金融服务，穿透产业与金融之间的信息壁垒。区块链技术能够有效节约金融机构间清算成本，提升交易处理效率，增强数据安全性[①]。

由此，金融得以实现数据和科技双轮驱动，以平台和生态打造新的发展引擎，利用新技术重塑经营范式、创新产品服务，真正将金融活水源源不断地引入实体经济的重点领域和薄弱环节，助力经济社会高质量发展。事实上，金融科技运用已经让社会广泛受益。根据安永《2019年全球金融科技采纳率指数》报告，中国的消费者金融科技采纳率为87%，与印度并列世界第一。95%的受访者表示已经使用至少一种金融科技服务进行移动端货币转账和支付。

我们正处在新一轮科技革命和行业变革的历史交汇期，新技术已然在重塑金融业所依赖的信用基础。随着技术的积累进化，金融服务将嵌入任何一个数字场景中，变得更加无形无感和无处不在。科技正在从底层基础设施跃升为顶层创新先导，驱动银行的流程再造、组织变革和战略转型，并催生出智能化、普惠化、无界化的新技术。同时，现代科技的广泛应用使金融业态、风险形态、传导路径和安全边界发生重大变化。如何保证金融领域的公平竞争、鼓励科技创新，同时防止无序扩张

---

① 参考中国信息通信研究院主任工程师、金融科技负责人韩涵在2018年中国金融科技产业峰会上发布的《中国金融科技前沿技术发展趋势及应用场景研究报告》。

和野蛮生长给我们带来新的挑战，数据安全、反垄断和金融基础设施稳健运行成为新的关注重点。

数据成为新的生产要素

近年来，我国数字经济发展迅速，中国信息通信研究院发布的《中国数字经济发展白皮书（2022 年）》显示，2021 年我国数字经济规模达45.5 万亿元，同比名义增长 16.2%，占 GDP 比重达到 39.8%。新冠疫情期间，"非接触"成为生产生活的主流方式，信息技术在其中起到了提升供需匹配效率、优化社会服务与管理质量等重要作用。数据作为数字经济和信息技术时代的"石油"，其重要性不可言喻。

金融行业天然具有数字基因。但金融与数字的结合，在不同历史时期呈现出不同形态，金融的核心要素也随着时代发展不断演化。党的十九届四中全会首次将数据增列为新的生产要素，党的十九届五中全会再次确立了数据要素的市场地位。党中央、国务院相继发布《关于构建更加完善的要素市场化配置体制机制的意见》及《关于新时代加快完善社会主义市场经济体制的意见》，为实现数据要素自身生产价值、发挥对其他要素的倍增作用、促进数字经济健康稳定发展奠定了政策基石。随着我国经济加快数字化转型，数据对提高生产效率的乘数作用凸显。以往，数据只是金融活动中的附加产物，各家机构对数据的处理也只停留在自我应用阶段。随着信息技术的不断发展，数据的价值被日渐发掘，数据成为推动金融业务发展的核心生产要素。在此基础上，数据的社会化大生产成为新的趋势，数据交易也将因此蓬勃发展[1]。

---

[1]　杜宁、杨祖艳：《数据要素时代金融业的使命》，载《中国金融》，2020 年第 13 期，第61-63 页。

数据促进金融资源配置效率的提升。金融业对数据要素的广泛应用能够提高其风险管理效能和决策支持水平，进而提升金融资源配置效率，将有限的金融资源投放到国家建设的重点领域和社会发展的重要环节，提高金融对实体经济的支持力度。

数据助力金融供给侧结构性改革。数据作为金融科技的底层支撑，对金融市场结构以及金融活动主体的行为产生深刻影响，金融供给模式和金融服务格局得以重塑，将有力推动金融供给侧结构性改革，提高金融服务效能。

数据的应用为金融创新活动注入了强大的动力，金融的服务范围不断拓展、产品体系更加多元、业务边界逐渐模糊，但也因此带来了一定程度的风险外溢，金融风险的跨市场、跨机构特征有所增强，这也对金融监管提出了更高的要求。

第十三章

方向：新思想新理念引领金融高质量发展

回望过去十年，中国金融改革发展蹄疾步稳，如今已舟至中流，风高浪急却越是艰险越向前。随着中国特色社会主义进入新时代，我国社会主要矛盾发生转化，科技创新成为推动全球经济发展的新引擎，金融改革发展也顺应时代要求迈出新步伐。习近平总书记关于金融工作的系列重要论述和指示批示精神以及党的二十大报告为做好新时代金融工作提供了根本遵循。在此背景下，新时代的金融工作必须以政治性为引领、人民性为立场、专业性为保障，立足新发展阶段，贯彻新发展理念，推动构建新发展格局，坚定不移地走中国特色金融发展之路，为中国式现代化贡献力量。

第一节　践行金融工作的政治性、人民性，提升专业性

百年金融，波澜壮阔；时代新章，初心不变。金融是现代经济的核心，但只有把金融事业放在更宏大的党的事业、国家事业、人民事业当中才更显时代价值。适应我国社会经济的新发展阶段，贯彻新发展理念，构建新发展格局，推动高质量发展，就要不断强化金融工作的政治性，永葆金融工作的人民性，提升金融工作的专业性。政治性解决"举什么旗、走什么路"的问题，决定金融工作的政治方向和发展导向；人民性解决"为了

谁、依靠谁"的问题，决定金融工作的基本立场和根本宗旨；专业性解决"能干事、干成事"的问题，决定金融工作成效和金融服务质量[①]。

政治性：根植红色基因，坚决拥护贯彻党的领导

党的领导是中国金融事业不断发展壮大的决定性因素。中国共产党成立以来，无论是金融机构的设立，还是金融政策的制定，无不鲜明地体现了我国金融的红色基因。中国共产党领导下的金融事业，牢牢把握社会主义基本原则，体现"天下为公"的社会服务精神，对于国家安全、社会稳定、政策落实发挥着重要作用。

改革开放以来，特别是党的十八大以来，金融事业在党的领导下发生了历史性的变化，与社会主义市场经济相适应的现代金融组织体系、金融市场体系、金融调控和监管体系基本建成并不断完善，实现了金融事业一次又一次跨越发展，深刻揭示了坚持党对金融工作的领导、坚持走中国特色金融发展之路的历史必然性。

在 2017 年第五次全国金融工作会议上，习近平总书记强调，"做好新形势下金融工作，要坚持党中央对金融工作集中统一领导"[②]。党的二十大报告强调，"坚持和加强党的全面领导。坚决维护党中央权威和集中统一领导，把党的领导落实到党和国家事业各领域各方面各环节"。

党的领导是中国特色社会主义金融工作的最本质特征。金融事关经济发展和国家安全，事关人民群众安居乐业，必须强化金融工作的政治性，毫不动摇坚持和加强党的集中统一领导。只有坚持党中央集中统

---

① 国务院金融委办公室秘书局：《践行政治性、人民性，提升专业性，走中国特色金融发展之路》，《中国金融》2022 年第 19 期。

② 《习近平：服务实体经济防控金融风险深化金融改革 促进经济和金融良性循环健康发展》，《人民日报》2017 年 7 月 16 日第 1 版。

一领导，把加强党的领导贯穿于金融工作的全过程、各方面，坚决、高效落实党中央的重大决策部署，不断完善党管金融的体制机制，把党的领导这一制度优势转化为金融治理效能，才能确保金融改革发展方向正确，才能真正实现金融高质量发展。

人民性：站稳人民立场，始终坚持以人民为中心

江山就是人民，人民就是江山。人民至上是中国金融业永恒的价值追求。金融切实为人民群众服务，才能得到人民群众的支持。离开人民的金融，成为少数人的"金钱游戏"，陷入自我狂欢的"空转"，必将为人民和历史所抛弃。

一切为了人民，是党领导下的金融工作的出发点和落脚点。金融与广大人民群众息息相关。习近平总书记多次要求金融要为人民服务，在2017年第五次全国金融工作会议上要求，"把更多金融资源配置到经济社会发展的重点领域和薄弱环节，更好满足人民群众和实体经济多样化的金融需求"[1]；在2019年主持中共中央政治局第十三次集体学习时强调，"金融要为实体经济服务，满足经济社会发展和人民群众需要"[2]；在2022年主持中央全面深化改革委员会第二十四次会议时强调，"要始终坚持以人民为中心的发展思想，推进普惠金融高质量发展，健全具有高度适应性、竞争力、普惠性的现代金融体系，更好满足人民群众和实体经济多样化的金融需求"[3]。

---

[1] 《习近平：服务实体经济防控金融风险深化金融改革 促进经济和金融良性循环健康发展》，《人民日报》2017年7月16日第1版。

[2] 《习近平：深化金融供给侧结构性改革 增强金融服务实体经济能力》，《人民日报》2019年2月24日第1版。

[3] 《习近平：加快建设世界一流企业 加强基础学科人才培养》，新华社，2022年2月28日。

　　党的二十大报告强调，"坚持以人民为中心的发展思想。维护人民根本利益，增进民生福祉，不断实现发展为了人民、发展依靠人民、发展成果由人民共享，让现代化建设成果更多更公平惠及全体人民"。

　　人民是党执政兴国的最大底气，是金融工作高质量发展的基础。对于中国金融而言，就是要坚持以人民为中心的发展思想，摆正金融经济增长与改善民生的关系，关注和解决群众资金融通中的实际问题，实现好、维护好、发展好人民群众的金融权益，以适应人民日益增长的金融需要。始终站在人民群众的立场上想问题、办事情、谋事业，把真心诚意为了人民、竭尽全力服务人民作为金融工作的价值坐标和行动遵循。在金融工作中处处体现民本情怀，把有温度的专业金融服务送进千家万户，用金融工作的实效打动人心、温暖人心、赢得人心。

专业性：增强专业底色，助力推动经济高质量发展

　　习近平总书记在 2017 年第五次全国金融工作会议上强调，做好金融工作要把握好四项重要原则：第一，回归本源，服从服务于经济社会发展；第二，优化结构，完善金融市场、金融机构、金融产品体系；第三，强化监管，提高防范化解金融风险能力；第四，市场导向，发挥市场在金融资源配置中的决定性作用[1]。这四项重要原则是我国金融发展过程中正反两方面经验教训的总结，也是指导未来我国金融发展的规律性认识和具体要求。习近平总书记多次阐述金融工作的三项任务——服务实体经济、防控金融风险和深化金融改革[2]，既表明了当前金融发展的重点方向和工作主题，也揭示了基本的金融运行逻辑。三项任务紧密联系、相互作用，服务实体经济是根本目的，防控金融风险是核心目

---

　　[1][2]　《习近平：服务实体经济防控金融风险深化金融改革 促进经济和金融良性循环健康发展》，《人民日报》2017 年 7 月 16 日 第 1 版。

标，深化金融改革是根本动力，形成"三位一体"的有机整体，促进经济与金融良性循环。

党的二十大报告指出，"坚持把发展经济的着力点放在实体经济上，推进新型工业化。"服务实体经济是金融的本源，金融要始终把服务实体经济发展放在第一位，摆正金融工作位置，促进经济和金融良性循环、健康发展。

实体经济的高质量增长，是金融持续繁荣的基石保障，更是增强国家竞争实力、战略主动的关键保障。金融自身发展与经济社会发展共生共荣，金融要助力经济转型、支持重点领域、强化薄弱环节，聚焦服务建设制造强国、质量强国、航天强国、交通强国、网络强国、数字中国，不断创新优化产品服务，持续拓宽金融服务的广度和深度，更好地响应市场和企业在现代化产业体系建设中的金融需求，以高质量的金融服务推动中国经济的高质量发展。

当前我国发展进入了战略机遇和风险挑战并存、不确定难预料因素增多的时期，各种"黑天鹅"[①]"灰犀牛"[②]事件随时可能发生。党的二十大报告指出，"必须坚定不移贯彻总体国家安全观，把维护国家安全贯穿党和国家工作各方面全过程，确保国家安全和社会稳定"，强调要"完善重点领域安全保障体系和重要专项协调指挥体系"。其中，金融安全保障体系建设是重点任务之一。

金融安全是国家安全的重要组成部分，防范和化解金融风险事关发展全局，应把防控金融风险放在更加突出的位置，维护好国家的金融稳定和金融安全。

中国金融的改革发展需要金融工作具备高度的专业性。近年来，深

---

① "黑天鹅"事件，是指难以预测，但突然发生时会引起连锁反应、带来巨大负面影响的小概率事件。

② "灰犀牛"事件，是指明显的、高概率的却又屡屡被人忽视、最终有可能酿成大危机的事件。

化金融改革和稳步扩大金融开放深入推进。一方面，通过持续深化改革实现金融制度优化和服务效率提升。另一方面，通过稳步扩大金融开放增强金融工作的专业性，以金融高水平开放激活金融创新发展的活力，对标高标准经贸规则，积极参与全球和区域金融治理，持续推动金融体系、金融市场、金融机构国际化。

当前，国内外经济金融环境发生深刻变化，金融风险诱因和形态更加复杂。面对发展中的诸多挑战，金融机构更需要提升金融工作的专业性。一是建立一支专业化的金融队伍；二是不断提升金融服务的专业能力；三是推动金融在市场化法治化轨道运行。要切实以专业性为保障，紧密围绕三项任务、聚焦金融工作四项原则，扎扎实实"练内功""补短板""锻长板"，更好地服务推动经济高质量发展。

第二节　完整、准确、全面贯彻新发展理念

以习近平同志为核心的党中央在深刻总结国内外发展经验教训、深刻分析国内外发展大势的基础上，针对我国发展中出现的突出矛盾和问题，提出了以"创新、协调、绿色、开放、共享"为主要内容的新发展理念。新发展理念具有丰富的内涵和具体的实践要求，明确了我国经济发展的指导原则。

中共十九届六中全会明确指出，贯彻新发展理念是关系我国发展全局的一场深刻变革，不能简单以生产总值增长率论英雄，必须实现创新成为第一动力、协调成为内生特点、绿色成为普遍形态、开放成为必由之路、共享成为根本目的的高质量发展，推动经济发展质量变革、效率

变革、动力变革。党的二十大报告指出，贯彻新发展理念是新时代我国发展壮大的必由之路。新发展理念契合了新时代我国社会主要矛盾转化和推动经济社会发展的内在要求，顺应了我国经济由高速增长阶段转向高质量发展阶段的客观形势，明确了开启全面建设社会主义现代化国家新征程的基本途径，赋予了推动中国特色社会主义发展这一重大命题新的时代内涵。

经济是金融的基础，金融是经济发展的推动力。新发展理念理应成为谋划金融改革发展的政策指南。新征程上，中国金融正突破西方思维惯性，将新发展理念融入金融服务的实践和思考。各金融机构乘时代之风相继探索"第二发展曲线"，把新发展理念落实到经营发展各领域的全过程，重构发展路径，徐徐迈向高质量发展。

坚持创新发展理念，提升高质量发展效能

习近平总书记强调，"抓创新就是抓发展，谋创新就是谋未来"①。创新是引领发展的第一动力。作为现代经济的核心，金融业要始终紧跟我国经济社会改革的步伐，立足我国国情和实践，积极借鉴发达国家的有益经验，蹄疾步稳推进创新发展。金融机构在此过程中要顺应时代变化，以敢为人先的勇气不断探索业务经营的新模式、新打法、新生态，为健康可持续发展夯实根基、输送动力。

在鼓励和支持技术创新的过程中，金融机构可以发挥重要的作用。金融要将服务科技创新摆在突出位置，持续完善金融服务创新体系，布局创新链产业链，加大对科创企业的支持力度，推动科技成果转化和产

① 《〈求是〉杂志发表习近平总书记重要文章〈深入理解新发展理念〉》，《人民日报》2019年5月17日第1版。

业化，助力培育经济发展的新动能。

与此同时，我国金融业必须把加强自身科技创新放在重要位置，不断运用科技创新的成果改造传统金融业，提升金融服务的质量和效率，以金融科技的力量助推整个金融行业实现质的飞跃，使得金融服务更加便捷、立体化。

坚持协调发展理念，增强经济循环均衡性

习近平总书记指出，"协调既是发展手段又是发展目标，同时还是评价发展的标准和尺度，是发展两点论和重点论的统一，是发展平衡和不平衡的统一，是发展短板和潜力的统一"[1]。

中国特色社会主义进入新时代，我国社会主要矛盾已经转化为人民日益增长的美好生活需要和不平衡不充分的发展之间的矛盾。新时代金融业的支持重点要转移到国民经济不平衡不充分发展的领域，从区域、产业、城乡等多维度支持经济协调发展。一是因地制宜支持区域经济协调发展；二是有扶有控支持产业协调发展，根据经济的发展需求适时调整资源配置方向；三是统筹兼顾促进城乡金融协调发展，提高城乡金融服务均等化水平。

金融要在供给、需求、投资、流通等环节更好地发挥作用，支持经济体系协调畅通发展，注重处理好当前和长远、局部和整体、发展和风险、内部和外部的关系，实现结构优化、系统推进、内外统一的协调均衡发展。

---

[1] 《习近平：聚焦发力贯彻五中全会精神 确保如期全面建成小康社会》，《人民日报》2016年1月19日第1版。

坚持绿色发展理念，实现低碳环保可持续

绿色发展具有很强的正外部性，既是建设美丽中国的必然要求，也关系到全体人民的福祉。推动绿色低碳循环发展，加快形成绿色发展方式和生活方式，不仅要依靠政府强有力的治理，还需要充分发挥金融在调配社会资源中的中枢作用。对于金融机构来说，要开发并运用好绿色信贷、绿色债券、绿色基金等金融工具，加大对绿色产业扶持力度，引导生产、消费和投资的各领域、各环节向着更加绿色、低碳、环保、节约的方向发展，同时将环境与社会风险、气候风险评估嵌入信贷全流程，坚守环保底线。

此外，在实现碳达峰、碳中和目标的过程中，金融业责无旁贷，也大有可为。作为服务国家建设的"生力军"，金融机构应该在践行绿色发展理念方面蹚出一条路子来，大力发展绿色金融，尽快完善绿色金融体系，推动我国经济实现可持续发展。

坚持开放发展理念，加强金融国际竞争力

党的十八大以来，我国不断推进高水平对外开放，党中央深刻指出，我国发展要赢得优势、赢得主动、赢得未来，必须顺应经济全球化，依托我国超大规模市场优势，实行更加积极主动的开放战略。为此，在尊重现有全球治理规则的基础上，要继续积极争取制定国际规则标准话语权，推动我国金融治理体系和治理能力现代化，以更加积极和包容的姿态参与全球化；优化国际化发展格局，稳步推进金融机构全球布局，不断扩大国际覆盖面，提高海外机构发展质量；把总体国家安全观思维融入金融发展之中，建立开放条件下我国经济金融安全的预警机

制和快速反应体系，守住不发生系统性风险的底线。同时，要以"一带一路"建设为依托，推动我国金融业发展"引进来"和"走出去"并重，深入推进汇率市场化、人民币国际化，积极参与全球经济金融治理体系建设和改革，为解决国际金融问题贡献中国智慧，提供中国方案，向着建设金融强国的方向迈进。

坚持共享发展理念，增进金融为民普惠性

共享发展是社会主义经济的内在要求，注重的是解决社会公平正义问题。共享发展需要共享金融，金融业要以人民为中心，以满足人民日益增长的美好生活需要为根本目的，深化金融改革与创新，借助金融科技等手段推动金融业的共享发展。同时要按照"广覆盖、低成本、可持续"原则，聚焦普惠小微、乡村振兴等重点领域和薄弱环节，大力开展普惠金融等与人民群众密切相关的金融活动，确保社会公众共享金融发展成果。

一是加强金融基础设施建设，提高金融资源配置效率，充分利用闲置金融资源支持金融相对贫乏的地区，改善欠发达地区金融服务。二是大力发展普惠金融，为社会各阶层和群体特别是弱势群体提供适当、有效的金融服务，增进社会公平和社会和谐。三是增强金融行业内外共建共享，既要加强各金融机构间相互赋能，又要积极与其他社会参与方实现共享，让健康的金融环境惠及每一个实体、个人。

新发展理念的贯彻执行对我国金融业和金融机构来说无疑是一场深刻的变革。新时代金融业的发展，要站在新的历史高度上主动适应新发展格局的战略要求，重塑金融发展理论和实务，承担起新时期对人民、

对社会的责任，在实现自身高质量发展的同时促进经济社会的协调可持续发展。

第三节　以金融力量助力中国式现代化

当前，世界之变、时代之变、历史之变正以前所未有的方式展开，我国发展面临更为复杂的战略环境，既潜藏挑战，又蕴含机遇。党的二十大擘画了"以中国式现代化全面推进中华民族伟大复兴"的宏伟蓝图，指出中国式现代化是中国共产党领导的社会主义现代化，既有各国现代化的共同特征，更有基于自己国情的中国特色，其特征表现为五个方面：是人口规模巨大的现代化、是全体人民共同富裕的现代化、是物质文明和精神文明相协调的现代化、是人与自然和谐共生的现代化、是走和平发展道路的现代化。中国式现代化将"人本思想"贯彻始终，构筑的是以"人"为核心的现代化愿景与目标。

我国是幅员辽阔、人口众多的大国，治理难度系数极大，不能走"小国寡民"式的现代化道路。中国式现代化不同于西方的现代化道路，不以对外扩张掠夺为原始积累，也就规避了由此产生的贫富差距扩大、社会分化严重、劳资日益对立等问题，是一条理性客观的中国特色社会主义大国治理之道。

中国式现代化意味着经济社会的全面均衡发展，意味着国家治理体系和治理能力的现代化，这既需要从政治建设、文化建设、社会建设、生态文明建设等方面推进社会基础不断夯实，也需要把经济建设摆在突出的位置。从经济意义上来说，中国式现代化必然是经济可持续增长的现代化，为此必须进一步深化社会主义市场经济体制改革、完善相关制度安排、激发市场主体活力、优化经济产业结构、增强技术创新能力，从而处理好财富的创造、分配和积累之间的关系，为实现共同富裕筑牢基础。

金融作为资源配置的重要手段和经济发展的重要动力，对中国式的现代化具有重要的推动作用，二者相辅相成。站在新的历史时期，中国金融业要破除对西方金融模式的"迷信"，不走无序扩张、短视逐利、脱实向虚、风险叠加的歪路，要按照中国式现代化的本质要求找准自身定位，在探索自身转型发展路径的同时，围绕经济社会高质量发展及民生保障中的痛点难点问题，在中国式现代化进程中肩负重要使命、展现更大担当和作为。

金融对标中国式现代化的要求，一是要深入推进金融供给侧改革，提高金融服务供给数量和质量，扩大金融服务的广度和深度，既要满足融资者对资金的需求，又要为投资者提供风险收益相匹配的多样化的金融产品和投资组合，以满足其日益多元的财富管理需要，也要通过结构性改革不断丰富金融业态，优化金融功能，提升金融质效。二是要提高金融科技水平，增强金融创新能力，促进资源要素顺畅流动，降低交易成本和信息不对称程度，提升金融服务的便捷性和可获得性，提高金融风险防范能力。三是要强化民生领域金融服务，通过完善现代化金融功能和产品，满足人民群众在就业、住房、教育、医疗、养老等领域的多元化金融需求，尤其是将金融资源向"三农"、中小微企业、新市民群体等市场主体倾斜，以满足人民对美好生活的向往。四是要提升金融服务实体经济的效率和能力，完善服务现代化产业体系的功能，加大对先进制造业、战略性新兴产业等的支持力度，通过创新产品和服务方式，为其提供精准高效的金融服务，进而培育高质量发展的新动能，助力实现"制造强国"。五是要推动金融业高水平开放，增加金融要素供给，便利金融要素流动，提升金融市场的投资便利性，积极推动人民币国际化和自由化，增强中国金融的国际话语权和竞争力。

新征程上，中国金融要回归本源、发挥优势，瞄准经济社会发展的重点领域和薄弱环节持续发力，不断提升服务质效、增强发展韧劲，助力增进民生福祉，将金融血液精准有效地输入实体经济肌体之中，为以中国式现代化全面推进中华民族伟大复兴提供强大支撑。

第十四章

解码新金融：以人民为中心重塑金融逻辑

在中国金融发展成就的基础上，在金融面对自身局限必须求变与环境变化提供契机的情况下，沿着新思想新理念为金融工作指明的发展方向，新金融应运而生。

何谓新金融？新金融"新"在何处？事实上，新金融最鲜明的特点就是坚持以人民为中心的核心思想。新金融立足新发展理念，通过数字化转型拓宽金融的服务范围和能力边界、重塑金融的业务模式和增长范式、重新定义金融的社会责任和价值追求，让金融服务更加便利易得，推动金融资源成为全社会的公共"基础设施"。

第一节　新金融的内涵

新金融不是一个新现象的简单归纳，而是金融逻辑和理论演绎的现实结论。目前，新金融可以被概括为顺应新时代新发展理念要求，以服务人民和经济社会发展为目标，以数据为关键生产要素、以科技为核心生产工具、以平台生态为主要生产方式的普惠、共享、开放、绿色的现代金融服务体系。

新金融源自金融，新金融仍是金融，金融的基本逻辑无疑仍应为新金融所"法"，服务人民群众、服务实体经济、服务社会发展同是新金融的本源。新金融所倚靠的"道"是以人民为中心，这点尤为重要。忘却自己的"道"，只顾眼前的客户、产品、利率而陷入盲目的竞争，进行无谓的"内卷"，最终将被时代和人民所抛弃。

新金融不脱离金融的本质和规律，在数据蓬勃、科技进步的伴随演进下，理论逻辑和实践逻辑演绎出别样的特征。前所未有的技术变革，让人们的生活与金融融为一体，新金融坚持人民至上，以新技术为切入点，将服务触角向更广更远的方向延伸，着眼于服务社会经济的持续健康运行，从而实现长久的发展。"八二格局"下的新金融服务无处不在，就如同把一颗糖放进水中，糖看似消失了，但水变甜了。新金融就好似这杯变甜了的水，由高科技做配方，演变为化解痛点难点的甘露。新金融让普罗大众都能享受到甘甜，让金融活水流向最需要滋润的地方。

用金融这把"温柔的手术刀"纾解社会难点和民生痛点，正是新金融在回应新时代的呼唤。新金融想的不仅是怎样赢利，更是怎样为国效力、为民出力。身处其中的传统金融机构从金融中介和金融体系参与者，成为开放生态的合作者、社会进步的推动者和服务大众美好生活的贡献者。

第二节　新金融的价值观

新金融坚持以人民为中心的价值取向，坚守人民至上，以百姓之心为心，将人民对美好生活的向往作为奋斗目标，如水之仁泽及无边。

纵观历史，人民始终是国家和社会治理中的重要因素。早在春秋战国时期，无数先哲就强调"民"在治国安邦中的价值，即使是在等级分明的奴隶制和封建制社会，民本思想也始终是对维护国家统一和社会稳定意义深远的思想观念。从"民之所欲，天必从之"到"民惟邦本，本固邦宁"，从孟子的"民贵君轻"到荀子的"君舟民水"，无不体现了人民才是国家的根基，人民安居乐业方能实现长治久安。"治国有常，利民为本"，切实让人民获得利益是治理国家的根本。清代思想家黄宗羲的《明夷待访录》中指出，"天下之治乱，不在一姓之兴亡，而在万民之忧乐"，只有让普罗大众都能获得平等自由的发展机会，过上富足喜乐的美好生活，天下才能安定和谐，国家才能繁荣强盛。

金融关系到百姓安居乐业、衣食住行，在实现富民利民、关注万民忧乐的过程中，金融活动发挥着至关重要的作用。从夏朝出现了我国最早的原始货币——贝币，便利了商品交换；到秦汉时期统一币制，极大地推动了商贸活动和经济发展；再到信用的产生和发展使抵质押、存贷款业务登上历史舞台……中国的金融事业自出现以来，始终与百姓的日常经济活动息息相关，影响着人民生活的方方面面。金融作为文明进步的重要动力塑造着人类文明，金融从来不应为了赚钱而赚钱，也不应该成为少数人的专利，它的存在是为了帮助实现社会目标。新金融的理论和实践探索，也必当因循"人民至上"的大道。

金融坚持人民至上的价值追求，是坚持和加强党的全面领导的必然要求。马克思和恩格斯在《共产党宣言》中提出"每个人的自由发展是一切人的自由发展的条件"，中国共产党以马克思主义为指导思想，从中华优秀传统文化中汲取智慧，立足现实国情，创造性地发展马克思主义，从成立之初就把全心全意为人民服务作为自己的根本宗旨。党的领导人历来都强调维护人民群众的利益。毛泽东同志多次提到，要向人民负责，每句话，每个行动，每项政策，都要适合人民的利益。邓小平同志坚持把是否有利于提高人民群众的生活水平作为判断改革开放中一切工作成败的重要标准之一。党的十八大以来，以习近平同志为核心的党中央坚持以人民为中心的发展思想，始终把实现好、维护好、发展好最广大人民根本利益作为一切工作的出发点和落脚点。

坚持以人民为中心，不是刻印在书卷中的抽象的概念，更不是停留在口头上的空洞的口号，而是要体现在经济社会发展的各个环节。作为现代经济的核心，党领导下的金融事业起于为人民服务，兴于为人民服务，金融工作的开展必须把人民的利益放在首位，以为人民谋幸福为己任，始终站在人民群众的立场上想问题、办事情，与人民同呼吸、共命运，不断满足人民日益增长的对优质金融服务的需求。人民是我们党执政的最深厚基础和最大底气，中国金融因为党的领导而有高度、有深度、有强度，因为坚守为民初心而有温度、有气度、有广度。只有坚持人民至上的价值追求，让金融服务、发展成果更多更公平惠及全体人民，不断增强人民群众的获得感、幸福感、安全感，才能真正厚实党的执政基础，实现金融的高质量发展。

金融坚持人民至上的价值追求，是金融高质量发展的应有之义。要实现金融高质量发展，中国金融业既要学习西方金融的先进经验，更要远离其金融自由化、实业资本金融化及服务缺位等乱象。要牢记我们因何而生、为谁服务，在服务对象和经营导向上从传统的"以金钱为中心"转向"以人民为中心"，坚守人民立场、践行用户思维、瞄准基层视角，把金融高质量发展的增长点聚焦在通力化解人民群众普遍关心的痛点难点上。也只有始终坚持人民至上，以满足人民群众需要不断鞭策自身产品和业务升级，才能够不断深挖金融事业的源头活水，为金融高质量发展提供不竭动力。

在实现高质量发展的过程中，新金融不再将金融服务视为少数重点客户的特权，不再局限于谋求自身发展和短期利润，而是履行国之大者的责任，服务普通群众，促进共同富裕，服务社会经济的持续健康运行，从而建立可持续发展的根基。

金融坚持人民至上的价值追求，需要紧紧依靠人民力量。新金融的实践探索需要人民群众的充分理解和大力支持。金融工作的开展，需要不断调动人民群众的积极性，提高人民群众对金融产品和服务升级优化的参与度，倾听人民群众的呼声和需求。要把群众观点、群众路线深植于思想中、落实到行动上，摆正金融经济增长与改善百姓民生的关系，了解老百姓的所思所想，关注和解决群众资金融通中的实际问题，用金融工作的实效打动人心、赢得人心，从而实现好、维护好、发展好人民群众的金融权益，以适应人民日益增长的金融需要。

新金融践行以人民为中心的发展思想，坚守人民至上的价值依归，坚持"服务大多数人而不是少数人"的理念，以金融"温柔的手术刀"回应"人民期盼"，走近小微、走进乡村、走入民生，让全体人民都能够享受到公平便利的现代金融服务。正如建设银行党委书记、董事长田国立所言，"人民至上"是新金融的价值追求和鲜亮底色，"我们探索新时代的新金融，是以人民为中心，为的是实现人的最终解放和自由全面发展。"在人民至上的大道上，新金融正在不断改造金融的业务领域和服务方式，如水般流向人们需要的地方，生生不息，欣欣向荣。

第三节　新金融的特点

新金融秉持"以人民为中心"的初心，不断勾画现实图景、构建话语体系、拓展实践边界，重塑了金融的逻辑模式，呈现有别于传统金融的特点。新金融以新时代为逻辑起点，应经济社会各方面的发展变化，孵化出新时代金融服务供给的新理念、新要素、新范式、新生态和新体制，共同构成了新金融的演化特点。

新理念

理念是从个别事物抽象出的普遍概念，是理性化的想法，是行动的先导。

新金融所遵循的新理念即"创新、协调、绿色、开放、共享"的新发展理念，是新金融的方向指南。新发展理念既是发展观，也是方法论；既是理论纲领，也是行动指南；既是全局战略，也是具体部署。新发展理念是一个系统的理论体系，回答了关于发展的目的、动力、方式、路径等一系列理论与实践问题，阐明了关于发展的政治立场、价值导向、发展模式、发展道路等重大问题。新理念并不是凭空而来，既是经验教训的总结，也是形势分析的结果。新理念在金融的体现和演化，得其大者的同时也要落地于市场与商业的实践。

随着经济活动的逐渐丰富和多样化，人们对商业活动的理解和追求逐步深化，简单地以逐利为根本目的的金融模式渐渐显露出其局限性。资源稀缺使价值创造越来越临近生产可能性边界，环境承载能力的极限限制了规模的无限扩大和社会平均劳动生产率的持续提高，依靠资本投入追求利润最大化的边际收益递减、趋近于零。与环境、与外界、与价值链的上下游和谐共生、共创共赢成为主流商业价值观，人文情怀开始融入新的商业逻辑，做大蛋糕并分好蛋糕的思维逐渐取代了"零和博弈"。持续数十年的数字化进程，逐步改变了人们认识世界、认识经济社会的方式和行为模式，拓宽了认识世界和改变世界的维度。顺应新时代的发展变化，适应政治、经济、技术、社会、生态、监管、风险管理的需求，从根本上理解，新发展理念指导金融发展是为必然。

新金融产生并服务于新时代，新发展理念催生出新金融。为人民谋幸福、为民族谋复兴既是我们党的初心与使命，也是新时代金融工作的"根"与"魂"。新金融深刻把握经济金融形势，以人民群众的需求为导向，创新金融产品和服务模式，连接多方实现协调共赢，推动全面绿色转型，坚持开放共享。传统金融之道所法的"自然"已演进为以人民为中心，金融之路也随之豁然开阔、几何级拓宽，由传统的"乡道、省道"迅速扩展成为通衢大道。

新要素

计算机的发明，使人类看待世界的方式发生了根本性变化，世间万物从此变成了数字，即"0"和"1"。数字化时代真正的开端应该是计算机开始尝试描述世界的那一刻，"数字 + 算法"成为描述世界的一种新的形态和维度。从电子管到晶体管再到大规模集成电路，从软盘到硬盘再到云盘，从台式机到笔记本电脑再到移动设备和平板电脑，以摩尔定律[①]

[①] 摩尔定律：当价格不变时，集成电路上可容纳的晶体管数目，约每隔 18 个月便会增加一倍，性能也将提升一倍。换言之，每一美元所能买到的电脑性能，将每隔 18 个月翻两倍以上。

定义的信息技术进步的速度，使计算机体积快速减小、成本快速降低、运算能力快速提升，结果就是数字化设备的全面普及、各领域应用和高频使用，数字化设备深入到了社会生产生活的每个角落。

信息技术的出现使"数据描绘所有"成为可能，数字化设备的全面普及和应用，使数据大量产生并深入到了社会的方方面面。大数据技术的出现，使"低成本运用数据"如火如荼，算法复杂度和算力的显著提升使社会生产越来越依赖数据，并使数据能够相对独立地影响社会生产生活。从底层逻辑到终端应用的全链条数字化，提高效率、降低成本、减少信息不对称，极大地解放和发展了生产力，数据成为社会运行的重要一环。

新金融的一个标志性特征，就是围绕数据这一新生产要素，加速驱动金融业务升级重构。中共十九届四中全会首次明确把数据作为新的生产要素，与劳动、资本、土地、知识、技术、管理等生产要素并列，从认识论上升级了对数据的理解。数据兼具了数字的自然属性与信息的社会属性。数据要素能够发挥自身的价值，对经济社会的发展起着关键作用。在数据和数字技术的作用下，原有的土地、劳动力、资本和技术等要素也有了新内涵，催化并创造出新的价值。万物互联时代的快速演进和技术新变革将支持金融机构获取更加广泛、更大规模、更富内涵的大数据，推进金融与科技双向赋能，加快金融机构数字化转型。

数据发展成为新的生产要素，拓展了理解世界的维度，金融业也将随之产生变化。对外实现"万物互联"，融入数字生态，链接人、物、企业，实现金融与人、组织的互联互通、深度融合，以数据为生产要素，服务长尾客户，以数字化形态深度融入经济社会的微循环。对内重构业务流程，形成以数字化为基础的快速、精准、敏捷和极致体验的业务能力，实现业务低成本试错、持续迭代和优化。同时提升数字化实现能力，构建数字化决策支持体系，通过运用移动互联网、物联网、区块链、云计算、人工智能等科技，实现金融数字化改造；通过决策依据、方法、流程等的数字化，再造金融决策机制，以数据驱动决策。

数字时代不断发展，数据将成为金融业的核心生产要素。数字化金融服务的提供，以及结算、融资、财资、现金管理等系列应用场景的拓展，都是基于数据的汇聚、分析和利用。与边际产出递减的传统资本相比，数据要素的投资回报率更高，数据的可重复使用性与数据生产分析过程的迭代演化使数据要素表现出规模报酬递增的特征。良好的内外部数据资产的治理能力，是释放数据要素价值的基础，也是数字化经营必备的"内功"。

新范式

范式可理解为事物的本源和最底层逻辑。"范式"一词最早由美国科学哲学家托马斯·库恩提出，意为在科学实际活动中某些被公认的范例，它为某一科学研究传统的出现提供了模型。

新金融的范式变化主要体现在"三个转向"——从资本转向人本，践行以人民为中心的发展理念；从机构转向功能，强化专业功能打造可持续发展根基；从中心转向泛在，通过搭场景和建平台实现低成本、批量、快速获客，创新模式、创造价值。

从资本转向人本，重塑了金融价值追求范式，即从"为了价值而存在"到"因为有价值才存在"。传统的商业逻辑以利润最大化为根本目标，企业为了实现利润而存在；数字化时代，单纯为了利润实现而存在的经济主体将被逐渐淘汰，只有能够为其他经济主体提供价值并且实现赢利的企业才能获得可持续发展。因此，虽然"获得价值"是终极目的，但是只有"提供价值"才能生存。"价值实现以价值创造为前提"将成为数字化时代商业模式的新范式。

从机构转向功能，重塑了金融价值创造范式，即从"端到端"全流程服务到功能节点的极致体验。提供不可替代的功能是金融机构在数字化时代得以可持续发展的根基。传统意义上价值创造，需要"以机构为中心"整合资源，完成生产过程，实现价值增值，价值创造过程呈现"流水线"形态，企业的可持续发展强调生产过程的实现和比较优势；数字化时代，价值创造由供给端延伸至需求端，围绕客户需求展开，资源整合"以用户体验为中心"，生产过程由"流水线"的线性操作转化为即时响应的"点对点"实现，突出"小、快、灵、便"的敏捷特征，企业的存在强调功能实现及其不可替代性。数字化带来的资源整合方式的升维，实现了价值创造的降维。

从中心转向泛在，重塑了金融价值交付范式，即从建立联系到建立链接。传统意义上的上量、扩面、提速，伴随着机构的铺开、人员的增加和重复性劳动强度的加大，以建立与目标客户的联系为主要手段和目的；数字化时代，建立联系的重要性没有改变，但广泛地建立链接成为联系常态化的主要切入点，通过搭建场景、建立门户、开放接口等数字化手段，使低成本、批量、快速获客，精准价值交付并抢占市场得以实现，完成由"单打一"到"一对多"的转变。

范式的改革，源于新理念和新要素对金融价值存在的重新构建，这是一种认知与思维的革命，也是业务逻辑的解构与重组。以人民为中心，破除了金融单纯追求回报的狭隘目标，引发金融更深层的责任意识和家国情怀。金融科技的创新，已经从金融业务实现的数字化、互联网化逐步深入到开始重构金融服务的底层逻辑，金融功能的表达方式和创新路径正在发生根本变化。新范式以新技术、新工具、新能力的有机组合为元素，重塑生产关系，主动寻求稳态、敏态最优解的平衡术，解放和发展金融生产力。

新生态

商业生态系统打破了传统的以行业划分为前提的竞争战略理论的限制，力求"共同进化"。商业生态发展的最终目的是追求一种稳定的价值创造和传递的动态平衡，达到各商业生态的主体之间及其与经济资源环境之间的和谐。商业生态是互联网思维与商业活动结合发展到一定阶段的产物，融合了互联网、场景、平台等要素，是新理念、新要素、新范式在商业领域的具体表现形式。

新金融连通 G 端、B 端、C 端，着力拓展合作边界，丰富合作场景，培育金融与实体经济共生共荣的新生态。新金融构建的商业生态主要有以下特征：一是开放共享。建立商业生态的根本手段是广泛地建立链接，开放的目的在于广泛接入，共享的目的在于价值流动。二是融入赋能。成为商业生态的组成部分，要能够敏锐地捕捉到商业价值链的缺口、短板、弱项，并且能够精准地嵌入。三是合理获利。以满足商业生态各主体的需求为中心，把让利作为获利的基础，以分利营造合作共赢的可持续发展，摒弃"独占"，拥抱"共享"。四是优胜劣汰。只有提供不可替代的价值和功能，才能与生态一起可持续发展。正如进化论奠基人达尔文所说，能够生存下来的物种不是最强的，也不是最聪明的，而是最适应变化的。

金融机构的存在表现为无处不在的金融功能，而不是机构实体。新金融逐步溶解自身边界，将金融功能嵌入商业生态，接入各行各业合作伙伴平台，融入合适的业务环节，进而在生产、生活场景中直接满足客户需求，使金融不再是一个固定的地点或者特定的 App，而是通过打破时间、空间和场景的阻隔，融入 G 端、B 端、C 端，成为生态中的一员，实现不可替代。

新体制

传统组织已经不符合新金融发展的要求。建立新体制的核心是以人为本推动自身治理现代化，重点是实现组织敏捷化、管理柔性化、架构矩阵化。贯彻以人为本理念，推动内部治理现代化，把员工作为最重要的资源，形成适配新金融的内部治理和人力资本发展新体制，激发全员的潜能和创造力。

组织敏捷化，本质是组织内外部关系的快速交互。首先是需求响应敏捷。金融机构能够快速响应客户需求，在短时间打造以客户为中心的个性化产品服务组合，这背后是客户需求响应机制、产品创新流程、数据整合能力、线上线下全渠道管理等组织设计的敏捷化。其次是合作敏捷。行业边界、企业组织边界以及生产消费的角色边界正在被打破，一个金融机构需要进行广泛合作，在组织层面能够与合作伙伴快速对接，快速整合双方系统和商业模式，共建生态圈，相互赋能。再次是数据敏捷。敏捷的组织要有适当的机制，确保获取、理解、应用自身和外部数据实现敏捷化，与此同时，数据安全和数据保护得到充分考虑，对不同数据使用者，设置合理的数据使用范围和透明机制。最后是决策敏捷。敏捷的组织要减少决策耗能、包容不确定性和变化、激发员工价值创造活力，才能灵活应对外部市场变化、技术创新、客户反馈和政府监管等。

架构矩阵化，旨在实现组织价值创造的灵活高效。组织中的关系，可分为横向的部门联系和纵向的层次体系，表现为组织内部的职能分解、组合和协调。首先是扁平化，即管理幅度增大、管理层次减少。这是快速传递信息的需要，能够提高信息传递精准度，激发员工积极性和创造性。其次是弹性，组织结构依据任务目标变化灵活调整，建立跨职能、跨层级的工作团队。最后是适应性，组织架构能够很好地适应环境的不确定性，能够把组织所处环境中的各种资源集合到价值创造的方向上，实现高水平协同。适应性的组织架构，要开放包容、依环境而变，与客户和合作伙伴无障碍连接。

管理柔性化，则是数字时代的组织运作新机制。管理柔性化促使个体与组织共生。技术颠覆、数字转型和行业变革消解了企业组织传统核心能力，传统雇佣式关系正在弱化，个体价值已然崛起，个人与组织之间已经转变为共生关系，管理的核心价值是激活人。为了让个体目标和组织目标保持一致，需要通过柔性化的管理进行界定和设计，给员工多方面的支持，包括：力所能及满足工作之外的个人及家庭需要；提供有利于个人成长的平台和宽松的环境，帮助员工获得自我实现的成就感；确保员工拥有自由的时间和空间做自己喜欢做的事，实现工作与生活的平衡；看重员工的价值，赋予员工"企业主人翁意识"。管理柔性化促使组织内外协同。彼得·德鲁克指出，"动荡时代最大的危险不是动荡本身，而是仍然用过去的逻辑做事。"面对新时代，金融机构需要不断调整自己，寻找到与变化共舞甚至超越变化的能力。金融机构不再选择通过建立组织壁垒的方式获得成功，而是更需要形成开放与合作的组织结构，让外界容易纳入或者让自己的组织更具弹性。柔性化的管理是开放的、协同的管理，弱化竞争、强化合作。管理的效率不仅来自分工，更来自协同，要求组织具备一些新能力："强链接"能力、构建柔性价值网能力以及形成共生逻辑能力，通过挖掘自身价值贡献的不可替代性，构建或加入"合作主体的共生系统"，在"共生空间"中协同发展。

第四节　新金融的属性

新金融依托数字技术整合各方资源，激活要素市场，打通堵点、连接断点、挖掘触点，展现出金融"普惠、科技、共享、绿色"的宏大气象，为纾解经济社会深层次问题提供金融方案。

普惠性

一直以来，"二八定律"被华尔街奉为金融行业之圭臬，这是资本主义金融的内在本质使然。这种"资本至上"的理念必然导致金融资源过度集中，加剧阶层矛盾和贫富分化。新金融倡导的则是"人民至上"，构建的是"八二格局"，致力于提高"普"的广度、挖掘服务深度、增强"惠"的温度，助力解决民之所盼、民之所需、民之所急。

提高"普"的广度

与以西方理念为主的传统金融不同，新金融更加强调服务的广度，以"普惠金融"满足人民群众日益增长的金融需求。2015年，国务院印发了我国首个国家级普惠金融规划《推进普惠金融发展规划（2016—2020）》，明确"大力发展普惠金融，是我国全面建成小康社会的必然要求"，有利于"增进社会公平和社会和谐"。提高金融的普惠性，目的就是提升金融服务的覆盖率、可得性和满意度，特别是要让农村居民、中小企业、城镇低收入人群、残疾人、老年人等弱势群体公正、及时、便捷、安全地获得金融服务。

近几年来，各类金融机构积极响应党中央号召、紧跟国家政策，不断完善普惠金融服务供给，着力提升金融资源配置效率，强化金融普惠性。各类银行机构出台一系列普惠型、差别化信贷产品。比如，之前提到的建行"惠懂你""民工惠""裕农通"项目，将服务触角延伸到了"最前线"，为中小企业、农民工和农村地区提供了特色金融服务；招商银行研发针对小微企业主和个体工商户的综合信贷平台"招贷"App，提供招行生意贷、闪电贷等各类贷款产品，打通了金融服务的"最后一公里"；中信银行研发上线"关税e贷"，针对普惠型进口小微企业，依据海关税费数据和工商、司法、征信等基础数据进行数据风控，大幅缩短融资周期，有效缓解小微企业"融资难、融资慢"问题。当然，发展普惠金融仅有银行信贷是不够的，保险行业也是一支不可忽视的力量。例如，以"政府主动介入、保险公司市场运营、居民自愿参保、保障重特大疾病"为主要特点的"惠民保"在近几年得到广泛推广，为社会低收入群体、下岗人员、新市民和农民工提供了一份新的保障。又如，正在试点的"专属商业养老保险"，投保门槛低，缴费方式更加灵活，为不同职业的灵活就业人员定制了个性化方案。

挖掘服务深度

金融的普惠性不是简单的服务渠道的下沉，也要侧重于金融功能的有序释放。查余额、缴费、借钱不是普惠金融的全部，即使是简单的金融需求也不会众口一致。普惠小微客群"小而散"的特点决定了其需求的多样性。普惠的本质还是要满足人民群众多样化的金融需求。用心去观察，普惠客户生产生活关联着众多场景，包括商业场景、金融场景、生活场景，不同种类的场景涵盖各式差异化具体场景，有的还因地域、行业、年龄、性别等等而有所区别。深化服务种类，优化服务方式，正是新金融服务升级的方向。在信贷服务基础上增强综合服务，对于企业，要围绕企业生命周期及需求特征，加强客户分层分类管理，并对接客户差异化服务需求，为企业提供融资、财富管理、企业开办、业务撮合等服务；对于个人，加深数智化程度，提升数据整合与运用能力，将金融服务嵌入生态场景，在综合化智能化金融服务上下力气。不囿于信贷，不限于金融，加快场景融合、平台开放和生态打造，持续深化普惠金融的内涵和外延，让新金融爆发大能量。

例如，中国银行升级推出"I·SMART——数字普惠金融服务+"，着力从场景产品更丰富、特色服务更多元、客户体验更便捷、风险防控更智能、科技运营更高效五大维度提升服务质效，构建更加完善、更具特色的数字普惠服务生态和服务渠道。

增强"惠"的温度

"君子未尝不欲利，但专以利为心则有害，惟仁义则不求利而未尝不利也。"普惠性是根植于新金融之中的，其要义是普金融之利惠千家万户，而不是取天下之利而肥己身。新金融是有温度的普惠金融，希望以金融之力实实在在帮助到普罗大众。普惠金融涉及小微、双创、扶贫、"三农"等领域，涵盖范围广，关系国民经济质量和效益，关系就业和民生改善，是解决新时代发展不平衡不充分的社会主要矛盾、推动全面建成小康社会的需要，是践行新发展理念的战略领域。金融服务普惠群体，若只落脚于冷冰冰的收入、利润、EVA（Economic Value Added，经济附加值）等指标，则失却了对党和国家负责的政治站位、助力国家发展的战略意义、服务大众的人民情怀。有温度的金融，绝不是因"稀缺"而抬高价格、因"麻烦"而牺牲效率。金融从业者要重视作为重要市场主体贡献良多的无数小微企业，尊重面朝黄土背朝天的广大农民朋友，关爱时运不济的弱势群体，支持为未来而奋斗的创新企业，尽自己所能传递温暖，为他们带去低成本、高效率、多元化的金融服务，延伸共享服务资源，让金融的暖意触达社会的每个角落，在奔向复兴的路上共创美好。

科技性

历史上每一次科技革命都带来金融行业的重大变革。金融行业历来是先进技术应用的先行者，金融发展史也是一部与新技术不断融合的历史。科技在重塑金融服务体系中具有基础作用，金融在服务科技创新中具有支撑作用。18世纪60年代，以蒸汽机的发明和广泛普及为主要标志的第一次技术革命推动了现代银行体系的诞生；19世纪中后叶，电力技术的广泛应用极大地促进了规模经济的发展，新技术、新产业需要密集资本的大规模投入，从而推动了投资银行的兴起；20世纪50年代，电子计算机迅速发展，信息技术时代为PE/VC风投体系的诞生提供助力；进入21世纪，在第四次技术革命中，数字经济时代推动了消费数字金融、产业数字金融的产生。科技在金融市场和金融机构中一直扮演着重要角色，它对风控、营销、运营等多个金融业务场景都十分关键。

　　过去的金融行业受制于服务能力有限，覆盖不全、延伸不够，长期被认为是"高门槛"的，此乃"非不为也，实不能也"。一方面，当交易涉及复杂的会计信息、高难度的数学算法时，大部分投资者和消费者只能求助于专业化的金融机构。另一方面，传统金融机构受制于线下网点数量、服务时长、人力成本等因素，面对不断增长的客户群体，以及金融产品和服务的多元化发展需求，也不免左支右绌。究其根本，资金如何从盈余方更高效便捷地转向需求方始终是金融服务追求的目标。在信息时代，金融业为适应市场环境，以更广阔的胸怀拥抱科技。全球经济金融格局快速演变，技术已成为重要竞争力。金融与技术的融合，不断打破传统金融边界，重塑着金融业的服务方式和服务形态。以科技赋能金融，驱动流程再造、组织变革和战略转型，推进金融服务智能化、普惠化、无界化。随着大数据、人工智能、区块链、云计算等前沿科技的快速发展，在现代科技的加持下，数据采集与分析能力有所提升，大大降低了金融服务的门槛和准入壁垒。金融服务在提升服务效率、压缩成本、改善用户体验等方面获得了极大加强，为社会财富的合理配置创造条件，为深化金融供给侧结构性改革、服务国家战略和重点领域重点环节、不断满足人民日益增长的美好生活的需要添砖加瓦，展现出金融与科技更强大的生命力。

　　现阶段，各金融机构对于科技的重视程度前所未有。以国有大型商业银行为例，2021 年，中国工商银行、中国农业银行、中国银行、中国建设银行的金融科技投入分别达到 259.87 亿元、205.32 亿元、186.18 亿元、235.76 亿元[①]，均创历史新高。但同时，接受新技术和新应用，并

① 以上数据分别来自：中国工商银行股份有限公司 2021 年年度报告、中国农业银行股份有限公司 2021 年年度报告、中国银行股份有限公司 2021 年年度报告、中国建设银行股份有限公司 2021 年年度报告。

将它们融入现有金融体系的过程并非一蹴而就。科技既为金融行业注入新动能，也面临来自法律、操作、数据安全和技术自身等领域的潜在风险，存在其是否会"助纣为虐"、加剧"信息不对称"、催生金融危机等诸多质疑。更好发挥新金融的科技属性，需要金融机构进一步在夯实技术基础、优化激励约束机制、建设科技人才队伍、注重风险防范等方面深入探索，努力实现线上线下一体化、探索行业级平台建设、提早考虑数字伦理问题；同时，在监管层面也要持续发力，扎牢风险篱笆。

共享性

党的二十大报告指出，要坚持发展为了人民、发展依靠人民、发展成果由人民共享。"治国之道，富民为始"，作为现代经济的核心，金融由诞生初期单纯的"借贷"功能发展到目前拥有完备的各类金融工具，其延续的一条主线即是共享范围的不断扩大、共享价值的不断提升。新金融践行"以人民为中心"的发展思想，秉承开放共享的价值理念，助力现代化建设的成果更多更公平惠及全体人民。

成果共享：金融产品面向社会大众

"在万物互联时代，没有一个人是一座孤岛。"进入 21 世纪以来，我国互联网发展水平和规模效应明显，已经步入共享经济时代。共享经济催生出新的共享金融模式，传统金融发展中积累的丰富金融资源只有在开放共享中，才能获得新的边际效用和价值发现。与以往以大客户、高资本群体为服务主体的"旧"金融不同，新金融面向的是"长尾客户"，服务的是普罗大众，倡导的是以开放平台和生态赋能社会，以专业能力引导金融资源跨界流动，以优质产品扩大金融服务的覆盖面和可得性。

通过优化金融服务延伸触角的例子很多。例如，除前文提到的建行"建行生活"App外，中国工商银行面向新市民推出"1+3+X"专属金融服务体系，重点围绕安居、创业、医疗三大核心场景，同步推进养老、就业、教育和金融素养提升等X项延伸场景，为新市民提供优质金融服务；作为保险业的代表之一，平安人寿则从"积极应对人口老龄化"和服务"健康中国"等国家战略出发，依托平安集团医疗健康生态圈，深化"保险＋服务"模式，面向社会不同群体的差异化需求，打造以"高端康养、居家养老、健康管理"三大服务为经线、以"御享、盛世、智盈、如意"四大产品为纬线的"三经四纬"产品格局，不断丰富供给、优化服务，更好满足最广大人民群众对健康和养老的需求。

要素共享：金融要素打破行业壁垒

金融机构、产品、市场、制度、文化、人员等要素，共同构成了我们所熟悉的"金融"范畴。然而，伴随着金融行业的发展进步，现代金融在有效支撑经济社会发展的同时，传统要素与实体经济和新兴产业出现脱离。金融不仅直接影响着经济建设的进程，而且在很大程度上关系着社会发展的状况，新金融必须服务实体经济、面向新兴产业。

2020年12月8日，在首届上海金融科技创新博览会上，国泰君安首次对外发布了"开放证券"的理念，提倡跨行业业务场景融合、数据价值共享、技术能力互补，通过"做大蛋糕"实现"增量市场"。这是证券业提出的首个平台化、生态化发展理念。自提出"开放证券"理念以来，国泰君安开展了一系列的探索实践，包括打造"国泰君安开放金融云"，与金融同业探索打造生态化的"财富管理平台"，与浦发银行等 11 家金融机构共同设立开放金融联盟等，金融服务覆盖面大大提升。

除了金融产品的共享之外，近些年金融网点资源的开放也越来越被人们熟知。自 2018 年 7 月建行开放下辖所有网点资源打造"劳动者港湾"后，在全国总工会及中国金融工会的联合倡议下，越来越多的金融机构秉承普惠公益的理念，投身户外劳动者站点建设。比如，工商银行开放下辖网点资源，打造"工行驿站"，提供歇脚、喝水、充电、上网等服务；中国银行、中国农业银行、交通银行、中国邮政储蓄银行、光大银行、招商银行等依托部分网点建设"爱心驿站"，为户外劳动者提供休息、御寒、用餐、充电、如厕、喝水的场所。除金融行业外，全国总工会广泛发动邮电、石油、商超等行业参与户外劳动者服务站点建设，在全社会掀起打造"共享网点"、服务社会大众的热潮。

机会共享：金融服务促进机会平等

如果说成果共享的重点在于人们参与社会活动之后可以公平地获得相应的待遇和分配，那么机会共享强调的是社会成员获得的生存与发展机会的平等。因此，与当前的发展成果相比，未来发展成果和发展机会更能给人带来希望和信心。党的二十大报告提出，"使人人都有通过勤奋劳动实现自身发展的机会"，所以金融机构要承担起党中央赋予的光荣使命，使社会大众通过金融工具满足当前短期资金需要或投资未来事业的需求。

"国之大者，为国为民。"金融有为企业募资、为个人理财的职能，扮演着社会资产管理者的角色。通过金融实现人民共享未来发展成果及发展机会，要让金融回归服务大众的本源，将金融创新的目标聚焦到为大众服务、为实体经济服务上来。新金融之于银行业，就是要使银行业回归实体产业融资工具的基本职能，面向社会大众开展普惠金融业务，提供融资、投资、资产管理等综合金融服务，为大众创造更多发展机会。新金融之于保险业，就是要使保险业回归保障主业，在化解、分担风险的同时，提高大众共享未来发展成果的质量。新金融之于证券业，就是要使证券业回归融资本质，提高融资质量与规模，遏制过度投机，决不搞"脱实向虚"，更不能"自娱自乐"，要紧密结合国家战略，支持新兴产业、战略行业、民生企业发展。新金融之于新兴互联网金融工具，就是要进一步拓宽渠道，以便民、惠民为宗旨，为大众提供更优质、更便利的服务。

绿色性

"绿色"是新金融的生态底色，新金融要以习近平生态文明思想为指引，积极融入生态文明建设、美丽中国建设和构建人类命运共同体进程，发挥金融的牌照、品牌、渠道、资金优势，让绿色金融成为推动经济高质量发展的强大动力，全力支持经济转型升级。

可持续发展理念成为国际共同主张。第一次工业革命以来，依靠能源驱动的工业机器带来了生产规模、生产效率、生产质量的不断提高，但与此同时也造成了较大的负外部效应，即严重的环境问题。在传统的粗放发展模式下，生产者和管理者近乎一味强调发展生产，忽视巨量的资源消耗和污染排放问题，导致社会生产进步付出了资源约束趋紧、环境污染严重、生态系统退化的沉重代价。熏天的废气、干涸的河流、融化的冰川让人们意识到，保护生态环境势在必行、刻不容缓。1987年，世界环境与发展委员会正式提出可持续发展概念，倡导在经济增长的同时注重对生态环境的保护。这一理念逐渐成为世界各国的共识。绿色金融正是环境问题得到越来越多关注的背景下金融发展的重要方向。

中国决不采取寅吃卯粮、竭泽而渔的发展方式。改革开放后，我国经济实现了跨越式增长，跃居世界第二大经济体，人均国民收入总体达到中等偏上收入国家水平。但在经济繁荣的背后，我国同样面临着较为严峻的资源消耗和环境污染问题，这不仅难以支撑我国经济的可持续发展，也对后世子孙的生存环境造成威胁。"不谋万世者，不足谋一时。"大自然无私给予我们生存繁衍的各类资源，如果我们只顾予取予求，对自然万物缺乏尊重与呵护，那么环境问题必会殃及我们自身。为了让下一代也能在山清水秀和鸟语花香中领略河山壮丽、风光旖旎，为了共同守护华夏大地这片钟灵毓秀、人杰地灵的净土，我们决不走西方国家"先污染，后治理"的老路。所以，我国发展绿色经济是经济社会可持续发展的大势所趋、必由之路，这也为绿色金融提供了土壤。

习近平生态文明思想引领构建人与自然生命共同体。党的十八大以来，习近平总书记围绕生态文明建设作出一系列重要论断，形成了习近平生态文明思想，为我们发展绿色金融提供了根本遵循。一方面，习近平生态文明思想是对中华优秀传统文化精髓的传承。人与自然和谐共生，体现的是人和自然共生共荣、相互影响的辩证关系，这与传统文化中"仁，爱人以及物""天地与我并生，而万物与我为一""天不言而四时行，地不语而百物生"等思想有共通之处，彰显的就是尊重规律、敬畏自然的重要性，这是我们发展绿色金融的基本价值取向。另一方面，习近平生态文明思想反映了世界各国关于可持续发展的理念共识。环境治理是全球各国的共同责任，需要各国同舟共济、共同应对挑战。我们要充分认识到，绿色金融既是全人类共同保护生态环境的携手合作，也是大国博弈的新场域，发展绿色金融要吸取国际先进经验，结合国情形成具有自身特色的模式。

绿色金融是推动绿色经济发展的重要动力。 金融是现代经济的核心，是现代经济最活跃的要素，随着可持续发展理念的深入人心和现代金融的快速发展，二者的结合更趋紧密。可持续发展需要金融的活力与支撑，金融的长久发展依赖于经济的可持续增长。面对摆在面前的环境问题，发展以效率、和谐、持续为目标的绿色经济成为世界各国的战略选择，以促进经济、资源、环境协调发展为目的而进行金融活动的绿色金融成为助力绿色经济发展的关键动力，产生了绿色信贷、绿色债券、绿色保险、碳排放交易权市场、ESG 投资以及绿色产业基金等业务领域，发挥了重要作用。第一，绿色金融促进产业结构优化调整。引导绿色产业资本形成资金导向由"两高（高耗能、高排放）"产业向"两低"产业倾斜，整合产业和区域的要素和资源禀赋，实现跨国别、跨行业、跨区域的绿色产业资源供给优化配置。第二，绿色金融倒逼传统产业转型升级。通过发挥金融杠杆作用，让金融资源在传统产业和绿色产业间"用脚投票"，对经济和产业转型起到引导和控制的作用，通过调整信贷门槛、准入管理和等级划分等措施，抑制高污染产业发展、倒逼产业转型。第三，绿色金融探索了金融推动社会进步的新路径。绿色金融的推进需要完善相关法律法规作为保障，从而进一步加深企业、公民和金融机构的环保意识和社会责任，为全球环境治理、促进可持续发展提供了新手段。

金融机构要大力发展绿色金融支持可持续发展。 发达国家发展绿色金融起步较早，在绿色金融政策制度、市场主体以及绿色金融工具等方面具备一定的先发优势。我们倡导的新金融，要构建完善绿色金融体系，以金融之力保护大江大河、滋养森林草原，助推经济社会绿色转型。在国家层面，政府要破除阻碍绿色金融发展的体制机制，出台绿色金融的激励和约束政策，加快完善绿色金融标准体系，加强绿色金融基础设施建设，立法机构要构建绿色金融实施、经营管理和监管的法律法规体系。在金融机构层面，要综合运用绿色信贷、绿色基金、绿色信托等绿色金融工具支持节能减排、低碳循环、环境治理，结合市场主体需求大力创新诸如低碳转型基金等绿色金融产品和业务模式，逐步发展完善碳排放权交易市场。通过支持经济转型减少资源消耗和环境压力，扩展绿色金融的生态版图，丰富绿色金融的生态内涵，筑牢绿色金融的风险底线，努力书写亮丽的"绿色答卷"。

第十五章

新金融策略：
重修金融水利工程

"溉水渠成千耦耕"。如果把新金融比作水，要精准灌溉到实体经济和社会民生每一处需要的地方，畅通经济社会的微循环，就需要怀善治之道，采取修渠、疏浚、活水的策略，重修"金融水利工程"。具体来说，即以"修渠"强化金融体制、结构和机构改革，以"疏浚"打通金融体系中的信用发现、风险防范等堵点，以"活水"提高金融机构服务能力，将金融之水源源不断地向各领域尤其是弱势群体精准滴灌。

第一节　修渠：以改革筑牢金融"水利"基础

金融既有大江大河的奔涌，也有小溪小流的淙淙。金融之水，水势多变，新金融以改革修渠治水，引导金融资源广泛覆盖、灵活配置、便捷使用。现代经济社会莫不浸润在金融之水中，同时国家的货币政策、财政政策、产业政策等都需要通过"金融水利设施"进行传导。面对实体经济阡陌，金融之水如何既防止"旱涝不均"又避免"大水漫灌"，就需要推进机制、结构、机构改革。

推进机制改革

稳定长效的机制是新金融行稳致远、久久为功的重要保障。新金融以数字技术下沉服务重心，构建金融服务小微企业、乡村农户等长尾客户的体制机制，对实体经济和普罗大众进行精准"号脉"，积极开发个性化、差异化的金融产品，改进长尾客户服务，全面搭建起金融支撑服务体系。新金融持续完善加强党的领导下金融发展的机制，坚持以人民为中心的发展思想，强调让市场主体和人民群众更加公平、便捷地获得金融服务，担当社会责任、疏解社会痛点、服务民生福祉，成为负责任、有作为的国之重器。

新金融围绕人本、公正、效率进行系统性、继承性的改革创新，大力应用金融科技，理念变革的同时深入推进管理体制和经营机制改革，增强制度供给能力，充分激发市场机制活力。新金融深化制度改革，构建一套适应科技发展、数字化转型又贴近现代生产生活需要的管理制度、经营制度。在人民情怀、先进制度、现代科技的三重驱动下，以机制改革再造水渠、激起波澜，全方位提升金融供给质量、能力和效率。

推进结构改革

经过多年的发展，中国金融资产规模快速增长，形成了以商业银行为主的多层次、广覆盖的金融体系。金融结构不合理是服务实体经济不到位的重要原因，要以金融体系结构调整优化为重点深化金融体制改革。

在信贷市场，由利率信号扭曲带来的风险溢价低估，导致金融资源过多流入僵尸企业、国企、政府融资平台，而民营、小微和"三农"企业等弱势、弱质实体经济部门很难得到充分信贷资金支持。在债券市场，国债、地方政府债和金融债占比较高，而公司债和企业债占比偏低。同时，区域结构、行业结构都不完全符合高质量发展和中国式现代化发展要求。新金融大力贯通服务实体经济的机制，调整优化金融机构体系和资产结构，致力于破除"二八定律"。"金融不应只追逐金字塔尖上的荣耀，更要润泽金字塔基座。"新金融水渠要四通八达，通向小微企业和田间地头，将金融活水引流至真正有需要的地方。

推进机构改革

我国传统金融体系中大、中、小金融机构差异性不足，多层次、广覆盖、有差异的金融机构体系亟待建设。推进金融机构改革，一是优化不同规模金融机构的布局。继续放开金融准入门槛，着重发展中小金融机构，完善公司治理，稳健发挥差异功能。同时推动金融业进一步扩大开放，引入外国小型专业金融机构。二是大力发展证券、信托、期货、金融租赁等非银行金融机构，与银行、保险构成多元化金融机构体系。以全面实行股票发行注册制改革为契机，向综合金融服务转型，伴随企业全生命周期，提供资本孵化、股权融资、债券融资、并购重组和结构化融资等一揽子综合服务。三是推动银行业体系改革。构建中小银行服务体系，着力发展区域性的中小银行、社区银行、小微银行、民营银行等银行机构。在银行内部形成分层金融服务体系，精准服务不同层次金融需求。四是加快建立金融机构退出机制和破产机制。完善相关法律和保障制度，鼓励金融机构包括银行、证券、保险等通过兼并收购、清算重组等市场化方式推动低效金融机构退出，减少低效、高风险的金融供给，提高资源配置效率。以各类金融机构的完善优化，共建金融水利工程，共治金融之水，共助高质量发展。

第二节 疏浚：科技赋能打通金融"堰塞湖"

《孟子·滕文公上》对大禹治水的故事作过这样的描述："禹疏九河，瀹济漯，而注诸海；决汝汉，排淮泗，而注之江；然后中国可得而食也。"大禹疏通黄河河道，清理水道的淤塞之处，打开缺口，使河水沿道而下注入江海，这之后中原地带才能进行耕种。可见，疏浚是水利工程的重要环节，对于河流畅通顺行意义重大。

带着誓要清淤疏浚的工匠精神走进金融事业，道理亦然。只有打通金融服务发展中的堵点问题，清理出通达的引水渠道，蓄水池里的金融活水才能沿着水网流向真正有需要的人，润泽万民。在这个过程中，科学技术的作用不可谓不关键。科技赋能，拓宽了金融服务的边界，巩固了风险防范的底线，使新金融探索的脚步更有勇气和底气。

以技术力量拓展"信用发现"，释放金融普惠性、共享性发展势能

传统金融业务的基本信用架构以财务数据和抵质押为基础，在这样的架构下，金融的主要服务对象始终聚焦在大中型企业和信用良好的个人，而无论是极具发展潜力但资本规模有限、可抵押资产不足的科创企业，还是本身固定资产较少的农民和小微企业，都难以在传统的信贷模式中满足其融资需求。面对小微、乡村、科创等痛点难点重点，以及新

发展理念催生的绿色经济、开放经济、共享经济、数字经济等新产业集群，旧有商业模式也越来越难提供高质高效的信用，传统金融对于社会经济的支持也必然陷入内卷的死循环。

新金融如何打破窠臼？关键在于通过科技赋能探索新的信用发现，提升信用风险管理能力，从而不断扩展业务范围。"世界上并不缺少美，而是缺少发现美的眼睛。"金融服务不能精准触达用户需求也并不是因为用户缺少信用，而是金融机构缺乏信用发现、信用评估的技术和能力。新时代科学技术的应用使这一切变为可能。一方面，运用金融科技和大数据技术收集整理多维度数据，勾勒更加清晰完整的信用特征，为农民、小微企业等主体增信授信，绘制信用评价的"精准画像"。另一方面，跳出传统思维的束缚，积极构建新的信用范式和评价体系，使缺少抵质押物或缺少信贷记录的客户也能够"拥有信用"，为服务对象提供定制化、差异化的金融支持和综合服务。同时，持续提升信用风险管理能力，降低风险定价成本，以坚实有力的风险防范和化解机制保障新的信用发现、信用创造路径稳定畅通。

通过信用发现，使市场参与主体能够获得更丰富的金融服务，金融资源配置更加合理，金融之水得以跨越金融机构和企业、大众之间的"信用鸿沟"，精准滴灌到实体经济和弱势群体，为普罗大众获取优质金融服务创造了更加普惠公平的条件。

以科技手段强化风险管理，提高数字化风险防控能力，筑牢金融风险防线

防范风险是金融业的永恒主题。数字时代给金融风险管理带来了新的挑战，也创造了巨大的机遇。从外部来看，数字经济的发展使得

资金链条更长、经济运行机制更复杂，金融服务种类更丰富、获取更便捷、触达更深入，随之而来的风险形态变化更快、传播更迅速隐蔽；从内部来看，风险管理的思维理念、能力和技术手段亟需进一步升级。在金融服务生态更加开放、多元的大趋势下，传统的行政手段和人海战术，将不能及时对业务中产生的海量数据进行分析，无法识别和应对无处不在的金融风险。

风险管理能力犹如一盏灯，如果盲目走到灯光笼罩之外，看不清情况，也就无法预测结局。在荆棘与鲜花丛生、风险与机遇并存的路上，科技力量的加持为这盏灯注入更强劲的动力，让光芒笼罩四野，使风险无所遁形。

现代科技的应用给风险管理的革新创造了全新的切入点，更加关注数据应用方式、风控技术手段、风险管理理念的升级。金融机构应以数字化转型为契机，聚焦实体经济和客户需求，聚焦管理痛点和发展难点，构建全面、精准、数字、穿透、开放、前瞻的智能风险管理和内控合规体系，将大数据和人工智能等技术应用到风控环节，提升风险防范、识别和化解的效率和准确度。一是要强化统筹谋划，以长远视角对数字化时代风控体系进行顶层设计，与业务规划、数据规划、科技规划等相互衔接、相互促进，统筹部署、统一推动，强化前台、中台、后台三道防线协同联动，提升资源整合能力。二是要强化数据治理，进一步完善数据架构设计、数据资产管理、数据挖掘运用等数据治理手段，建立以数据为核心和基础的风控体系；高度重视数据安全、个人信息保护等监管要求，规范数据开放、共享和赋能规则，助力智慧政务平台建设，共享数字风险控制能力，完善农村征信体系等，主动融入数据要素市场化建设。三是要强化科技支撑，推进金融科技与风险管理的有机融合，从管理层、应用层、功能层和基础层四个维度提升多层次、可扩展、快迭代的智能风控能力；围绕监测预警、智能审批、数据合规、反欺诈、消费者权益保护等重点工作，构建更加适应数字化转型的现代化风控体系。

第三节　活水：提升金融机构服务能力

"问渠那得清如许，为有源头活水来。"新金融的"水利工程"修筑了纵横交错的水渠，疏通了金融发展过程中的梗阻，广大金融机构则是经由这"水利设施"，将金融活水源源不断引流至经济社会的最后一环。新兴"水利工程"使金融机构的服务能力大大提升，其中既有思维层面的革新，也有经营模式和战术打法的升级。此外，在新金融实践的过程中，还应该激发金融机构的创新活力，并为其设计科学的考核体系，以保证活水精准灌溉到最需要的地方，最终得以普降甘霖、泽及万物。

以痛点思维作为行动依归

处高而顺势，方能无往不利。新金融与新时代发展相契合，金融本身就是国家治理体系的重要组成部分，承担着社会治理中资源配置的功能，是诸多社会难点与痛点问题的直接面对者。金融不应独善其身，只囿于谋求自身高利润，而应着眼于解决社会发展中的新问题、新需求，解决阻碍经济高质量发展的瓶颈和痛点，才能在与社会的共荣共生中焕发出永恒的生机。

洞察经济社会发展的痛点难点，需要饱含对人民的深情、对疾苦的体察和对美好的追求，这需要金融从业者和金融创新的先行者具有敏锐的观察、切实的行动，其中起到关键作用的是痛点思维。新金融的行为关键就是痛点思维。

所谓痛点思维，就是围绕痛点展开思考的思维方式，是从感知痛点出发，循着痛点去治疗痛点的过程。新金融的出发点正是解决这些传统金融思维体系下无法顾及的痛点问题。如果不解决阻碍人民对美好生活的向往的痛点难点，何谈美好？

痛点思维意味着对金融需求的理性思考与准确把握。那么金融需求究竟该如何理解？在传统的金融视角下，金融服务就是帮助客户解决货币与信用难题，客户找到金融机构或者金融机构找到客户，围绕的都是"经济利益"。然而，经历了无数次的金融危机之后，市场主体对于大型金融机构的金融需求不再局限于狭隘的"货币与信用"，金融机构的社会定位也开始从最初的经济属性转向承担社会责任。

随着全面深化改革向纵深不断推进，我国金融市场主体的行为特征也开始分化。居民端对金融机构的诉求重点不仅是利息与收费等"经济利益"问题，而且开始更多地关心便利、安全、效率等体验性需求；企业端对金融机构的诉求也不局限于"经济利益"问题，升始关注谁能提供高水平的金融顾问服务（譬如决策咨询与融资安排）、谁能提供及时专业的市场信息并促成交易完成（譬如搭建有效的市场撮合平台）等；政府端的变化更显著，不再是简单要求存款利息与资金汇划效率，而是谁更安全、谁能借助于金融思维与金融工具帮助政府解决行政难题，提高行政效率。

因此，客户痛点驱动产生新的外部金融服务需求。为了满足市场主体新的金融需求，金融机构就需要开启"雪中送炭"的经营模式，实现从"供我所有"到"足你所需"的理念转变，在"资源配置方"与"潜在客户方"之间搭建"金融之桥"。

从某种程度上来说，金融是一个最有条件深度参与并服务社会的行业，从新金融的逻辑和视角去理解痛点思维，会发现没有什么是与金融无关的。如果金融机构只将目光局限于所谓的"属于我们的事"，那到头来会发现脚下的路越来越窄。痛点思维下的金融工作，真正把国家和人民的困难当成自己的困难，把国家和社会存在的问题当成自己的问题，通过解决国家和人民最紧迫最需要解决的痛点难点问题，更好地满足人民对美好生活的向往。找准了痛点，拿出金融解决方案，社会和公众自然会给予金融机构丰厚回馈。痛点思维的背后体现的是金融机构的利国利民之心、挺膺担当之义。

新金融坚持问题导向，准确把握新时代的主要矛盾变化对金融工作提出的新要求，聚焦经济社会发展不平衡、不充分的问题，履行社会责任，利用金融这把"温柔的手术刀"，以无痛或微创的方式，一点点地去破解经济社会的痛点，尤其是长期被"冷落"的"三农"、小微等领域，提供契合现代化经济体系需求的产品和服务。这把"手术刀"的神奇之处在于，它几乎有潜力将社会上绝大部分的痛点纳入"治疗"范围，真正做到社会民生凡有所求，新金融必有所应。

金融无定式，一切痛点皆是机会。在社会飞速发展的今天，抓住痛点就意味着拥有机会。互联网实践充分证明了用科技解决痛点的过程就是培育盈利模式的过程。新金融正是在不断为客户解决痛点的过程中，创造共生价值，实现共同发展。

以数字化经营作为实现路径

因势而谋占先机，顺势而为赢主动。随着技术进步，全球正在加速进入"万物互联、泛在智能"的数字化时代，人们的生产生活方式、交易贸易模式逐步改变。置身于数字化时代浩荡洪流之中，在过去与未来之间，金融机构积极探索数字化经营，已经不再是要不要做的事情，而是一次"通变为雄"的顺时而动，更是一场不容回避的自我革命。

数字化经营是生态化、场景化、线上线下融合发展的金融服务模式，是以客户为中心，以数据为驱动，全链条、端到端的数字化。数字化经营颠覆传统经营作业模式，将经营起点从产品和业务驱动转变为场景和用户驱动，核心是"建生态、搭场景、扩用户"。金融机构未来必须以数字化的思维、逻辑、能力去迎接挑战、实现转型。数字化经营作为路径、方法与工具，让传统金融全面变革以重塑价值创造链条、放大总体价值加成。

一是提升数据能力。站在企业级的角度统筹数据能力建设，打破部门壁垒，建立数据标准，优化应用环境，协同数据与业务的需求、开发、使用各个环节，建立企业级数据治理架构，在确保数据安全的前提下，建立数据驱动业务、业务反馈数据的良性互动。二是强化科技实力。数字技术的运用为满足客户需求提供更加优质的实现方式，实现了场景的快速连接和数据的高效应用。自动化、智能化等技术在报表处理、客户应答、风险控制等方面，有效为一线赋能减负。企业级架构和数字中台可以为敏捷响应客户提供来自技术底层的保障。三是转变用户逻辑。以用户为中心作为经营逻辑起点，达成用户洞察、双向互动、精准触达、千人千面。通过搭场景、建生态、扩用户，实现获客、活客、留客。围绕各类生态场景，打造各类交互平台，实现"全链路、全渠道、全天候"的全周期用户服务。四是再造业务流程。业务流程从产品驱动思维向客户驱动思维转变，改善端到端客户旅程，打通服务渠道、联动线上线下，随时随地提供服务、缩短审批等待时间、智慧推荐适配产品、提供个性化差异化服务。同时打造集约化、智慧化运营平台，实施前后台业务分离，赋能各级管理者进行数据和业务管理。

以升维 G 端、B 端、C 端服务作为战术选择

伴随着新技术的深度应用，数字化进程正在由消费端（C 端）向机构端（G 端）和企业端（B 端）演进，依托数据驱动和科技赋能深耕垂直细分市场成为金融机构经营客户关系的重要手段。与此同时，产业互联网、政务互联网、平台经济的快速发展进一步连接了 G 端、B 端、C 端，为构建三端联动的业务发展格局提供了基础。

我们在上篇的第二部分"第二发展曲线"中已经详细阐释过建行的新金融行动是如何从 G 端、B 端和 C 端三个维度开启转型和重构，重新定义新时代金融的功能的。本节我们从具体的业务实践中抽离出来，对新金融 G 端、B 端、C 端服务升维的战术选择进行总结和概括（见图 15-1）。

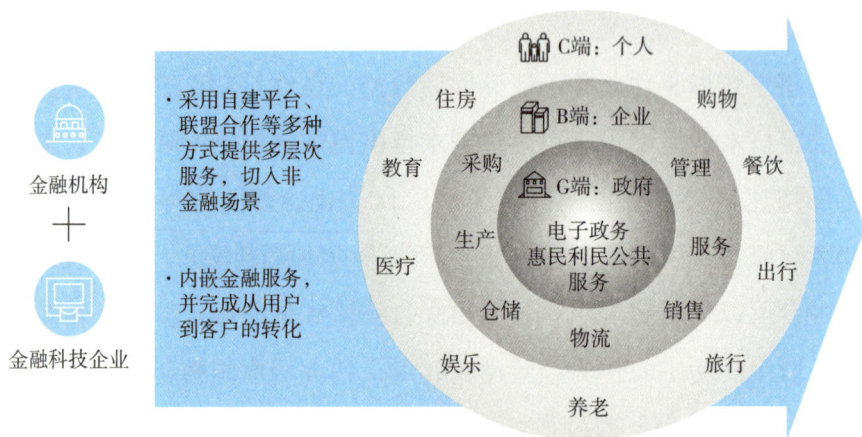

图 15-1　G 端、B 端、C 端生态圈

图片来源：麦肯锡。

G 端

新金融依托技术和平台优势，加强与 G 端的系统及平台互联、服务和功能对接，把履行社会责任与优质服务结合起来，助力提供公共产品、优化公共服务，依托或复用金融机构的物理和线上渠道、金融技术

和信息系统等，帮助政府部门提供成本更低、效果更优的公共产品和公共服务方案，使新金融成为增进社会治理能力的高效黏合剂。

B 端

新金融推动技术开放，为 B 端客户搭建开放平台，互为助力营建共生共荣生态。秉持开放共享理念，帮助企业优化再造经营管理模式，实现降本增效，提高生产和运营效率，助力企业加快数字化转型升级。依托开放平台，全网式联结供应商、生产商、经销商和消费者，帮助上下游企业找投资、找技术、找服务、找项目，从"资端"转向"智端"，以业务流、资金流、数据流"三流合一"和集成化金融服务，推动传统产业链升级再造和客群协同发展。

C 端

新金融充分发挥纽带作用，关注存量客户经营，通过 C 端突围实现价值转向，打造生态场景经营平台、开放型数字支付平台、互联网化产品创新能力和数字化营销体系，依托大数据洞察 C 端消费特征和真实需求，将金融服务的触角延伸至底层，深度融入客户生活，实现功能浮现，同时使 C 端用户从单纯金融消费者转变成为金融产品的设计者和金融活动的参与者。

构建 G 端、B 端、C 端一体化生态圈

现代金融服务更加趋向于开放、无界和多业态融合。金融机构在 G 端、B 端、C 端深挖客群、提供服务的同时，还需要不断探索构建 G 端、B 端、C 端生态打通、开放融合、数据共享的一体化生态圈。在生态场景的建设中，G 端客户是源头资源、B 端客户是核心环节、C 端客户是

战略重点。生态场景是客户"蓄水池"，要依托科技手段实现数据要素价值化，通过实现场景的拓展连接，进行 G 端、B 端、C 端相互引流与转化布局，通过"非金融 + 金融"场景完成从流量向用户再到客户的转化，打造数字化全链路经营模式，提高一体化生态圈的业务价值。

以科学考核体系作为激励保障

体现人民至上新金融价值观的体制机制，应在规范金融服务的同时，更加突出促进解决金融发展中的深层次矛盾和问题，尤其是要紧抓金融机构考核体系设计，克服单一效益指标考核惯性，将金融机构党建和履行社会责任情况等纳入综合考核和全面监管。

综合考核体系的建设与实施不仅为金融机构践行新金融指明目标方向、提供激励保障，也为未来新金融实践的持续改进和优化提供依据，是打造新金融可持续内生动力的有效途径。设计科学考核体系的关键在于提升考核的精准性和有效性。考核指标的设计要从顶层设计起进行系统性规划，兼具全面化、精细化和差异化。通过选取关键核心指标，综合统筹、全面覆盖，特别是重点关注金融机构对经济社会发展的重点领域和薄弱环节的支持力度，建立起多维度指标体系，发挥指标间互相协同的合力作用。此外，还要强化考核导向作用和考核运用结果，将考核结果与机构监管评级等联系起来，切实发挥考核评价指挥棒作用。

通过设计科学的考核体系，引导和激励金融业摆脱追求利润最大化和短期效益的行为模式，使金融机构夯实可持续发展基础，在不断满足人民群众金融服务需求、培育有生机活力的市场主体、厚植经济发展沃土、改善社会环境的大生态循环中焕发新的力量。

第五部分

金融是服务社会的美好事业

在古代中国，无论是"仓廪实""衣食足"，还是"等贵贱、均贫富"，都表达了人民对美好生活的追求。近代以来，马克思主义哲学认为，生产力决定生产关系、经济基础决定上层建筑，要想实现人人得以自由全面发展的美好生活，势必离不开对发展生产力的充分研究和积极实践。

进入新时代，我们经过接续奋斗，实现全面建成小康社会，社会发展和经济实力大幅跃升，人民对美好生活的向往愈发多元化。从现在起，中国共产党的中心任务就是团结带领全国各族人民全面建成社会主义现代化强国、实现第二个百年奋斗目标，以中国式现代化全面推进中华民族伟大复兴。

在中国式现代化的实现过程中，金融的作用非常重要。一直以来，金融作为国民经济的命脉对我国经济社会的持续稳定健康发展起到了至关重要的作用。站在新的历史起点上，金融业应深入贯彻落实党的二十大精神，坚持党对金融工作的坚强领导，坚持走中国特色的金融发展之路，为全面建成社会主义现代化强国贡献金融力量。

周虽旧邦，其命维新，新金融顺应时代的要求而产生，未来也必将在更多的领域有所建树，展望未来，新金融的明天值得我们共同期待。

第十六章

金融向上向善

知之愈明，则行之愈笃；行之愈笃，则知之益明。金融既是一个职业，更是一份服务社会的美好事业。新时代的金融，坚持向上进取，以更广阔的视角和更宏大的格局参与国家和社会建设，将蓬勃涌动着的金融血液输送到服务实体经济、推动区域协调发展、深化对外开放、加强公共基础设施建设等方方面面；坚持向善崇德，以更敏锐的感知和更温柔的关怀助力改善社会民生，将淋漓甘甜的金融活水播撒向融资、教育、医疗、养老等枝枝叶叶。

在全党全国各族人民迈上全面建设社会主义现代化国家新征程、向第二个百年奋斗目标进军的关键时刻，我国的金融事业需要迸发因机而发的智慧理念，施展察时辨势的权变之策，大义为上、惜源守善，展现出更加鲜明的中国特色、中国风格、中国气派，源源不断地凝聚向上向善的力量，以高质量的金融服务促进中国经济的高质量发展。

第一节　以金融高质量发展服务国家战略

金融是现代经济的核心，在推动国家发展中始终发挥着举足轻重的作用。走中国特色金融发展之路，立足的是国情实际，依靠的是强大国力，希冀的是国家繁荣富强。我们热爱并为之向往的金融，不应拘泥于"独善其身"、崇尚自我主义的小天地，而需胸怀"成人达己"、追求利他共赢的大格局；不应有"躲进小楼成一统"的怯懦与逃避，而要有"为天地立心，为生民立命"的责任与担当，有"舍小我而利公，行大道而忘我"的正确义利观。新时代大潮中，金融只有与时代同频共振、与国家同向同行，以自身的高质量发展服务国家战略的排兵布阵，才能在风高浪急乃至惊涛骇浪中勇立潮头、奋楫笃行。

服务实体经济发展的强大动能

实体经济是我国经济发展、在国际竞争中赢得主动的根基。党的二十大和中央经济工作会议都强调了实体经济的重要性。金融是实体经济的血脉，为实体经济服务是金融的天职和宗旨。实体经济是根，金融是枝叶，根深蒂固方能枝繁叶茂，绿盖如阴莫忘反哺根系。实现中国式现代化和中华民族伟大复兴需要强大的物质力量作为依托，没有实体经济提供坚实的物质支撑，就不可能真正实现高质量发展。

然而，在实际生产生活中，实体经济面临着诸多困难亟待解决。一是中小微企业抵御市场风险能力不足且融资路径单一，融资难、融资贵问题一直成为困扰其做大做优做强的"紧箍咒"，企业转型遭遇瓶颈；二是科创企业由于投资规模大、技术迭代快、回报周期长等问题，融资受到较大限制，面临现金流断裂风险较大；三是关键领域"卡脖子"问题严重，产业链供应链自主可控能力和现代化水平提升受到制约。

我国金融业应坚持把服务的着力点放在实体经济上，提升金融与实体经济的适配度，引金融"活水"润泽旱田、纾解堵点。金融机构要主动对接国家重大战略实施和重大项目建设，提供综合性金融服务，灵活运用货币政策和信贷、保险、基金、债券等金融工具，优化对基础设施、科技创新、制造业、绿色发展、中小微企业等重点领域和薄弱环节的资源配置和服务供给，全力稳经济增长、稳市场主体；要积极服务创新驱动发展战略，支持传统优势产业稳步升级、战略性新兴产业快速发展，强化对新一代信息通信、量子科技、生物医药等"蓝海"产业的金融供给，突破"卡脖子"难题，助力建设现代化产业体系，提升产业链供应链韧性和现代化水平。

推动区域协调发展的重要力量

区域发展不平衡、不充分的问题是制约中国式现代化进程的问题之一。改革开放后，我们吸取过去"吃大锅饭"的教训，提倡走一条"让一部分人、一部分地区先富起来，以带动和帮助落后的地区"的加速发展道路，在东部沿海地区设立经济特区、开放港口城市、给予扶持政策，让东部沿海地区成为资源集聚、优先发展的区域，在当时解放发展了生产力、带动了国民经济整体效益提升，但在客观上也造成了内陆和沿海地区发展不平衡问题的日益凸显。

"一花独放不是春，百花齐放春满园。"在实现中国式现代化的道路上，我们携手并肩前行，没有掉队者。党中央立足我国区域发展实际，实施区域协调发展战略，既承认差别、不搞平均主义，又兼顾平衡、实现共同发展。

我国金融业要贯彻新发展理念，积极支持区域协调发展战略，提升金融服务区域创新发展水平，促进各类要素资源在区域间的合理流动和高效集聚，综合运用金融手段大力支持京津冀、长三角、粤港澳大湾区、成渝地区双城经济圈等重点区域发展，建立多跨协同和信息共享机制，增强区域内和跨区域协同能力；要坚持问题导向，根据区域实际情况和特点，做到因地制宜、一域一策，充分利用金融科技手段，有序推进金融改革试点工作，构建完善普惠金融体系，带动欠发达地区发展；要大力支持新型城镇化建设，助力城市建设和治理，顺应城市发展规律，依法依规支持城市体检、城市更新项目，加快数字化转型，利用云计算、大数据、人工智能、区块链等新兴技术，提升城市金融智慧服务能力。此外，各金融机构特别是银行保险机构要开发满足新产业、新业态从业人员和家政、快递、外卖等灵活就业群体需求的金融产品和服务，帮助他们在城市安下心、扎稳根，促进城乡一体化。地方金融机构要与地方经济发展共生共荣，围绕乡村振兴、县域一二三产业融合、城乡基础设施建设、粮食安全、数字乡村、美丽乡村等领域持续加大县域金融供给，用足用好各类金融工具，千方百计扩大内需、刺激消费，助推县域经济高质量发展。

深化高水平对外开放的桥梁纽带

"华夏自有英雄气，放眼五洲天地宽。"一直以来，我国始终坚持对外开放的基本国策，奉行互利共赢的开放战略。党的二十大提出，要坚持高水平对外开放，加快构建以国内大循环为主体、国内国际双循环相互促进的新发展格局。当前，世界正经历百年未有之大变局，中国作为全球第二大经济体，将在构建人类命运共同体中发挥重要作用。在这个过程中，推动金融"走出去"是服务中国经济全球化、紧密融入全球金融治理体系的必要环节。不断提升参与国际竞争能力、深化高水平对外开放已经成为新时代中国金融业发展的重要使命。

提高跨境金融服务质效，助力推进高水平对外开放，金融机构应该把握住重点发展方向。一是推动贸易便利化，提升贸易金融服务能力。金融机构要强化科技应用，针对外贸新业态新模式建立全面完整的外贸结算和融资产品体系，提升服务质效。二是搭建对外贸易和投资平台，助力全球供应链稳定。逐步构建境内境外布局、线上线下融合、金融与非金融联通的全球化、智能化、综合化跨境生态圈，帮助中国企业融入全球产业链供应链。三是持续优化区域金融服务，支持共建"一带一路"高质量发展。要着眼国家发展和经济转型需要，统筹运用国际银团、跨境并购、出口信贷、项目融资、金融租赁等产品服务，积极为"一带一路"建设提供全方位金融支持与融资便利。四是扩大人民币跨境使用，助推人民币国际化进程。强化跨境人民币产品创新，完善跨境人民币产品体系，提升人民币作为主要跨境贸易结算货币和全球储备货币的国际地位。五是提升跨境资本市场服务能力，助力我国资本市场高水平双向开放。紧抓中国资本项目对外扩大开放的机遇，强化与境外金融机构合作，完善资本项下跨境投融资产品体系，吸引全球优质资源，为境外资金进入中国市场提供便利服务。

习近平总书记多次强调，中国开放的大门不会关闭，只会越开越大[①]。中国金融也将秉持一往无前的勇气和海纳百川的胸怀，坚持以质为先、量质并行的战略导向，在从产品输出到产业融入的过程中发挥对外开放的桥梁纽带作用，增进国际社会的理解与认同。

① 《习近平出席博鳌亚洲论坛 2018 年年会开幕式并发表主旨演讲 强调顺应时代潮流 坚持开放共赢 宣布中国扩大开放新的重大举措》，新华社，2018 年 4 月 10 日。

维护国家安全的坚固防线

党的二十大报告指出，国家安全是民族复兴的根基。金融安全是国家安全的重要组成部分，是经济平稳健康发展的重要基础，要维护国家安全和社会稳定，必然要强化金融安全保障体系。习近平总书记指出，"防范化解金融风险特别是防止发生系统性金融风险，是金融工作的根本性任务"[①]。在全球金融拓维升级的新格局中，不断出现新的金融服务和金融生态，增加了风险管理的难度，金融系统安全稳定的重要性更加凸显。

一方面，要持续提升甄别、防范和化解金融风险的能力。金融机构应当坚持底线思维，严格遵守国家防范化解金融风险各项要求，强化金融基础设施建设，抓好重点行业、重点区域、重点客户风险管控，加强风险监测预警和风险化解处置。特别是要积极推动风控体系升级，从组织、人力、IT 技术、模型算法、数据等多维度着手，探索搭建智能风控体系。另一方面，要主动拥抱变革，把握住风险中的机遇和发展。针对瞬息万变的全球金融市场变化，金融机构要不断升级和强化风险管理理念，努力做到跳出风险管风险，积极探索适应数字经济和金融发展的风险管理新打法，化变局为新局。此外，金融监管体系也需更好发挥作用，健全监管法治体系，实现监管智能化数字化转型，为金融业平稳健康发展保驾护航。

在坚定不移贯彻总体国家安全观、增强维护国家安全能力的道路上，中国金融必将脚踏实地践行时代赋予的历史使命和责任担当，稳定守牢安全底线，走好稳健和平发展的可持续道路。

---

① 《习近平：深化金融供给侧结构性改革 增强金融服务实体经济能力》，《人民日报》2019 年 2 月 24 日第 1 版。

第二节　以金融高质量发展助推社会建设

金融在促进经济社会发展中占据重要地位。综观世界各国的发展历程，金融作为社会发展和进步的产物，与生俱来带有显著的社会属性。一方面，金融是经济社会化、专业化分工的结果；另一方面，金融又要为经济社会发展提供服务。金融机构掌握了巨大的资源，其规模、运行效率和健康程度直接影响着经济发展的速度和水平，也制约着社会进步。因此，金融机构应该充分发挥自身优势、利用自身资源，为社会发展提供动力。

加强金融信用体系建设，助力推进社会信用体系建设

2022 年 3 月，中共中央办公厅、国务院办公厅印发的《关于推进社会信用体系建设高质量发展促进形成新发展格局的意见》（以下简称《意见》）指出，完善的社会信用体系是供需有效衔接的重要保障，是资源优化配置的坚实基础，对促进国民经济循环高效畅通、构建新发展格局具有重要意义。按照《意见》要求，金融机构应当进一步完善金融信用信息基础数据库，加强与公共信用信息的共享整合，积极运用大数据等技术加强跟踪监测预警，以有效的信用监管和信用服务提升全社会诚信水平。

信用是金融的立身之本，亦是金融交易产生的基础，加强社会信用制度建设也是保证金融业可持续发展的必然要求。近年来，随着金融创新和金融开放的不断推进，金融领域交易欺诈、内幕操纵、恶意欠逃、

骗保骗赔、非法筹资等失信行为时有发生，扰乱了市场正常金融秩序。同时，全球金融业发展日益复杂，加快我国金融信用体系建设是金融市场稳定、健康发展的必然要求。

对于金融机构而言，一是有必要协助政府建立符合二元金融结构特征的金融信用体系，联系国内外市场、连接各个部门、互通传统金融机构与现代化金融机构，为金融市场的发展配以完备的信用体系。二是要加快金融信用信息平台的建设。征信平台的构建应当涵盖金融机构、金融企业客户和消费者个人，全面的信息共享能够在国内外金融市场形成及时、高效的信用信息处理，将传统市场和互联网金融准确对接，整合不同资源以实现信用信息的合法交换和共享。三是加大对失信行为的惩处力度。严格的信用标准和严厉的处罚力度是营造良好信用环境的关键，只有让失信者处处为难，才能在市场中形成人人不敢失信、不愿失信的良性循环，助力推进社会信用体系建设。

支持公共基础设施建设，提高社会公共服务均等化水平

基础设施建设是稳投资的压舱石，是经济社会发展的重要支撑。尤其是当前我国经济面临一定下行压力，基础设施建设投资成为稳定宏观经济的重要手段。然而，由于财政财力有限，政府需要借助金融的杠杆机制，为公共基础设施建设筹集资金。因此，我国公共基础设施建设对金融的依赖性很高，这种高度依赖性也反映了金融支持公共基础设施建设的客观必要性，公共基础设施也成为金融助力稳定经济大盘的重要抓手。

融资是公共基础设施建设的关键因素，尤其是投资大、工期长的重大工程项目，更需要中长期资金的支持。2022 年 5 月，国务院印发的

《扎实稳住经济的一揽子政策措施》明确"加大金融机构对基础设施建设和重大项目的支持力度"，要求政策性开发性银行要优化贷款结构，投放更多更长期限贷款；要求商业银行进一步增加贷款投放、延长贷款期限；要求保险公司等发挥长期资金优势，加大对水利、水运、公路、物流等基础设施建设和重大项目的支持力度。因此，金融机构应当承担更多的社会责任，加大对基础设施建设项目的金融支持力度，在适度超前开展基础设施投资、带动扩大有效投资中发挥更大作用，为服务实体经济、稳定宏观经济大盘、保持社会大局稳定贡献力量。

进一步发挥融资平台作用，间接融资与直接融资并重，提升金融服务企业的质效

融资是企业资本运动的起点，也是企业收益分配赖以遵循的基础。足够的资本规模，可以保证企业投资的需要；合理的资本结构，可以降低和规避融资风险；融资方式的妥善搭配，可以降低资本成本。因此，企业的资金多寡在一定程度上决定着企业的生死，这也是金融机构服务企业中的关键一环。

直接融资方面，金融机构要进一步发挥资本市场支持企业发展的积极作用，支持优质企业利用资本市场全面注册制改革机遇发展壮大；发挥新三板和北交所服务创新型中小企业的主阵地作用，扩大市场对创新型中小企业覆盖面；支持区域性股权市场为企业提供更多金融服务，积极发展创业投资基金，用多层次资本市场赋能企业成长。同时，积极支持企业依托应收（供应链）账款、融资租赁、小额贷款等基础资产发行资产证券化产品，直接面向产业链上下游企业，协助其拓展融资渠道等。

间接融资方面，按照党中央、国务院要求，加大减费让利力度，进一步扩大面向企业发展的信贷业务，在有效防范风险的前提下，改进信贷审批权限和程序；充分发挥金融科技的作用，加快金融产品的创新步伐，为企业量身定做金融产品，帮助企业在发展过程中发掘自身增长的新"蓝海"。

提高中小企业金融服务水平，进一步解决中小企业面临的金融服务滞后问题

中小企业是建设现代化经济体系、推动经济实现高质量发展的重要基础，在支撑就业、稳定增长、改善民生等方面发挥着重要作用。然而客观来看，受制于长期以来部分中小企业自身财务制度不完善、资本金不足、资信情况不透明以及融资渠道狭窄、社会信用环境不佳、金融服务体系不健全等因素，相当一部分有市场、有效益、有信用的中小企业面临"融资难、贷款难、结算难"等问题。因此，金融机构需要不断完善中小企业金融服务，从资本性融资体系、债务性融资体系、理财服务体系三个层面构建与完善我国中小企业金融服务体系，助力解决中小企业面临的金融服务滞后问题，让更多中小企业获得更高质量、更高效率的发展空间，使资金、劳动力等资源得到更加合理的配置，进而推进我国经济的持续发展。

进一步加强 ESG 建设，构建兼顾经济、环境、社会和治理效益的可持续发展价值观

近年来，随着我国经济社会绿色转型与高质量发展的有机融合，以及

"双碳"目标的稳步推进和金融市场改革发展，以 ESG（Environment, Social and Governance，环境、社会和公司治理）信息披露为体现形式的监管要求逐步建立并加强。ESG 理念起源于环境问题，18 世纪 60 年代开始的工业革命，在为人类提供越来越丰富的生产生活产品的同时，也带来了日益突出的环境和社会问题。2004 年，联合国全球契约组织首次提出 ESG 概念。2006 年，联合国全球契约组织和联合国环境规划署金融倡议组织共同发布负责任投资原则，进一步强调了 ESG 的相关内容，明确要求负责任的投资者应当把环境、社会和公司治理纳入决策标准。随着全球范围对 ESG 理念认可度的不断提升，海外资本首先响应，国内各市场主体也逐渐体现出对 ESG 原则的接纳与拥抱，金融机构开始将 ESG 因素逐渐纳入投融资决策和管理的考量范畴。

在全球范围内，环境因素已经逐渐形成共识，节能减排、绿色环保成为国际热点话题，我国也提出碳达峰、碳中和目标，在该目标引领下，未来我国产业结构也会发生重大变化。在社会方面，我国更强调共同富裕、乡村振兴。共同富裕是全面富裕，不仅包括物质上的富裕富足、精神上的自信自强，还应包括环境宜居宜业、城乡协调发展、区域融合发展。乡村振兴则由"保护环境"转向"生命共同体"，把自然"外在于人"的关系转变为"生态系统是一个有机生命躯体"的内在"生命共同体"意识。

金融机构是落实 ESG 理念的重要力量，是 ESG 原则的接受者和践行者。在我国经济由高速增长转向高质量发展、可持续发展、绿色发展的过程中，金融机构应当充分意识到自身推动社会高质量发展的使命，深刻理解 ESG 管理在风险管理、投资决策、信息披露等方面对金融机构实现高质量发展的作用，进一步增强 ESG 管理意识，完善 ESG 管理治理体系，加强 ESG 基础设施建设；应当优化资产结构，大力发展绿色金融，做好金融支持绿色低碳高质量发展工作，践行"绿水青山就是金山银山"的理念，完成新时代赋予金融体系的光荣使命和重要任务；应当充分发挥金融的工具优势，大力发展普惠金融，把更多优质的产品、工具、服务带到更广泛的人群、客户手中，切实提升金融服务可得性、便利性，助力实体经济的长期可持续发展；应该持续加强内部管理，进一步增强风险意识、合规意识，这是金融机构防范化解各类重大风险的基本底线，也是保证高质量发展的现实需要，更是维护我国金融安全的重要环节。

第三节　以金融高质量发展增进民生福祉

党的二十大报告指出，坚持以人民为中心的发展思想。维护人民根本利益，增进民生福祉，不断实现发展为了人民、发展依靠人民、发展成果由人民共享，让现代化建设成果更多更公平惠及全体人民。必须坚持在发展中保障和改善民生，鼓励共同奋斗创造美好生活，不断实现人民对美好生活的向往。展望新金融，要进一步提高金融服务的可得性和便利性，助力民众更好地安居创业，切实增强其获得感、幸福感、安全感。新金融怀着"愿消天下苍生苦"的赤子之心，助力建设"风调雨顺百姓安"的美好社会，在增进民生福祉的跋涉途中坚定前行。

为"学有优教"增色添彩

百年大计，教育为本。教育是国计民生和社会发展的重要基石，也是最值得重视的民生服务领域之一。党的二十大报告强调，要坚持教育优先发展，加快建设教育强国。2021金融街论坛年会上，银保监会主席郭树清发言指出，金融业要从支助乡村教育、服务新市民、发展职业教育、支持服务"双减"等方面入手，积极服务教育体系建设。

一是支助乡村教育。教育是乡村振兴的支点，在全面推进乡村振兴中具有基础性、先导性作用。《中国农村教育发展报告2020－2022》相关数据显示，义务教育在校生数持续增加，义务教育城镇化进程放缓，未来农村教育依然面临不可忽视的挑战。金融业要发挥资金和技术优势，打通业务、产品体系助力乡村教育，支持乡村教育数字化建设，通过提供数字化教学资源和乡村学校便捷金融服务工具，推动城乡教育优质均衡发展。

二是服务新市民。从国际经验看，教育与城镇化水平高度相关。城镇化率的提高意味着有大量农村人口涌入城市，其中必然包括相当数量的教育适龄人口。满足进城务工人员随迁子女有学上、上好学，是发展以人为核心的城镇化的重要方面。金融业要贯彻落实国家助学贷款政策，支持家庭经济困难的新市民子女就学，同时优化相关产品和服务，保险机构积极发展普惠性学前教育责任险和意外险业务，加大对新市民子女教育的支持力度。

三是发展职业教育。教育部、人力资源和社会保障部、工业和信息化部等部门共同编制的《制造业人才发展规划指南》显示，到2025年，制造业十大重点领域技能人才缺口近3000万人。培养更多高素质技能人才离不开职业教育，金融业可发挥积极作用。金融机构应该加大对职业教育院校、新市民聚居区域职业培训机构等教育机构的金融支持力度，如商业银行可与政府加强合作，探索通过地方政府补贴贷款利息等方式对职业技术教育、技能培训等提供支持，促进职业人员提高技术技能，增强创业就业能力。

四是支持服务"双减"。"双减"政策要求减轻学生学业负担的同时，全面提升德智体美劳综合素质，发展健全人格，这需要学校、家庭、社会共同努力。金融机构要关注教育重点领域和薄弱环节，有针对性地向相关企业、机构、团体和居民个人提供服务，与政府携手强化教培资金管理等工作，支持教育高质量发展。

为"劳有所得"保驾护航

就业是最基本的民生。保障就业、保障收入，才能在总体上保障和改善民生，才能使后续的稳预期、促消费、利发展真正落地落实。2022年《政府工作报告》提出，强化就业优先政策。大力拓宽就业渠道，注重通过稳市场主体来稳就业，增强创业带动就业作用。财税、金融等政策都要围绕就业优先实施，加大对企业稳岗扩岗的支持力度。新金融必须在推动高质量发展中强化就业优先导向，面对就业市场的新形势、新变化，提高金融资源对就业的带动力，特别是要重点关注和支持中小微企业、灵活就业人员、新市民等群体。

对于中小微企业，为其提供"精准服务"。一方面，开发更多与企业融资需求更加匹配的金融产品和服务，特别是增加中长期贷款发放，降低中小微企业在续贷环节的成本；另一方面，要加大金融科技手段运用，着力缓解中小微企业信用信息获取难、评估难的问题，提高金融让利于企的空间。

对于灵活就业人员，将其纳入信贷支持范围。一方面，以适宜的金融产品和服务对接灵活就业群体所需；创新服务模式，为灵活就业者、创业者和具有灵活用工需求的企业提供就业信息、就业供需撮合等服务。另一方面，综合开展风险承受能力测评，通过精准的信用画像有效甄别灵活就业者的信用状况，合理把控风险。

对于新市民，进一步优化金融服务。银保监会、人民银行联合印发了《关于加强新市民金融服务工作的通知》，鼓励商业银行加强对新市民创业形态、收入特点、资金需求等因素的分析，精准评估新市民信用状况，优化新市民创业信贷产品，降低民众创业融资成本；加大对吸纳就业较多的小微企业的金融支持力度；提高创业就业的保险保障水平，扩大保险保障覆盖面；加强与地方政府合作，对新市民的职业技能培训提供金融支持，增强其创业就业能力。

为"病有所医"注入动力

中共中央、国务院印发的《"健康中国 2030"规划纲要》指出，推进健康中国建设，是全面建成小康社会、基本实现社会主义现代化的重要基础。党的二十大报告也明确提出要推进健康中国建设，把保障人民健康放在优先发展的战略位置。健全现代医疗管理制度、完善医疗保障体系、形成优质高效的医疗卫生服务体系等是推进健康中国建设的重要组成部分，而这些都离不开金融体系的资金、服务和技术的协调与支持。金融赋能医疗健康产业将成为推动产业创新发展的重要引擎，"金融活水"也将为广大人民群众带来更普惠的民生福祉。

依托金融杠杆提升医疗全产业链供给效率。金融机构以参与公立医疗机构改制、融资支持高质量医疗服务、提升医保经办服务效率和质量等为重点，推动放开市场准入，在医疗卫生服务市场中引入更多社会资本，以金融力量助推基本医疗服务供给能力和资源配置效率提升。

创新医疗保障类金融产品服务形式。积极发展商业健康保险，不断丰富商业护理保险产品，满足经济特征群体多层次的需求。同时发挥好金融机构第三方支付责任人功能，依托专业化的费用控制管理能力，倒逼医疗机构改善医疗服务供给方式。

通过金融机构管理优势改善医疗领域治理能力和水平。金融机构要抓住深化公立医院改革的契机，支持公立医疗服务机构建立现代治理结构，创新运行方式，提升医疗服务生产和分配质效，从而更好地满足患者需要。积极发挥医疗金融机构在资金管理方面的经验，配合人社部门合理精算医保基金收支结构，提高基金管理水平。

为"老有所养"贡献力量

人口发展趋势是现代经济最具决定性的因素之一。目前我国已逐步迈向老龄化社会，对国民经济与社会发展正产生深刻而长远的影响。国务院印发《"十四五"国家老龄事业发展和养老服务体系规划》，对推动养老服务体系高质量发展提出了要求。党的二十大报告指出，要实施积极应对人口老龄化国家战略，发展养老事业和养老产业。在此背景下，金融机构做好养老领域金融服务成为未来关键一环。

发展养老金融同时肩负着顺应老龄社会需求和推动经济社会发展的双重任务。养老金融未来存在巨大发展空间，也是广大金融机构价值增长点所在。具体来看，其发展方向主要有以下几个方面。

一是发展养老金金融。养老金金融以服务养老一、二、三支柱的资金流通和保值增值为核心。当前我国养老三支柱发展不平衡，据麦肯锡测算，第一支柱国家基本养老保险占比约七成，第二支柱企业年金和职业年金占比约三成，第三支柱个人养老金刚刚起步，金融要大力支持第二、三支柱养老金发展，提升养老保障水平。

二是发展养老产业金融。目前，养老产业处在发展和培育初级阶段，亟须金融活水的助力。重点在于金融要创新支持养老产业发展方式，拓宽养老服务机构融资渠道，并从养老服务生态和场景出发探索新模式新业态。

三是探索适应老年群体的金融服务方式。进入老龄化社会，必然要推进金融服务适老化。面向未来，金融机构要将适老化金融服务理念融入公司治理、经营管理和业务创新，建立健全适老化金融规范制度，提升实体渠道适老化服务水平，打造适老化特色网点，保留和改善人工服务、柜面服务，对手机银行等互联网服务进行适老化改造或推出适老化版本。

四是创新多样化养老产品。银行、基金、保险、证券、信托等各类金融机构要发挥各自优势、特点和功能，开展针对不同群体养老保障需求的产品研发和业务创新，为国民养老财富储备扩大投资范围，促进搭建多元化养老金融产品体系，满足差异化养老需求。

五是加强养老金融宣教。目前，公众普遍欠缺养老金融素养，未来金融机构一方面要普及基础养老金融知识，让国民了解各项养老金融服务的功能和运行状况，另一方面要倡导参与养老金融，做到早规划、早行动，提高积极性，同时注意加强民众风险防范意识，杜绝金融欺诈。

为"住有优居"添砖加瓦

《汉书·货殖列传》有云："各安其居而乐业"。安居是提高人民生活品质的重要民生工程。党的二十大报告强调，坚持房子是用来住的、不是用来炒的定位，加快建立多主体供给、多渠道保障、租购并举的住房制度。这为新金融助力房地产市场平稳健康发展和住房保障体系建设指明了方向。

展望未来，要进一步加强住房金融服务，支持住房租赁市场发展，持续加大对保障性住房建设的金融支持力度，积极满足安居需求。努力促进金融与房地产正常循环。坚持"房住不炒"定位，落实"金融十六条"①措施，从供给和需求两端不断发力，持续住房金融业务，更好地保障合理购房需求得到满足，推动培育长租市场和保障性住房建设，让居民真正实现住有所居。

满足合理购房需求。在住房金融端，全国各地银行机构跟进相关政策及 LPR 的下调，并根据本地区房地产行业情况，及时下调房贷利率，为刚需购房者减轻负担。在供给端，银行业积极为住房建设提供助力，提升居民的居住品质。

不仅要"有房住"，更要"住好房"。在加快建立以公租房、保障性租赁住房和共有产权住房为主体的住房保障体系的背景下，金融行业正越来越深入地参与其中。共同探索租赁住房金融支持模式，根据不同地区的实际情况进行制度设计完善，不断优化融资对接和综合金融服务。

加大金融助力安居工程力度。构建完善全场景产品体系，将公共租赁住房、保障性租赁住房、商业性租赁住房、个人租赁住房等领域的各类贷款产品纳入其中，支持租赁住房运营过程中的重资产建设、轻资产运营等多种模式，围绕保障性租赁住房建设、购买、装修改造、运营管理、交易结算等各个环节，提供流程完整、丰富多元的金融服务。

---

① 2022 年 11 月 23 日，人民银行、银保监会联合发布《关于做好当前金融支持房地产市场平稳健康发展工作的通知》，其中包含十六项具体举措，简称"金融十六条"措施。

第十七章

新金融未来发展的新期待

若要给新金融的未来画一个像，很难。因为一切探索才刚刚起步。本章仅试图从过去的实践、当今的热点、未来的畅想中提出几点浅见。金融的发展离不开经济社会的滋养，新金融的发展也离不开各参与主体的共同努力。放眼未来，新金融期待为中国式现代化贡献重要力量，也期待各方携手合作共建繁荣生态，新金融未来的道路就在与政府、市场、社会的良性互动中显现。

第一节　深化金融监管改革，助力新金融稳健发展

新金融的发展具有鲜明的跨界性特征。一方面，金融服务边界不断延伸，在痛点思维的指导下将金融资源配置到重点领域和薄弱环节，更加广泛地参与到社会治理的各个环节；另一方面，现代金融市场联动性、共享性加强，包括银行、证券、保险、信托、基金等行业在内的多种主体纷纷探索拓宽服务边界。在这种发展背景下，传统的分业监管理念也需逐渐向宏观监管、统筹协调理念转型，新金融的跨界性特征对金融监管体系提出了更高的要求。

一要推动金融监管数字化智能化转型。当前，大数据、云计算、虚拟现实等技术被广泛运用到金融业务中，极大地降低了金融交易成本，

提高了服务效率。科技创新助力金融服务不断升级的同时，也给金融行业监管带来了更多挑战。因此，金融监管也必须加快转型，推进监管大数据平台建设，不断完善监管数据治理，打通信息孤岛。同时，要加强金融监管基础设施建设，优化网络架构和运行维护体系，逐步实现行政审批、非现场监管、行政处罚等各项监管流程的标准化、线上化，确保监管行为可审计、可追溯。

二要建立健全金融监管法治体系。金融法律对于规范金融市场行为、保障投资者合法权益具有重要作用，要从立法、执法、司法、守法全环节发力，为新金融的稳健发展营造风清气正、稳定和谐的法治环境。立法方面，要完善金融稳定领域法律法规，针对层出不穷的金融新业态、新实践制定完善金融行业规则，明确金融风险处置的触发标准、程序机制和法律责任等内容，使金融监管有法可依；执法方面，要加大金融机构"有证违章""无证驾驶"行为的处罚力度，丰富执法手段，充分发挥金融监管机构和公安机关的优势，强化与纪检监察、审计监督等部门协作，做好行政执法与刑事司法的衔接；司法方面，提高违法成本，坚持过罚相当原则，实现程序正义与实体正义并重；守法方面，既要强化金融合规培训，引导金融机构守法经营，又要加强金融知识宣传教育，提升全社会金融素养，鼓励引导消费者学法用法，通过法律手段积极维权。

三是坚持"风险为本"的审慎监管。在新金融发展态势下，金融风险更难预测和防范。金融创新必须坚持在审慎监管的前提下进行，防止资本在金融领域无序扩张。要把防控金融风险放到更加重要的位置，一方面，进一步明确金融监管机构职责权限，督促金融机构完善内控体系，做到监管机构依法监管、金融机构合规运营；另一方面，开发智能化风险分析工具，完善风险早期预警模块，增强风险监测前瞻性、穿透性、全面性，优化监管技术、方法和流程，实现风险早识别、早预警、早发现、早处置，从而真正实现"将各类金融活动全部纳入监管，守住不发生系统性风险底线"。

第二节　健全现代金融体系，打造新金融体制保障

党的十八大以来，我国金融体系不断完善，金融供给侧结构性改革持续深化，有力推动了经济高质量发展。党的十九大报告指出，要深化金融体制改革，增强金融服务实体经济能力。国家"十四五"规划纲要提出，要健全具有高度适应性、竞争力、普惠性的现代金融体系，构建金融有效支持实体经济的体制机制。这一表述为未来一段时期我国深化金融供给侧结构性改革、健全现代金融体系指明了目标和方向，对于新金融的发展意义深远。

具体来说，适应性体现在对市场和环境的适应，要能够契合现代经济的发展水平，在满足现代市场经济发展要求的同时，顺应经济全球化的发展态势，适应国际金融市场规则，在不同交易方式和市场规模中自如应对；竞争力体现在拥有充满活力的资本市场和高效率的银行体系，金融运行顺畅，有高质量的组织体系，同时能够及时有效地防御化解系统性金融风险，能助推经济增长和经济发展方式的转型升级；普惠性体现在能够广泛服务于民营企业、小微企业、三农领域等，让更多有金融需求的群体以可接受、可负担的成本获取优质的金融服务。

新金融需要在健全完善的金融体系之下才能取得长足的发展。健全现代金融体系，一是要紧密围绕有效支持实体经济这一根本目的，进一

步完善现代中央银行制度以及金融基础设施服务体系，健全现代货币政策框架，优化银行业信贷结构，规范发展非银行金融机构，引导资本市场合理配置金融资源，构建系统性金融风险防控体系。二是要深化金融机构改革，强化公司治理和现代金融企业制度，通过监管和税收政策引导中小银行回归当地、服务当地，与大型国有银行差异化发展，形成各类主体公平竞争、合作互补的银行体系结构。三是加快建设多层次资本市场体系，大力发展机构投资者，提升直接融资比重，改善社会融资结构。四是树立国际视野，完善国际金融协调合作治理机制，有序推进人民币国际化，同国际组织深入合作，提升在国际金融规则制定和国际货币政策协调中的参与度和话语权，提高我国国际金融治理能力。五是强化金融科技应用，使金融服务覆盖更广泛、获取更便捷、效果更精准，加快推动金融机构的数字化转型，尤其是要注重发挥数据支撑作用，健全完善数字化征信体系，提升金融数据标准化水平，加强数据安全保障力度。

第三节　提升社会金融素养，厚植新金融实践土壤

金融是经济的血脉，紧密联系着普罗大众和各行各业。随着我国金融市场改革不断深化，金融产品和服务日趋丰富，提升全社会金融素养愈发重要且急迫。一般而言，金融素养指的是个人所具有的为其一生福祉而有效管理其金融资源的知识和能力，包括金融知识、金融技能、金融行为和金融态度四个维度。当广大居民的金融素养提高，对金融规则、风险、产品有了更深入的了解，就能作出良好的金融决策，就更愿意接受更多种类、更高程度的金融服务，进而享受到更多的金融发展成

果。另一方面，金融快速发展的同时，金融诈骗也朝着隐蔽化、复杂化发展，新型金融诈骗层出不穷，这也要求普遍提升社会金融素养，以防范非法金融活动的侵害。

人民银行发布的《消费者金融素养调查分析报告（2021）》指出，我国消费者的金融素养水平在全球处于中等偏上水平，在基础金融知识方面有较大提升空间，在年龄分布上呈现倒 U 形，老年人和青少年的金融素养水平相对较低。需要关注的是，我国金融消费者对于复利、贷款、存款保险、商业保险、投资理财等有关知识了解不足，缺乏足够的金融常识储备，容易对金融投资的收益抱有非理性的预期，从而产生冲动投资行为；部分居民债务管理能力不高，抵制互联网高利诱惑不坚决，金融决策过度自信，较少寻求专业支持。

新金融的纵深发展需要社会金融素养的提升，金融机构作为金融参与者中的主力军更需要担起责任。在金融教育方面，系统归纳整理金融知识，利用各种教育培训资源和渠道向社会公众开放，加强老年人和青少年教育，推动金融教育宣传进社区到身边、进校园上讲堂。在服务提供方面，将教育宣传融入服务流程，以客户为中心传播知识、做好服务，同时加强机构和人员自律，不做诱导性金融服务，不做过度营销，加大金融诈骗案例的宣传力度。在产品设计方面，金融产品服务的设计创新要符合客户认知水平，不能就金融讲金融，要用通俗易懂的语言，要大力借助科技力量使产品介绍形象化、宣传教育生动化，方便客户理解和使用。

新金融是关心人民、服务百姓的生动实践，用自己的力量带动各界向社会传递温暖。我们需要携手提升社会金融素养，让新金融的社会土壤更加肥沃，让新金融的服务触角更加广泛，让新金融服务的"大多数人"越来越多。

致　谢

从"现代化新征程丛书"的定位来看，经济金融方面的发展形势是其中不可或缺的一部分。国研智库观察到近年来"新金融"的兴起，为此专门成立了新金融课题组，历经半年多时间，对我国金融机构在新金融方面的探索和实践进行了深入调研，并进行了较为系统的理论提炼，写就本书。

在本书的编写过程中，国研智库新金融课题组得到了中国建设银行的大力支持和协助，建行办公室和党校（高级研修院）等部门、《建设银行报》编辑部以及相关分行提供了相应资料和素材。在本书出版之际，衷心感谢王礼、房文雨、杨鹏、高嘉禾、张思云、何子牧、田翔宇、尹楠、王思远、赖炜、周礼君、许流发、姜子夜、丁炜、沈叶青、黄晋晋、张瑾、张咏洁、周芸芸、邹玲、许健、王妍、张伊佳、崔连友、杨帆、王一辰、刘家琦、卿劼、张鹏辉、陈红淇、李富宁、黄钦印、魏军兰、韩文赫、刘天一、刘诗逸等在书稿编写过程中所作的贡献。

本书上、下篇及下辖各章，在编写体例、论述结构及篇幅等方面略有不同，主要考虑到不同战略或业务之间的模式本就迥异，发展的程度和阶段也各不相同，因此在叙述上随圆就方，以期让读者获得更好的阅读体验。囿于时间和水平有限，讲述如此复杂且正在进行的探索和实践，挂一漏万在所难免，尚祈读者批评指正。

国研智库新金融课题组

2023 年 2 月 9 日于北京